PRAUSE — WEICHERT

Schiffssachenrecht und Schiffsregisterrecht

Schiffssachenrecht und Schiffsregisterrecht

Formularbuch für das Seeschiffs-,
Binnenschiffs- und Schiffsbau-Register
nebst Beispielen für Verträge,
Zwangsversteigerungen u. a. mit Erläuterungen

von

Dr. FRITZ PRAUSE
Rechtsanwalt und Notar
in Kiel

und

AUGUST WEICHERT
Amtsrat in Kiel

W DE G

1974

Walter de Gruyter · Berlin · New York

ISBN 3 11 003819 6

Printed in Germany.

Satz und Druck: Saladruck, 1 Berlin 36.

Vorwort

Die beiden Autoren der Formularsammlung, beide als Praktiker, der Unterzeichnete auch literarisch mit dem Schiffahrtsrecht vertraut, sind der Meinung, daß für eine umfangreiche Formularsammlung auf dem einschlägigen Gebiete ein ausgesprochenes Bedürfnis bestanden hat und besteht.

Das Schiffsregisterrecht, für dessen Bereich die Sammlung gedacht ist, verhält sich zu dem materiellen Schiffssachenrecht, wie das Grundbuchrecht zum allgemeinen Sachenrecht des Bürgerlichen Gesetzbuchs.

Daraus folgt, daß das Schiffssachen- und das Schiffregisterrecht sich so sehr gegenseitig bedingen, daß die Darstellung eines der beiden Rechtsgebiete für sich nicht möglich wäre. Daher setzt auch die registerliche Formularsammlung die Kenntnis wenigstens der Grundzüge des Schiffssachenrechts voraus.

Während das Grundstücks- und Grundbuchrecht reichlich über einschlägige Literatur — Kompendien, Lehrbücher, Monographien, Sonderkommentare, Formularbücher — verfügt, besteht auf dem entsprechenden Schiffahrtsrechtgebiet offensichtlich ein Mangel. Er hat seinen Grund zum Teil in der Raumgebundenheit der Flußschiffahrts- und Seeschiffahrtsinteressen.

Eine zusammenhängende Darstellung des Schiffssachen- und Registerrechts findet sich in der neuen Literatur lediglich in den beiden großen Kommentaren von Abraham-Schaps-Mittelstein und Schlegelberger, kurze Darstellungen auch in den Lehrbüchern, die jedoch nicht für die Praxis bestimmt sind oder dieser kaum zur Verfügung stehen. Die Inanspruchnahme der mehrbändigen großen, eben genannten Kommentare ist in der täglichen Praxis, auch derjenigen der Registerbehörden, kaum voraussetzbar.

Aus diesen Erwägungen hatte der Unterfertigte bereits Anfang der fünfziger Jahre geglaubt, das Schiffssachen- und Registerrecht in einer Monographie zusammenstellen zu sollen, der er den Namen

„Recht des Schiffskredits" gegeben hat, jedoch mit der ersichtlichen Absicht einer zusammengefaßten Darstellung der gesamten Rechtsmaterie. Dieses, in erster Auflage 1954, in 2. Auflage 1968 erschienene Buch enthält die notwendigen Hinweise auf die Zusammenhänge. Es ist von Anfang an sowohl für die Rechtsfindung als auch den täglichen Gebrauch der Registerbehörden und sonstiger einschlägiger amtlicher und privater Dienststellen gedacht gewesen und wohl auch so von den interessierten Kreisen aufgenommen worden.

Soweit bekannt, ist dieses Buch die einzige Monographie des einschlägigen Rechtsgebietes geblieben. Es enthält — abgesehen von der Vollständigkeit der Zusammenstellung aller für das Schiffssachenrecht und das Registerwesen maßgeblichen Bestimmungen — gleichzeitig die Kommentierung der Vorschriften benachbarter Rechtsgebiete, wie z. B. des Flaggenrechtsgesetzes, auf dessen Bedeutung von Abraham-Schaps-Mittelstein in Anm. zu § 1 ausdrücklich hingewiesen ist. Man könnte daher sagen, daß es sich bei der vorliegenden Formularsammlung um einen angehängten praktischen Teil der Monographie handelt.

Das moderne Schiffssachenrecht hat sich weitgehend nach den Grundsätzen des Immobilienrechts ausgerichtet. Selbst im Recht der Schuldverhältnisse finden sich Bestimmungen, aus denen sich eine einheitliche Behandlung von Grundstücken, eingetragenen Schiffen oder Schiffsbauwerken ergibt; vgl. § 446 Abs. 2 BGB. Grundsätzlich rechnen Schiffe zum unbeweglichen Vermögen i. S. des § 1551 BGB; die Verfügung über sie bedarf der Zustimmung in den Fällen der §§ 1445, 1643 Abs. 1, 1821 Abs. 1 Ziffer 3, 4 BGB. Das Bürgerliche Gesetzbuch enthält sonst nur wenige besondere Bestimmungen für Schiffe, so insbesondere die Bestimmungen über den Eigentumserwerb an nicht eingetragenen Seeschiffen, §§ 929 a, 932 a BGB.

Die sonstigen allgemeinen Bestimmungen sachenrechtlicher Art befinden sich in dem Gesetz über Rechte an eingetragenen Schiffen und Schiffsbauwerken vom 15. 11. 1940 in seiner jetzt gültigen Fassung, insbesondere hinsichtlich des Eigentumsübergangs an eingetragenen Schiffen und Schiffsbauwerken, der Eintragung und des Inhalts von Schiffshypotheken, ihrer besonderen Arten, wie Schiffshypotheken für Inhaber- und Orderpapiere, Höchstbetragsschiffshypotheken und Schiffshypotheken an Schiffsbauwerken, ihrer Geltendmachung, ihrer Übertragung, Änderung und ihrer Erlöschensgründe, ferner die Regelung des Nießbrauchs am Schiff. Als bemerkenswert mag festgehalten werden, daß begrifflich das Rechtsinstitut der Eigentümergrundschuld nicht besteht. An deren Stelle ist die sogenannte Rangbefugnis geschaffen worden (§§ 27, 57 SchRG).

Die der Grundbuchordnung entsprechenden Bestimmungen finden sich in der Schiffsregisterordnung vom 26. 5. 1951 in ihrer jetzt geltenden Fassung mit allgemeinen Bestimmungen über die Eintragung des Schiffes und die Eintragung von Rechtsverhältnissen nebst den Besonderheiten für die Schiffsurkunden und das Register für Schiffsbauwerke. Die verwaltungsmäßige Durchführung ist in der Schiffsregisterverfügung — Allgemeine Verfügung des Bundesministers für Justiz vom 29. 5. 1951 — geregelt, die der Allgemeinen Verfügung über die geschäftliche Behandlung der Grundbuchsachen vom 25. Februar entspricht.

Von besonderer Bedeutung ist das bereits genannte Gesetz über das Flaggenrecht der Seeschiffe und die Flaggenführung der Binnenschiffe (Flaggenrechtsgesetz vom 8. 2. 1951) in seiner jetzt geltenden Fassung mit den Durchführungsverordnungen vom 31. 3. 1951 und 3. 8. 1951 über Flaggenzeugnisse, Flaggenscheine, die Grenzen der Seefahrt und die Anbringung der Schiffsnamen. Es handelt sich hierbei um öffentliches Recht, das deshalb maßgeblich in die Seeschiffahrt hineinwirkt, weil die deutschen Handelsschiffe nach dem Grundgesetz, Artikel 27, eine einheitliche Handelsflotte bilden. Die Einheitlichkeit bezieht sich insbesondere auf den internationalen Seeverkehr, auf den völkerrechtlichen Schutz der Schiffahrt, auf die dem Bunde anderen Staaten gegenüber zur Förderung des Erwerbs durch die Schiffahrt zustehenden Rechte und auf die Klarstellung der bundesstaatlichen Einheit gegenüber dem Ausland. Dem Bund obliegt auch die Förderung der Handelsflotte im allgemeinen deutschen Interesse, wie § 1 des Gesetzes über die Aufgaben des Bundes auf dem Gebiete der Seeschiffahrt vom 24. 5. 1965 ergibt.

Wegen sonstiger Nebengesetze auf einzelnen Teilgebieten kann auf das „Recht des Schiffskredits" verwiesen werden, so insbesondere auf die alten, zum Teil noch gültigen Bestimmungen über wertbeständige Schiffshypotheken, auf das Gesetz über die Schiffspfandbriefbanken (Schiffsbankgesetz), insbesondere wegen des sog. Treuhändervermerks, einer Verfügungsbeschränkung, die nach § 34 des Schiffsbankgesetzes im Schiffsregister einzutragen ist und dem Schutze der im Deckungsregister der Schiffsbanken eingetragenen Werte dient.

Wenn auf das Recht des Schiffskredits als zweckmäßige, ja notwendige Monographie des einschlägigen Rechtsgebietes verwiesen wurde, so ist dieser Notwendigkeit auch mit der vorgelegten Formularsammlung Rechnung getragen worden.

In der gegenwärtigen schnell-lebigen Zeit, voll von neuen Rechtsideen und Strukturwandlungen, entsteht natürlich die Frage, ob der Formularsammlung so, wie sie vorgelegt wird, ein langes Leben beschieden ist oder ob sie nicht vielmehr in absehbarer Zeit wieder durch eine neue Sammlung, zumindestens eine Überarbeitung, ersetzt werden muß.

Die Gefahr besteht erkennbar für das vorliegende Rechtsgebiet nicht, trotz der sich gerade auf dem Gebiete des allgemeinen Schiffahrtsrechts z. Z. vollziehenden Rechtserneuerung. Diese betrifft bisher und voraussichtlich auch in absehbarer Zeit jedoch nicht das Schiffssachen- und Registerrecht, sondern das Seehandelsrecht, wie die Novellierung des Jahres 1972 mit seinen drei Gesetzen vom 21. 6. 1972, betr. die Zustimmung zu internationalen seerechtlichen Konventionen, Seerechtsänderungsgesetz und der seerechtlichen Verteilungsordnung, erkennen lassen, nämlich eine sich vollziehende Neuschaffung des vierten Buches des deutschen Handelsgesetzbuchs, in Verbindung mit der sich in den nationalen Rechten aller seefahrenden Nationen zu beobachtenden Tendenz zur Vereinheitlichung des internationalen Seerechts.

Aus diesem Grunde ist die zweite Auflage des „Rechts des Schiffskredits" als Gesamtdarstellung des Schiffssachen- und Registerrechts auch heute noch „up to date".

Zum Schlusse dieser Einführung sei noch ein kurzer persönlicher Hinweis gestattet. Der Gedanke einer besonderen Formularsammlung für das Schiffsregisterwesen ist an den Unterfertigten von seinem Mit-Autor, Herrn Amtsrat Weichert, herangetragen worden, dem dadurch die gedankliche Urheberschaft der Sammlung gebührt. Sollte der Sammlung eine günstige Aufnahme beschieden sein und insbesondere ihre zweckmäßige und sorgfältige Zusammenstellung bescheinigt werden, so gebe ich auch ein solches Werturteil an Herrn Weichert weiter. Der Wert der Sammlung besteht sicher gerade darin, daß sie zu einem wesentlichen Teil aus der registerlichen Praxis mit einschlägigen gerichtlichen und notariellen Vorgängen in einem Maße schöpfen konnte, wie sie dem einzelnen Anwalt, Notar oder wer auch sonst der Herausgeber einer derartigen Formularsammlung sein sollte, nicht zur Verfügung steht.

Kiel, den 12. März 1973 Dr. Prause

Inhaltsverzeichnis

Dritter Teil
Schiffsbauregister

Vierter Teil
Binnenschiffe

Fünfter Teil
Sonstige Angelegenheiten in Schiffsregistersachen

Erster Teil

Seeschiffsregister

Vorbemerkungen

I. Gemeinsame Rechtsquellen für See- und Binnenschiffahrtsrecht

In der Bundesrepublik Deutschland haben See- und Binnenschiffahrt im allgemeinen verschiedene Rechtsquellen. Nur wenige Gesetze betreffen ganz oder teilweise beide Gebiete.

Für das private oder auch überwiegend private Schiffahrtsrecht sind in der Form auch zum größten Teil sachlich gemeinsam

a) das Gesetz über Rechte an eingetragenen Schiffen und Schiffsbauwerken vom 15. 11. 1940 — RGBl. I, 1499 —,
Amtliche Begründung DJ. 1940, 1329 —.
DVO vom 21. 12. 1940 — RGBl. I, 1609 —.

b) Schiffsregisterordnung in der jetzigen Fassung vom 26. 5. 1951 — BGBl. I, 353 — mit
Änderung vom 4. 12. 1968 — BGBl. I, 1295 —.

c) Schiffsregisterverfügung in der jetzigen Fassung vom 29. 5. 1951 — BAnz. Nr. 109 —.

Für das öffentliche Schiffahrtsrecht ist formell gemeinsam das Gesetz über das Flaggenrecht der Seeschiffe und die Flaggenführung der Binnenschiffe vom 8. 2. 1951 — BGBl. I, 79 —. Änderung BGBl. 1972, I, 976 —.

Auf die übrigen sachlich gemeinsamen Bestimmungen wie z. B. Seestraßenordnung, Gesetz zum Schiffssicherheitsvertrag usw. soll in diesem Werk nicht näher eingegangen werden.

II. Nachrichten an Behörden von Eintragungen in Abt. I und II des Seeschiffsregisters

Von allen Eintragungen in Abteilung I und II des Seeschiffsregisters sind die nachstehend aufgeführten Behörden zu benachrichtigen:

a) Bundesverkehrsministerium — Abt. Seeverkehr, Hamburg 4, Bernhard-Nocht-Straße 78,
b) Bundesamt für Schiffsvermessung, Hamburg 4, Millerntorplatz 1,
c) Seeberufsgenossenschaft, Hamburg 11, Reimerstwiete 2 und
d) Germanischer Lloyd, Hamburg 36, Wall 86.

1. Eintragung eines Seeschiffes.

I. Allgemeines

Zur Anmeldung eines Seeschiffes zwecks Eintragung in das Seeschiffsregister ist der Eigentümer verpflichtet, wenn das Schiff die Flagge der Bundesrepublik Deutschland zu führen hat.
(Über die Verpflichtung zur Führung der deutschen Bundesflagge siehe den Abschnitt „Flaggenrecht").
Die Anmeldepflicht gilt nicht für Seeschiffe
a) deren Bruttoraumgehalt 50 Kubikmeter nicht übersteigt,
b) Schiffe im Eigentum und öffentlichen Dienst der Bundesrepublik Deutschland,
c) Schiffe im Eigentum oder öffentlichen Dienst eines zur Bundesrepublik Deutschland gehörenden Landes,
d) Schiffe im Eigentum einer öffentlich rechtlichen Körperschaft oder Anstalt mit dem Sitz im Geltungsbereich des Grundgesetzes.

II. Antrag auf Eintragung eines Schiffes in das Seeschiffsregister

Der Antrag auf Eintragung eines Schiffes in das Seeschiffsregister ist an keine Form gebunden. Die Formvorschrift des § 37 SchRO kommt nur zur Anwendung, wenn es sich bei den Anträgen bzw. Bewilligungen um Rechtsverhältnisse handelt. Bei dem Antrage auf Eintragung des Schiffes handelt es sich um die Anmeldung einer Tatsache und nicht um die Anmeldung von Rechtsverhältnissen.
Bei der Anmeldung eines Schiffes sind anzugeben (§ 11 SchRO)
a) der Name des Schiffes,
b) die Gattung und der Hauptbaustoff,
c) der Heimathafen, diese Angabe ist glaubhaft zu machen (§ 13 SchRO),
d) der Bauort und das Jahr des Stapellaufs, diese Angabe ist glaubhaft zu machen (§ 13 SchRO),

e) die Ergebnisse der amtlichen Vermessung, der Schiffsmeßbrief ist vorzulegen (§ 13 SchRO),
f) die Maschinenleistung, diese Angabe ist glaubhaft zu machen (§ 13 SchRO),
g) der Eigentümer, die Angabe ist glaubhaft zu machen (§ 13 SchRO). Bei einer Reederei sind die Reeder und die Größe der Schiffsparten anzugeben.
Bei einer offenen Handelsgesellschaft sind die Gesellschafter anzugeben,
bei einer Kommanditgesellschaft oder einer Kommanditgesellschaft auf Aktien müssen die persönlich haftenden Gesellschafter angegeben werden,
h) der Rechtsgrund für den Erwerb des Eigentums, diese Angabe ist glaubhaft zu machen (§ 13 SchRO),
i) die das Recht zur Führung der Bundesflagge begründeten Tatsachen. Diese Tatsachen sind nachzuweisen (§ 13 Abs. 2 SchRO),
j) bei einer Reederei der Korrespondentreeder.

Ein Schiff darf nicht in das Seeschiffsregister eines Gerichts der Bundesrepublik Deutschland eingetragen werden, wenn es in einem ausländischen Schiffsregister eingetragen ist. Dem Registergericht ist glaubhaft zu machen, daß eine solche Eintragung nicht besteht (§ 14 Abs. 1 SchRO).

Ist das Schiff in einem ausländischen Schiffsregister eingetragen, so ist eine Bescheinigung der ausländischen Registerbehörde über die Löschung der Eintragung des Schiffs einzureichen (§ 14 Abs. 2 SchRO).

1. Muster eines Eintragungsantrages (Miteigentümer je zur Hälfte)

Wir die unterzeichneten, nämlich
a) der Reeder ..... in ....., ...straße ..... und
b) der Kaufmann ..... in ....., ...straße
nehmen Bezug auf den beim Amtsgericht in ..... befindlichen Meßbrief des Bundesamtes für Schiffsvermessung in Hamburg sowie auf die als Anlage beigefügte Bescheinigung des Amtsgerichts ..... vom ..... darüber, daß das Schiff nicht im Schiffsbauregister des Amtsgerichts ..... eingetragen ist und melden das nachstehend bezeichnete Schiff, mit dem die Seeschiffahrt zum Zwecke des Erwerbes betrieben werden soll, zur Eintragung in das Seeschiffsregister des Amtsgerichts ..... an.
Das Schiff hat den Namen „.....“ und ist ein Frachtschiff.
Heimathafen des Schiffes ist .....

Wir versichern, daß die Schiffahrt von ..... aus betrieben wird.
Das Schiff ist auf der Werft ..... in ..... erbaut und am ..... vom Stapel gelaufen.
Die Ergebnisse der amtlichen Vermessung sind:

Länge: ..... m
Breite: ..... m
Tiefe: ..... m
Bruttoraumgehalt
a) in Kubikmetern .....
b) in Registertonnen .....

Nettoraumgehalt
a) in Kubikmetern .....
b) in Registertonnen .....

Die Maschinenleistung beträgt ..... PS.
Eigentümer des Schiffes sind wir, nämlich
a) der Reeder ..... in ....., ...straße und
b) der Kaufmann ..... in ....., ...straße,

und zwar als Miteigentümer je zur Hälfte.
Wir haben das Eigentum an dem Schiff dadurch erworben, daß wir es auf eigene Rechnung bei der Werft ..... in ..... erbauen ließen.
Wir sind beide deutsche Staatsangehörige und haben unseren Wohnsitz im Geltungsbereich des Grundgesetzes.
Wir überreichen
a) ..... zum Nachweis über unsere deutsche Staatsangehörigkeit,
b) eine Bescheinigung der Bauwerft vom ..... über Bauort, Jahr des Stapellaufs und Erbauung des Schiffes auf unsere Rechnung,
c) eine Bescheinigung der ..... Maschinenbaugesellschaft mit beschränkter Haftung in ..... vom ..... über die Maschinenleistung.

Die Richtigkeit der übrigen Angaben versichern wir an Eides Statt. Uns ist bekannt, daß die Abgabe einer falschen eidesstattlichen Versicherung strafbar ist.
Der Wert des Schiffes beträgt ..... DM .
Wir beantragen die Erteilung eines amtlich beglaubigten Auszuges aus dem Schiffszertifikat.
Das Schiffszertifikat, den beglaubigten Auszug aus dem Schiffszertifikat und den Schiffsmeßbrief bitten wir, an ..... in ..... zu senden.

(§ 2 SchRG, §§ 747, 1008 BGB, §§ 3, 4, 10, 11, 13—16 SchRO, § 1 Flaggenrechtsgesetz.)

Ist der Neubau bereits im Schiffsbauregister eingetragen, so ist eine Bescheinigung und eine beglaubigte Registerblattabschrift des Amtsgerichts, bei dem der Schiffsbau im Schiffsbauregister eingetragen ist, einzureichen (§ 15 SchRO). Das Registergericht, bei dem das Schiff in das Seeschiffsregister eingetragen wird, hat die im Schiffsbauregister eingetragenen Schiffshypotheken mit ihrem bisherigen Rang von Amts wegen zu übertragen (§ 16 SchRO).

2. Muster eines Eintragungsantrages (Eigentümerin ist eine GmbH & Co. Kommanditgesellschaft)

In unserer Eigenschaft als gemeinsam vertretungsberechtigte Geschäftsführer der Komplementärin der ..... Schiffahrts-Gesellschaft m. b. H. & Co. Kommanditgesellschaft mit dem Sitz in ..... melden wir das nachstehend näher bezeichnete Schiff zur Eintragung in das Seeschiffsregister an.
Name des Schiffes: .....
Gattung und Hauptbaustoff: Seemotorschiff aus Stahl
Heimathafen: .....
Bauort und Jahr des Stapellaufs: ....., 19.....
Wegen der Ergebnisse der amtlichen Vermessung wird auf den bei dem Amtsgericht befindlichen Schiffsmeßbrief des Bundesamts für Schiffsvermessung in Hamburg vom ..... Bezug genommen.
Die Maschinenleistung beträgt ..... PS.
Eigentümer des Schiffes ist die ..... Schiffahrts-Gesellschaft m. b. H. & Co. Kommanditgesellschaft mit dem Sitz in .....
Persönlich haftende Gesellschafterin ist die ..... Schiffahrts-Gesellschaft mit beschränkter Haftung mit dem Sitz in .....
Wir sind die alleinigen Geschäftsführer der Komplementärin und sind gemeinsam vertretungsberechtigt.
Wir haben das Schiff auf eigene Rechnung bei der ..... Werft in ..... erbauen lassen.
Wir persönlich besitzen die deutsche Staatsangehörigkeit. In der Kommanditgesellschaft sind ..... Kommanditisten, die alle die deutsche Staatsangehörigkeit (die Mehrheit der Kommanditisten besitzt die deutsche Staatsangehörigkeit) besitzen.
Zum Nachweis unserer deutschen Staatsangehörigkeit und zum Nachweis der deutschen Staatsangehörigkeit — aller — .....-Kommanditisten überreichen wir .....
Zur Glaubhaftmachung der übrigen Angaben übergeben wir

a) die Negativbescheinigung des Amtsgerichts ..... darüber, daß der Neubau nicht im dortigen Schiffsbauregister eingetragen ist,
b) das Schreiben der ..... Motorenwerke in ..... mit den Angaben über die Maschinenleistung,
c) den Bielbrief der ..... Werft in ..... vom .....

Wir versichern, daß das zur Eintragung angemeldete Schiff in einem ausländischen Schiffsregister oder Schiffsbauregister nicht eingetragen ist. Außerdem überreichen wir je eine beglaubigte Abschrift des Handels-

register des Amtsgerichts ..... für die genannte Kommanditgesellschaft und für die GmbH.
Wir versichern ferner, daß die Schiffahrt mit dem Schiff von ..... aus betrieben wird.
Der Wert des Schiffes beträgt ..... DM.
Wir bitten um Erteilung eines amtlich beglaubigten Auszugs aus dem Schiffszertifikat.
Den Schiffsmeßbrief, das Schiffszertifikat und den beglaubigten Auszug aus dem Schiffszertifikat bitten wir an die ..... Schiffahrts-Gesellschaft m. b. H. & Co. Kommanditgesellschaft in ....., ...straße ..... zu senden.

(§ 2 SchRG, §§ 3, 4, 10, 11, 13—15 SchRO, §§ 16, 28 SchRV, § 1 Flaggenrechtsgesetz.)

3. Muster für einen Bielbrief

Wir bestätigen, für die ..... Schiffahrts-Gesellschaft m. b. H. & Co. Kommanditgesellschaft mit dem Sitz in ..... in Auftrag genommen und gebaut zu haben:
Seemotorschiff aus Stahl, Bau-Nr. .....
Name des Schiffes: „.....“
mit den voraussichtlichen Meßergebnissen:
Länge ca. ..... m
Breite ca. ..... m
Tiefe ca. ..... m
Bruttoregistertonnen ca. .....
Das Schiff wurde unter Aufsicht des Germanischen Lloyd für die Klasse ..... erbaut.
Wir erklären hiermit, daß die ..... Schiffahrts-Gesellschaft m. b. H. & Co. Kommanditgesellschaft in ..... Eigentümerin des Schiffes ist.

....., den ..... 19.....

(§§ 11, 13 SchRO.) ..... Werft

4. Muster für eine Bescheinigung der Maschinenleistung

Betr.: Seemotorschiff aus Stahl „.....“
Neubau-Nr.: ..... für ..... Werft in .....
Wunschgemäß bestätigen wir, daß der Hauptmotor für den obigen Schiffsneubau, Fabrikat ....., Type ....., Motor-Nr. ....., vor Auslieferung in unserem Werk am ..... im Beisein des zuständigen Besichtigers des Germanischen Lloyd auf eine Leistung von
..... PS bei ..... Upm, Dauerleistung .....
eingestellt worden ist.

....., den ..... 19.....

(§§ 11, 13 SchRO.) ..... Motorenwerke .....

5. Muster für die Aufforderung des Gerichts an den Eigentümer zur Anmeldung eines Schiffes — über 50 cbm Bruttoraumgehalt —

Sehr geehrter Herr .....!

Für das angeblich in Ihrem Eigentum befindliche Seemotorschiff ..... mit dem Heimathafen in ..... hat das Bundesamt für Schiffsvermessung in Hamburg einen Schiffsmeßbrief mit der Bitte um weitere Veranlassung übersandt.

Sie werden gebeten, nunmehr den Antrag auf Eintragung des Schiffes in das Seeschiffsregister beim hiesigen Amtsgericht zu stellen.

Bei der Anmeldung des Schiffes ist Ihr Eigentumsrecht an dem Fahrzeug darzutun. Weiter ist erforderlich, daß Ihre deutsche Staatsangehörigkeit durch Vorlage öffentlicher Urkunden nachgewiesen wird.

Der Wert des Schiffes ist im Kosteninteresse anzugeben.

Falls das Schiff bereits in einem See-, Binnenschiffs- oder Schiffsbauregister eingetragen war, sind die Unterlagen (Bescheinigung des Registergerichts nach § 15 SchRO und eine beglaubigte Registerblattabschrift) hierüber einzureichen, andernfalls ist eine entsprechende eidesstattliche Erklärung abzugeben, daß das Schiff weder in einem See-, Binnenschiffs- oder Schiffsbauregister eingetragen ist. Endlich ist die Maschinenleistung unter Glaubhaftmachung mitanzumelden.

Um Erledigung der Angelegenheit wird binnen ..... Wochen gebeten.

Hochachtungsvoll

(§ 2 SchRG, §§ 3, 4, 10, 11, 13—15 SchRO, §§ 1, 2 Flaggenrechtsgesetz.)

6. Muster für die Aufforderung des Gerichts an den Eigentümer zur Anmeldung eines Schiffes unter 50 cbm Bruttoraumgehalt

Sehr geehrter Herr .....!

Für das angeblich in Ihrem Eigentum befindliche ..... Schiff — Heimathafen ..... — hat das Bundesamt für Schiffsvermessung in Hamburg einen Schiffsmeßbrief mit der Bitte um weitere Veranlassung übersandt.

Es wird angenommen, daß das ..... schiff in das hiesige Seeschiffsregister eingetragen werden soll. Es wird daher gebeten, den Antrag auf Eintragung des ..... schiffes in das Seeschiffsregister beim hiesigen Amtsgericht zu stellen.

Bei der Anmeldung des Schiffes ist Ihr Eigentumsrecht darzutun. Weiter ist erforderlich, daß Ihre Staatsangehörigkeit durch Vorlage öffentlicher Urkunden nachgewiesen wird.

Falls das Schiff bereits in einem See-, Binnenschiffs- oder Schiffsbauregister eingetragen ist, sind die Unterlagen hier einzureichen, andern-

falls ist eine entsprechende eidesstattliche Erklärung abzugeben. Sollte das Schiff mit einem Motor ausgestattet sein, ist die Maschinenleistung unter Glaubhaftmachung mitanzumelden.
Ist das Schiff ganz oder teilweise im Inland erbaut, so ist bei der Anmeldung eine Bescheinigung des Registergerichts des Bauorts darüber einzureichen, ob das Schiff im Schiffsbauregister eingetragen ist, gegebenenfalls ist eine beglaubigte Abschrift des Registerblattes beizufügen.
Zur Anmeldung zwecks Eintragung des Schiffes in das Seeschiffahrtsregister ist der Eigentümer verpflichtet, wenn das Schiff die deutsche Bundesflagge führen muß und der Bruttoraumgehalt des Schiffes 50 Kubikmeter übersteigt.
Falls eine Eintragung des Schiffes in das Seeschiffsregister nicht erfolgen soll, teilen Sie es bitte dem Gericht zu obigen Aktenzeichen mit. In diesem Falle kann Ihnen der Schiffsmeßbrief gegen den Nachweis über die gezahlten Vermessungsgebühren vom hiesigen Amtsgericht ausgehändigt werden.
Um Erledigung der Angelegenheit wird binnen ..... Wochen gebeten.

Hochachtungsvoll

(§ 2 SchRG, §§ 3, 4, 10, 11, 13—15 SchRO, §§ 1, 2 Flaggenrechtsgesetz.)

7. Übernahme eines Schiffes aus dem Binnenschiffsregister in das Seeschiffsregister

a) Kaufvertrag

Kaufvertrag

zwischen dem Schiffseigner ..... in ....., Verkäufer

und

dem ..... in ....., Käufer
wird folgender Kaufvertrag abgeschlossen:

§ 1

Der vorgenannte Verkäufer verkauft dem ..... in ..... das im Binnenschiffsregister des Amtsgerichts ..... unter der Nummer ..... eingetragene Schiff „.....“.

§ 2

Das Schiff soll auf der Werft ..... in ..... auf Slipp gezogen werden zur Durchführung der Bodenbesichtigung. Die Kosten der Werft trägt der Käufer.
Für den Fall, daß für die Fahrterlaubnis erhebliche Mängel festgestellt werden, kann der Verkäufer von diesem Vertrage zurücktreten. Wenn der Verkäufer nicht zurücktritt, hat er diese Mängel zu beseitigen.

Im übrigen wird das Schiff in dem bestehenden und von dem Erwerber besichtigten Zustande verkauft. Jede Gewährleistung ist ausgeschlossen.

§ 3

Der Kaufpreis beträgt ..... DM. Dieser Betrag ist an die ..... in ..... auf das Konto-Nr. ..... zu überweisen. Die Bank kann über den Betrag zugunsten des Verkäufers verfügen, sobald gewährleistet ist, daß das Schiff auf den Erwerber im Schiffsregister schuldenfrei umgeschrieben ist.

§ 4

Die Parteien sind sich über den Eigentumsübergang einig. Sie bewilligen und beantragen die Eintragung der Eigentumsänderung im Schiffsregister.

§ 5

Der Käufer versichert hiermit, daß das Schiff zur Seeschiffahrt dient und die Schiffahrt von ..... betrieben wird.
Er beantragt das Schiff im Binnenschiffsregister des Amtsgerichts ..... zu löschen und es im Seeschiffsregister des Amtsgerichts ..... einzutragen.
Der Heimathafen des Schiffes ist .....

§ 6

Der Verkäufer versichert, daß das Schiff nicht sein gesamtes Vermögen darstellt. Eine Zustimmung seiner Ehefrau zum Verkauf des genannten Schiffes gem. § 1365 BGB ist daher nicht erforderlich.

§ 7

Die entstehenden Löschungskosten trägt der Verkäufer. Alle übrigen Kosten gehen zu Lasten des Käufers.

§ 8

Die Übergabe des Schiffes soll schnellstens nach dem Slippen erfolgen, und zwar soll das Schiff im Freihafen ..... oder außerhalb des Hoheitsgebietes übergeben werden.

Datum
Unterschriften.

b) Eintragungsverfügung beim Binnenschiffsregister

1. Eintragen in das Binnenschiffsregister Nr. .....
   a) **Aufschrift:**
      Infolge Verlegung des Heimatortes nach ..... geschlossen.
      Eingetragen am .....
      (Ist das Schiff im Seeschiffsregister des neuen Heimathafens eingetragen und liegt dem Gericht des Binnenschiffsregisters die

entsprechende Eintragungsnachricht vor, so ist hier noch folgendes einzutragen:
Das Schiff ist im Seeschiffsregister des Amtsgerichts ..... in Band ..... Blatt ..... eingetragen. Eingetragen am .....)

b) **Abteilung I:**
Sp. 4: ..... (Name des neuen Heimathafens)
Sp. 8: Die Heimatortverlegung eingetragen am .....

c) **Abteilung II:**
Sp. 1: ..... (nächste fortlaufende Nummer)
Sp. 2: (neuer Eigentümer mit Namen, Vornamen, Beruf und Wohnort)
Sp. 3: —
Sp. 4: ..... (die Nr. wie in Sp. 1)
Sp. 5: Kauf. Auf Grund der Einigungserklärung vom ..... eingetragen am .....

2. Eintragung in Abt. I Sp. 4 (bisheriger Heimatort) und Abt. II lfd. Nr. ..... Sp. 1—5 (bisherige Eintragung) röten.
3. Sämtliche Seiten des Registerblattes — mit Ausnahme der Aufschrift — rot durchkreuzen.
4. Schiffsbrief berichtigen.
5. Handblatt ergänzen und beglaubigen.
6. Nachricht an:
   a) bisherigen Eigentümer,
   b) neuen Eigentümer,
   c) Schiffahrtsverband in .....,
   d) Bundesverkehrsministerium,
   e) Wasser- und Schiffahrtsdirektion in .....,
   f) Gläubiger der Abteilung III,
   g) Notar.
7. Kartei-Namensverzeichnis.
8. **Urschriftlich** mit Akten, beglaubigtem Handblatt und Schiffsbrief
   an das Amtsgericht — Abt. Seeschiffsregister —
   in .....
   zuständigkeitshalber mit der Bitte um weitere Veranlassung übersandt.
   Um Eintragungsmitteilung wird gebeten.
   Es wird außerdem gebeten, den Eichschein dort anzufordern.
9. Retent nach ..... (Eintragungsnachricht vom Seeschiffsregister).

c) Eintragungsverfügung beim Seeschiffsregistergericht

1. Eintragen in das Seeschiffsregister Nr. ..... (neu)
   a) **Aufschrift:**
   Das Schiff ist vom Binnenschiffsregister des Amtsgerichts in ..... Band ..... Blatt ..... hierher übertragen am .....

b) **Abteilung I:**

Sp. 1: ..... (Name des Schiffes)

Sp. 2: ..... (Unterscheidungssignal einsetzen)

Sp. 3 und 4: (Eintragungen aus dem Binnenschiffsregister übernehmen)

Sp. 5: (neuer Heimathafen) früher ..... (die Worte früher ..... sind rot zu unterstreichen)

Sp. 6 a bis 6 h: (Vermessungsergebnisse aus dem Schiffsmeßbrief)

Sp. 6 i: Bundesamt für Schiffsvermessung in Hamburg vom .....

Sp. 6 h: ..... PS

Sp. 7: Eingetragen im Binnenschiffsregister des Amtsgerichts ..... am ..... gez.: 2 Unterschriften.
Die Übereinstimmung mit dem Inhalt des bisherigen Blattes unter gleichzeitiger Berücksichtigung der Ergebnisse der amtlichen Vermessung wird bescheinigt. Eingetragen am .....

Sp. 8: Die Heimatortverlegung (jetzt Heimathafen) eingetragen am .....
gez.: 2 Unterschriften

Sp. 9: 5
Die Übereinstimmung mit dem Inhalt des bisherigen Blattes wird bescheinigt. Eingetragen am .....

Sp. 10: Recht zur Führung der Bundesflagge gemäß § ..... Abs. ..... Flaggenrechtsgesetz festgestellt und eingetragen am .....

c) **Abteilung II:**

Sp. 1: 1, 2 gelöscht.

Sp. 2: a) ..... (Eintragung aus dem Binnenschiffsregister übernehmen).

Sp. 3: —

Sp. 4: 3

Sp. 5: Kauf. Auf Grund der Einigung von ..... eingetragen am .....
gez.: 2 Unterschriften.
Die Übereinstimmung mit dem Inhalt des bisherigen Blattes wird bescheinigt. Eingetragen am .....

d) **Abteilung III:**

Sp. 1: 1, 2

Sp. 2: —

Sp. 3: gelöscht.
Die Übereinstimmung mit dem Inhalt des bisherigen Blattes wird bescheinigt. Eingetragen am .....

2. Eintragung des Schiffes und des Unterscheidungssignals auf dem Schiffsmeßbrief vermerken. Schiffsmeßbrief an ..... senden. — Einschreiben gegen Rückschein. —
3. Es ist ein Schiffszertifikat zu fertigen und dem Schiffseigentümer zu übersenden. — Einschreiben gegen Rückschein. —
4. Der bisherige Schiffsbrief ist unbrauchbar zu machen und zu den Akten zu nehmen.
5. In der Liste der Unterscheidungssignale vermerken.
6. Nachricht an:
   a) Eigentümer,
   b) Behörden (s. Seite 3 f.)
   c) Amtsgericht in ..... zum Az. ..... BSR .....
   d) Notar ..... zur UrkRNr. .....
7. Kartei.
8. Herrn Kostenbeamten.

2. Schiffsname, Namensänderung.

I. Name des Schiffes

Seeschiffe haben einen Namen, der aus einer Wortbildung bestehen muß. Gelegentlich finden sich auch Nummern in Verbindung mit einer Wortbildung.
Fischereifahrzeuge der See- und Küstenfahrt führen außerdem am Bug eine Buchstabengruppe und Nummern.
Die Wahl des Schiffsnamens steht dem Reeder frei.

II. Namensänderung

Will der Reeder den Namen eines im Seeschiffsregister eingetragenen Schiffes ändern, so muß die Änderung des Namens vom Bundesverkehrsminister — Abt. Seeverkehr — genehmigt werden.
Der Antrag auf Genehmigung der Namensänderung ist an den Bundesverkehrsminister zu richten und über das Schiffsregistergericht weiterzuleiten. Die Anträge sind vom Schiffsregistergericht vor Weiterleitung zu begutachten.

1. Muster (Zwischenverfügung des Registergerichts)

Der Schiffseigner hat dem Registergericht mitgeteilt, daß er den Namen des Schiffes geändert habe und beantragt, die Änderung des Schiffsnamens in das Seeschiffsregister einzutragen.

1. Schreiben an ..... in .....
   Betr.: Namensänderung des Schiffes „Anna" in „....." — SSR ..... —
   Bezug: Ihr Antrag vom .....

   Sehr geehrter Herr .....!
   Ihrem Antrage auf Eintragung der Änderung des Schiffsnamens „Anna" in „....." kann nicht entsprochen werden.
   Eine Namensänderung, die nicht im Interesse des Schiffsbetriebes notwendig ist, soll zur Vermeidung von Verwirrung nicht erfolgen. Falls nach Ihrer Auffassung eine Verwirrung nicht zu befürchten ist, wollen Sie bitte einen eingehend begründeten Antrag (in 2 Stücken) hier einreichen. Ihr Antrag wird sodann vom Registergericht dem Herrn Bundesverkehrsminister zur Entscheidung vorgelegt werden. Erst nach seiner Genehmigung kann die Eintragung der Namensänderung in das Seeschiffsregister vorgenommen werden.
   Um Erledigung der Angelegenheit wird binnen ..... Wochen gebeten.
   Falls eine Namensänderung jetzt nicht mehr beabsichtigt sein sollte, teilen Sie es bitte dem Gericht während der gleichen Zeitspanne mit.

   Hochachtungsvoll

2. Nach .....

2. Muster für die Genehmigung der Namensänderung

a) Antrag

An den
Herrn Bundesverkehrsminister
— Abt. Seeverkehr —
2 Hamburg 4
Bernhard-Nocht-Straße 78
über
das Amtsgericht
— Abt. Seeschiffsregister —
in .....

Betr.: Namensänderung des Motorschiffes „Anna" in „.....". Unterscheidungssignal: ....., eingetragen im Seeschiffsregister des Amtsgerichts ..... unter Nr. .....
Hiermit stelle ich den Antrag, den bisherigen Namen „Anna" des von mir erworbenen Motorschiffes auf den Namen „....." zu ändern und die Namensänderung in dem o. gen. Seeschiffsregister einzutragen.
Ich begründe die Änderung des Namens damit, daß zwischen mir, meiner Familie und dem Namen „Anna" kein Zusammenhang besteht, während der neue von mir gewählte Schiffsname dem Namen meinem vor kurzem verunglückten Sohne gehört.

b) Verfügung des Registergerichts nach Eingang des Antrages

1. Schreiben an den Bundesverkehrsminister — Abt. Seeverkehr — Hamburg 4, Bernhard-Nocht-Straße 78.
   Betr.: Namensänderung des Motorschiffes „Anna" in „....."
   — SSR ..... —
   Als Anlage wird der Antrag des Reeders ..... auf Änderung des Schiffsnamens „Anna" in „....." mit der Bitte um Entscheidung vorgelegt.
   Gemäß § 30 SchRV spricht sich das Gericht für die beantragte Namensänderung aus. Die im Antrag aufgeführten Gründe sind überzeugend.
2. Antrag des Reeders ..... vom ..... dem Schreiben zu Ziffer 1 beifügen.
3. Nach .....

c) Eintragungsverfügung nach Eingang der Genehmigung der Namensänderung

1. Eintragen in das Seeschiffsregister Nr. .....
   Abteilung I:
   Sp. 1: ..... (Name des Schiffes)
   Sp. 8: 1
   Sp. 9: Der Name des Schiffes ist in ..... geändert. Eingetragen am .....
2. In der Spalte 1 ist der bisherige Schiffsname zu röten.
3. Eintragung auf dem Schiffsmeßbrief und dem Schiffszertifikat vermerken.
4. Schiffsmeßbrief und Schiffszertifikat an ..... senden — Einschreiben gegen Rückschein —.
5. Der bisherige amtlich beglaubigte Auszug aus dem Schiffszertifikat ist unbrauchbar zu machen und zu den Akten zu nehmen.
6. Es ist ein neuer amtlich beglaubigter Auszug aus dem Schiffszertifikat zu fertigen und an ..... zu senden. — Einschreiben gegen Rückschein —.
7. Nachricht von der Eintragung an:
   a) Schiffseigentümer,
   b) Berechtigte in Abt. III,
   c) Behörden wie Seite 3 f.
8. Kartei.
9. In der Liste der Unterscheidungssignale vermerken.
10. Herrn Kostenbeamten.

(§ 11 SchRO, §§ 27, 30, 31 SchRV, §§ 9, 22 Flaggenrechtsgesetz.)

3. Unterscheidungssignal.

I. Allgemeines

Das Unterscheidungssignal ist eine Zusammensetzung von vier Buchstaben, die dem Schiff vom Registergericht zu dem Zwecke erteilt ist, dasselbe von allen anderen Schiffen derselben Flagge zu unterscheiden. Es dient zur Verständigung der Schiffe auf See untereinander und mit Landsignalstationen. Seeschiffe mit weniger als 50 cbm Bruttoraumgehalt wird nur dann ein Unterscheidungssignal zugeteilt, wenn sie eine Funktelegrafie- oder Funksprechanlage an Bord haben. Die Zuteilung eines Unterscheidungssignals bringt für die Eigentümer kleinerer Fahrzeuge keine besondere Vergünstigung mit sich.

Durch die Bestimmungen des am 1. Januar 1949 in Kraft getretenen Weltnachrichtenvertrages Atlantic City 1947 sind Deutschland nur noch die Signalgruppen DAA bis DMZ belassen worden. Die Verteilung der Unterscheidungssignale (Rufzeichen) auf die einzelnen Registergerichte erfolgt durch den Bundesverkehrsminister. Die Zuteilung eines Unterscheidungssignals für ein Schiff erfolgt wiederum durch das zuständige Registergericht (Gericht des Heimathafens).

Die Registergerichte haben eine Liste der Unterscheidungssignale nach folgendem Muster zu führen:

Muster für eine Liste der Unterscheidungssignale

Unterscheidungs-signal	Schiffs-name	Schiffs-gattung	Schiffseigentümer und Wohnort
1	2	3	4

Heimathafen	Seeschiffs-register-Nr.	Bemerkungen
5	6	7

Besonders zu beachten ist, daß jedes Schiff das ihm zugeteilte Unterscheidungssignal auch dann behält, wenn die Zuständigkeit für die Führung des Registerblattes auf ein anderes Registergericht (z. B. bei der Heimathafenverlegung) übergeht.

Wird ein Unterscheidungssignal frei (z. B. durch Verkauf des Schiffes in das Ausland, wegen Untergang des Schiffes, wegen Ausbesserungsunfähigkeit des Schiffes), so muß das Registergericht dem Gericht, daß das Unterscheidungssignal zugeteilt hat, von dieser Tatsache Mitteilung machen. Erst, wenn diese Mitteilung dem Registergericht zugegangen ist, kann das Unterscheidungssignal einem anderen Schiff zugeteilt werden.

II. Zuteilung eines Unterscheidungssignals für noch im Bau befindliche Schiffe

In der Praxis gehen bei den Registergerichten häufig Anträge auf Erteilung eines Unterscheidungssignals für noch im Bau befindliche Schiffe ein.
Eine Zuteilung eines Unterscheidungssignals kann in diesen Fällen **nicht** erfolgen.
Gemäß § 16 Abs. 2 SchRO ist **bei der Eintragung** eines Seeschiffs ein dem Schiff vom Registergericht zugeteiltes Unterscheidungssignal in das Seeschiffsregister einzutragen. Das Unterscheidungssignal dient u. a. zur Identifizierung des Schiffes und nicht des Schiffsneubaus. Das Unterscheidungssignal erhalten Seeschiffe daher nur bei der Eintragung in das Seeschiffsregister als zusätzliches Merkzeichen (Schaps-Abraham, Seerecht, 3. Aufl., Bd. I Anm. 3 zu § 11 SchRO. Beschluß des Landgerichts Kiel vom 18. 10. 1971 — 3 T 378/71 —).

(§§ 11, 16 SchRO, §§ 27, 31 SchRV.)

III. Unterscheidungssignal bei einer Ausflaggung

Ist einem Seeschiff für die Dauer eines Chartervertrages die Genehmigung erteilt, anstelle der Bundesflagge die Nationalflagge eines anderen Landes zu führen, so wird dem Schiff von dem anderen Staate für die Dauer des Chartervertrages ein neues Unterscheidungssignal zugeteilt. Dieses Unterscheidungssignal wird weder im deutschen Seeschiffsregister noch in der vom deutschen Schiffsregistergericht zu führenden Liste der Unterscheidungssignale eingetragen. In der Liste der Unterscheidungssignale und im Seeschiffsregister sind keine Eintragungen hinsichtlich des Unterscheidungssignals vorzunehmen.

4. Heimathafen, Heimathafenverlegung.

I. Heimathafen

Seeschiffe haben einen Heimathafen.

Der Heimathafen eines Schiffes ist derjenige Hafen, von welchem aus die Seefahrt betrieben wird (§ 480 HGB). Dies bedeutet nicht, daß er zum regelmäßigen Ausgangspunkt für die Reisen des Schiffes bestimmt sei, es kommt vielmehr nur der rechtliche Ausgangspunkt des Seefahrtsbetriebes in Betracht, also derjenige Hafen, von dem aus der Seefahrtsbetrieb des Schiffes geleitet wird.

Bei der Angabe des Heimathafens in der Anmeldung zur Eintragung eines Schiffes in das Seeschiffsregister oder bei einer Verlegung des Heimathafens hat der Schiffseigentümer diese Tatsache glaubhaft zu machen (Versicherung).

II. Heimathafenverlegung

Der Antrag auf Eintragung der Heimathafenverlegung ist nicht an die Formvorschrift des § 37 SchRO gebunden, da es sich hier um die Eintragung der Veränderung einer Tatsache und nicht um die Änderung eines Rechtsverhältnisses handelt.

1. Antrag des Notars auf Eintragung der Heimathafenverlegung

Da es sich bei der Heimathafenverlegung um die Anmeldung einer Tatsache handelt, werden die Anträge auf Eintragung der Heimathafenverlegung in der Praxis häufig von Notaren gestellt, **ohne eine Vollmacht einzureichen.**

a) Beispiel eines Antrages

Betr.: Motorschiff „. . . . .“ — SSR . . . . . —

In obiger Angelegenheit zeige ich an, daß der Heimathafen des Motorschiffes „. . . . .“ von . . . . . nach . . . . . verlegt worden ist. Ich beantrage die Eintragung der Verlegung in das dortige Seeschiffsregister. Das Schiffszertifikat übersende ich anliegend. Nach erfolgter Eintragung bitte ich die Akten an das Amtsgericht — Abt. Seeschiffsregister — in . . . . . zu senden.

Von der Eintragung bitte ich, mir Mitteilung zu machen.

Unterschrift des Notars

Einem derartigen Antrage kann nicht entsprochen werden, er ist wie folgt zu beanstanden:

b) Beispiel einer Beanstandungsverfügung

1. Schreiben an Notar .....

   Sehr geehrter Herr Notar!
   Ihrem Eintragungsantrage kann nicht entsprochen werden. Der Eintragung stehen folgende Hindernisse entgegen:
   Die Verlegung des Heimathafens ist nach § 18 SchRO von dem Schiffseigentümer anzumelden. Sie müssen insoweit eine Vollmacht des Schiffseigentümers auf Sie nachreichen. Die Verlegung des Heimathafens ist nach § 17 Abs. 5 SchrO glaubhaft zu machen. Es wird gebeten, entsprechende eidesstattliche Versicherung des Schiffseigentümers einzureichen. Um Beseitigung der Eintragungshindernisse wird binnen ..... Wochen gebeten.

   Hochachtungsvoll

2. Nach ..... Wochen.

Reicht der Notar eine entsprechende Vollmacht und Versicherung des (der) Schiffseigentümer(s) ein und die Schiffspapiere, so kann die Eintragung der Heimathafenverlegung vorgenommen werden.

2. Antrag des Schiffseigentümers auf Eintragung der Heimathafenverlegung

a) Beispiel eines Antrages

Im Seeschiffsregister des Amtsgerichts ..... bin ich als Eigentümer des .....schiffes — Unterscheidungssignal: ..... — eingetragen. Der Heimathafen des Schiffes war ..... Ich habe den Heimathafen von ..... nach ..... verlegt und versichere, daß die Schiffahrt jetzt von ..... aus betrieben wird. Ich beantrage, die Verlegung des Heimathafens nach ..... in das Seeschiffsregister einzutragen und die Registerakten an das Amtsgericht in ..... abzugeben.
Ich überreiche den Schiffsmeßbrief, das Schiffszertifikat und den beglaubigten Auszug aus dem Schiffszertifikat und bitte, die Schiffspapiere nach erfolgter Eintragung der Veränderung in das Seeschiffsregister an mich zurückzugeben.

Unterschrift

b) Verfügung beim Registergericht des bisherigen Heimathafens

1. Abschrift (Durchschrift) dieser Verfügung als Retent fertigen (nehmen).
2. Eintragen in das Seeschiffsregister Nr. .....

a) **Aufschrift:**
Wegen Verlegung des Heimathafens nach ..... geschlossen am .....

b) **Abteilung I:**
Sp. 5: ..... (Bezeichnung des neuen Heimathafens)
Sp. 8: Der Heimathafen des Schiffes ist nach ..... verlegt worden. Eingetragen am .....

3. In Abteilung I Sp. 5 ist der bisherige Heimathafen zu röten.
4. Handblatt ergänzen auf Vollständigkeit überprüfen und beglaubigen.
5. Eintragung auf dem Schiffszertifikat ergänzen und entsprechende Rötung vornehmen.
6. Nachricht an:
   a) Schiffseigentümer,
   b) Behörden wie Anmerkung auf Seite .....,
   c) Sämtliche Gläubiger der Abteilung III.
   (Hat der Schiffseigentümer den Schiffsmeßbrief nicht eingereicht, so ist die Eintragungsnachricht an ihn mit folgendem Zusatz zu versehen:
   Sie werden gebeten, den Schiffsmeßbrief zwecks Berichtigung dem Amtsgericht in ..... — Abt. Seeschiffsregister — einzureichen.)
7. In der Liste der Unterscheidungssignale vermerken. Das Unterscheidungssignal geht mit.
8. Kartei.
9. Statistik.
10. **Urschriftlich** mit den Registerakten, begl. Handblatt (Schiffsmeßbrief, Schiffszertifikat und begl. Auszug aus dem Schiffszertifikat) an das Amtsgericht — Abt. Seeschiffsregister.
    in .....
    mit der Bitte um weitere Veranlassung übersandt.
    Um Eintragungsnachricht zu gegebener Zeit wird gebeten. (Der Schiffseigentümer ist gebeten worden, den Schiffsmeßbrief direkt dort einzureichen.)
11. Retent nach 1 Monat.

c) Verfügung des Registergerichts des neuen Heimathafens

1. Eintragen in das Seeschiffsregister Nr. ..... (neu)
   a) **Aufschrift:**
   Das Schiff ist von Band ..... Blatt ..... des Seeschiffsregisters des Amtsgerichts in ..... hierher übertragen am .....
   b) **Abteilung I:**
   Sp. 1—4: Eintragung aus dem bisherigen Registerblatt übernehmen.

Sp. 5: (neuer Heimathafen, früher ..... — die Worte früher ..... sind rot zu unterstreichen)

Sp. 6 a bis Sp. 7: (aus dem bisherigen Registerblatt übernehmen). — Weitere Eintragung in Sp. 7. Die Übereinstimmung mit dem Inhalt des bisherigen Blattes wird bescheinigt. Eingetragen am .....

Sp. 8: 5

Sp. 9: Der Heimathafen ist von ..... nach ..... verlegt. Eingetragen am .....

Sp. 10: (Bisherige Eintragung aus dem Blatt des früheren Registergerichts übernehmen), sodann: Die Übereinstimmung mit dem Inhalt des bisherigen Blattes wird bescheinigt. Eingetragen am .....

c) **Abteilung II:**
Sämtliche Eintragungen aus dem Register des bisherigen Heimathafens sind zu übernehmen. Nach der letzten Eintragung ist in Spalte 5 folgendes einzutragen:
Die Übereinstimmung mit dem Inhalt des bisherigen Blattes wird bescheinigt. Eingetragen am .....

d) **Abteilung III:**
Sämtliche Eintragungen aus dem Seeschiffsregister des bisherigen Heimathafens sind zu übernehmen.
Am Schluß der letzten Eintragungen ist in Spalten 3, 6 und 8 folgendes einzutragen:
Die Übereinstimmung mit dem Inhalt des bisherigen Blattes wird bescheinigt. Eingetragen am .....

2. Handblatt anlegen.
3. Das bisherige Schiffszertifikat ist unbrauchbar zu machen und zu den Akten zu nehmen.
4. Es ist ein neues Schiffszertifikat zu fertigen und an ..... zu senden — Einschreiben gegen Rückschein —.
5. Die Heimathafenverlegung ist auf dem Schiffsmeßbrief zu vermerken. Schiffsmeßbrief an den Eigentümer — Einschreiben gegen Rückschein — senden.
6. Der bisherige amtlich beglaubigte Auszug aus dem Schiffszertifikat ist unbrauchbar zu machen und zu den Akten zu nehmen.
7. Es ist ein neuer amtlich beglaubigter Auszug aus dem Schiffszertifikat zu fertigen und an den Schiffseigentümer zu senden — Einschreiben gegen Rückschein —.
8. Nachricht an:
   a) Schiffseigentümer,
   b) Behörden — wie in Anmerkung, Seite 3 f.

c) Gläubiger Abteilung III Nr. .....,
d) Amtsgericht, Abt. Seeschiffsregister in ..... zu SSR .....
9. Kartei.
10. Herrn Kostenbeamten.

d) Verfügung beim Gericht des bisherigen Heimathafens

1. Eintragen in das Seeschiffsregister Nr. .....
   Aufschrift:
   Das Schiff ist in das Seeschiffsregister des Amtsgerichts in ..... unter der Nummer ..... eingetragen worden. Eingetragen am .....
2. Sämtliche Seiten des Registerblattes — mit Ausnahme der Aufschrift — sind rot zu durchkreuzen.
3. Keine Kosten.
4. Zu den Sammelakten.

(§ 480 HGB, § 4 SchRO, §§ 12, 27 SchRV.)

5. Vermessung

I. Allgemeines

Seeschiffe, die nach dem Flaggenrechtsgesetz die deutsche Bundesflagge führen, sind vom Bundesamt für Schiffsvermessung in Hamburg nach den Internationalen Vorschriften für die Schiffsvermessung zu vermessen.

Gesetzliche Grundlagen sind

a) das Gesetz über den Beitritt der Bundesrepublik Deutschland zu dem Übereinkommen über ein einheitliches System der Schiffsvermessung vom 8. 10. 1957 — BGBl. 1957, II, S. 1468 —,
b) die Verordnung über die Schiffsvermessung vom 28. 11. 1962 — BGBl. 1962, II, S. 2262 — und
c) das Gesetz zu den Änderungen vom 21. Mai 1967 des Übereinkommens über ein einheitliches System der Schiffsvermessung vom 11. 8. 1967 — BGBl. 1967, II, S. 2157 —.

Die Vermessung findet nur auf Antrag, der vom Schiffseigentümer zu stellen ist, statt.

Dem Antrage sind beizufügen:

a) der Generalplan,
b) die Deckspläne,
c) die Hauptspantzeichnung und der Bauspantenriß,
d) die Zeichnungen über die Einrichtungen der Maschinen- und Kesselräume,

An das
Bundesamt für Schiffsvermessung
2000 Hamburg 4, Millerntorplatz 1

................................, den .... 19....

Antrag auf Ausstellung eines Schiffsmeßbriefes

(Bitte Zutreffendes ankreuzen bzw. ausfüllen)

A Angaben zum Antrag

1. Name und Anschrift des Schiffseigners: ....

2. Schiffsname/Bau-Nr.: .... Unt. Sign.: .... — Neubau / Umbau / Ankauf

3. Staatszugehörigkeit: (Flagge des Schiffes) .... 4. Schiffsart: Seeschiff / Bi-Schiff / Off. Fahrz.

5. An zusätzlichen Meßbriefen werden beantragt: Keine / Suez-Kanal / Panama-Kan.

6. Beantragt wird Vermessung als: Volld. / Freidecker / Wechselschiff

7. Gem. Art. 71 der Verm.Vorschriften wird Abzug als WB-Raum beantragt für: VPT / HPT / Sonstige*

8. Gem. Art. 77 der Verm.Vorschriften wird Einmessung von Schächten beantragt: Alle / Keine / Grenze*

9. Gewünschte Tonnage-Grenze: Keine / Brutto / Netto

* Einzelangaben siehe Rückseite

B Angaben zu Schiff und Maschine

10. Schiffsgattung: .... 11. Heimathafen: ....

12. Name und Anschrift des Erbauers: ....

13. Ort und Jahr der Erbauung: ....

14. Schiff ist/wird in ein Register eingetragen: Reg. Gericht .... Reg.-Nr. .... SSR / BSR

15. Maschinenanlage: Art: .... Anzahl: .... PS: ....
Erbauer: .... Baujahr: ....

C Angaben zur Vermessung

16. Das Schiff steht zur Vermessung zur Verfügung: Zeit: ....
Ort: ....

17. Termin des Stapellaufs: .... 18. Termin der Infahrtsetzung: ....

19. Beim BAS war Gutachten/Vorvermessung beantragt: Ja / Nein

20. An zeichn. Unterlagen sind beigefügt: ....

21. Schiff hat Meßbrief, ausgestellt am: ....
von: ....
mit .... BRT und .... NRT

....
(Firmenstempel und Unterschrift des Antragstellers)

005315 1000 9. 70

e) der Ladeplan, aus dem die Bestimmung und der Inhalt sämtlicher Tanks, auch der im Doppelboden, hervorgeht,
f) die Zeichnungen der Vermessungsluke und Vermessungsöffnungen.

Bei späteren Vermessungen sind die Unterlagen über frühere Vermessungen beizufügen.

II. Schiffsmeßbrief

1. Muster für den Antrag auf Erteilung eines Schiffsmeßbriefes

(siehe Seite 24)

2. Antrag auf Erteilung eines neuen Schiffsmeßbriefes wegen Verlustes des bisherigen Schiffsmeßbriefes

An das
Bundesamt für Schiffsvermessung
2 Hamburg 4
Millerntorplatz 1

Betr.: Motorschiff „. . . . ." — Unterscheidungssignal: . . . . . —, eingetragen im Seeschiffsregister des Amtsgerichts . . . . . unter der Nummer . . . . .

Wir beantragen die Erteilung eines neuen Schiffsmeßbriefes für das obengenannte Schiff.

Der bisherige Schiffsmeßbrief ist in Verlust geraten und nicht mehr auffindbar.

Wir versichern an Eides Statt, nachdem uns die Bedeutung der Abgabe einer falschen eidesstattlichen Versicherung bekannt ist, daß sich der Schiffsmeßbrief nicht in unserem Besitz befindet und uns auch nicht bekannt ist, wo er sich befinden könnte. Wir versichern ausdrücklich, daß wir den Schiffsmeßbrief weder abgetreten noch verpfändet haben. Falls die Erteilung einer Zweitausfertigung nicht möglich sein sollte, beantragen wir vorsorglich die Neuvermessung des Schiffes und machen zu diesem Zwecke folgende Angaben: (s. Muster: Antrag auf Ausstellung eines Schiffsmeßbriefes).

3. Muster einer Eintragungsverfügung nach Neuvermessung bzw. nach Erteilung einer Neuausfertigung des Schiffsmeßbriefes

1. Eintragen in das Seeschiffsregister Nr. . . . . .
   Abteilung I:
   Sp. 6 e bis 6 h: Vermeessungsdaten aus dem Schiffsmeßbrief entnehmen.

Sp. 6 i: ausgestellt vom Bundesamt für Schiffsvermessung Hamburg am .....
Sp. 8: 6 e — 6 h
Sp. 9: Das Schiff ist neu vermessen. Eingetragen am .....

2. Die bisherigen Eintragungen in den Spalten 6 e bis 6 h sind zu röten. Ist eine Neuvermessung nicht erfolgt, sondern ein neuer Meßbrief — Zweitausfertigung — erteilt worden, so entfallen obige Eintragungen. Die Eintragungen müssen dann lauten:
   Sp. 6 i: ausgestellt vom Bundesamt für Schiffsvermessung Hamburg am .....
   Sp. 8: 6 i
   Sp. 9: Für den in Verlust geratenen Schiffsmeßbrief vom ..... ist ein neuer Schiffsmeßbrief erteilt worden. Eingetragen am .....

   In diesem Falle ist nur die bisherige Eintragung in Sp. 6 i zu röten.
3. Eintragung des Schiffes, Unterscheidungssignal, Eigentümer auf dem Schiffsmeßbrief vermerken und dem Eigentümer des Schiffes aushändigen.
4. Nachricht an:
   a) Eigentümer,
   b) Gläubiger,
   c) Behörden wie Muster auf Seite 3 f.
5. Dem Herrn Kostenbeamten vorlegen.

4. Verfahren nach Wiederauffindung des bisherigen Schiffsmeßbriefes

a) Schreiben des Schiffseigentümer an das Registergericht

Betr.: Motorschiff „.....", — Unterscheidungssignal: ..... —, eingetragen im Seeschiffsregister unter Nummer .....
Wir möchten Ihnen hiermit davon Mitteilung machen, daß sich der seinerzeit in Verlust geratene Schiffsmeßbrief vom ..... wieder angefunden hat.
Wir übersenden Ihnen daher die vom Bundesamt für Schiffsvermessung übersandte Neuausfertigung des Schiffsmeßbriefes vom .....

b) Verfügung des Registergerichts

1. Schreiben an das Bundesamt für Schiffsvermessung in Hamburg:
   Betr.: Neuausfertigung des Schiffsmeßbriefes für das Motorschiff „....." — Unterscheidungssignal: ..... —, eingetragen im hiesigen Seeschiffsregister unter Nr. .....
   Mit Schreiben vom ..... haben Sie für den in Verlust geratenen Schiffsmeßbrief für das obengenannte Schiff eine Neuausfertigung des Schiffsmeßbriefes mit dem Bemerken um weitere Veranlassung und Aushändigung an den Schiffseigentümer übersandt.

Das Registergericht hat die erforderliche Eintragung im Seeschiffsregister am ..... vorgenommen, die entsprechende Eintragungsnachricht dürfte dort bereits vorliegen.
Mit Schreiben vom ..... hat der Schiffseigentümer hierher mitgeteilt, daß sich der s. Z. in Verlust geratene Schiffsmeßbrief wieder angefunden hat. Er hat die Neuausfertigung des Schiffsmeßbriefes dem Registergericht zurückgesandt.
Das Gericht bittet, die Frage prüfen zu wollen, ob es nicht zweckmäßig ist, die Neuausfertigung als nunmehr gültigen Schiffsmeßbrief anzusehen und zu belassen, denn durch die Rötungen im Seeschiffsregister und Wiederherstellung der alten Eintragungen würde die Übersichtlichkeit im Seeschiffsregister leiden.
Sollte dem Vorschlage des Registergerichts nicht entsprochen werden können, wird um Rücknahme Ihres Schreibens vom ..... gebeten, damit dann das förmliche Berichtigungsverfahren eingeleitet werden kann.

2. Nach .....

c) Anordnung des Bundesamtes für Schiffsvermessung

An
a) Schiffseigentümer,
b) nachrichtlich an das Amtsgericht ..... zu SSR .....

Betr.: Neuausfertigung des Schiffsmeßbriefes für das Motorschiff „.....“ — Unterscheidungssignal: ..... —.
Auf eine Rückfrage des Amtsgerichts ..... — Abt. Seeschiffsregister — SSR ..... —, setzen wir Sie davon in Kenntnis, daß die zuletzt an Sie übersandte Neuausfertigung des Schiffsmeßbriefes ihre Gültigkeit behält. Da die Ihnen z. Z. abhandengekommene Erstausfertigung inzwischen wieder angefunden worden ist, wäre diese an uns zurückzugeben, weil bereits deren Löschung im Seeschiffsregister erfolgt ist.
Die Neuausfertigung des Schiffsmeßbriefes wird Ihnen vom Registergericht in ..... wieder ausgehändigt werden.

II. Hinweise für Tonnage-Vermessung von Yachten, Segelschiffen und Motorbooten

Bei den Eigentümern von Yachten, Segelschiffen und Motorbooten bestehen auf diesem Fachgebiet größtenteils noch Unklarheiten, so daß eine zusammenfassende Darstellung aller für einen Schiffseigner wissenswerte Punkte aus diesem Bereich zweckmäßig sein dürfte.
Wenn von „Vermessung“ von Yachten, Segelschiffen, Motorbooten und ähnlichen seegehenden Fahrzeugen die Rede ist, dann muß unterschieden werden zwischen

a) einer „amtlichen Vermessung" nach den gesetzlich vorgeschriebenen Regeln zur Feststellung des Raumgehaltes der Fahrzeuge in Brutto- und Netto-Registertonnen; eine Vermessungsart, die von dem Bundesamt für Schiffsvermessung allgemein mit „Tonnage — Vermessung" bezeichnet wird und
b) einer „Vermessung aus segelsportlichen Gründen" zur Ermittlung von Zahlenwerten, die es ermöglichen, die an Regatten teilnehmenden Fahrzeuge zu klassifizieren und ggf. anzugleichen.

Die unter Buchstabe a) genannte Vermessung kann nach der Schiffsvermessungsordnung vom 28. 11. 1962 — BGBl. II, 2262 — nur beim Bundesamt für Schiffsvermessung in Hamburg beantragt werden. Über das Ergebnis einer solchen Vermessung erhält der Antragsteller einen Internationalen Schiffsmeßbrief, der neben den Identitätsmassen und allgemeinen Angaben zum Schiff insbesondere die amtlich festgestellte Tonnage in Brutto-Registertonnen und Netto-Registertonnen ausweist (1 Register-Tonne = 2,83 cbm Raumgehalt).

Die vorstehende unter Buchstaben b) genannte Vermessung, die nach verschiedenen, durch segelsportliche Gesichtspunkte bestimmte Formeln (IOR oder andere) erfolgt, wird nur von den dafür durch den Deutschen Seglerverband zugelassenen Vermessern vorgenommen. Die Ergebnisse dieser Vermessung werden im nationalen oder internationalen Segelsport benötigt und sind dort allgemein anerkannt.

Die Registertonne ist ein einfaches Raummaß.

Um den **Bruttoregistertonnen-Inhalt** zu ermitteln, wird der gesamte Raum unterhalb des obersten durchlaufenden Decks aufgemessen mit allen Maschinenräumen, Heizräumen, Kohlen- und Ölbunkern, Wassertanks, Laderäumen usw. sowie der Kubikinhalt aller Decksaufbauten. Das ergibt die Bruttoregistertonnen.

Bruttoregistertonnen:

Die Vermessung des gesamten umbauten Raumes ergibt die Schiffsgröße in Bruttoregistertonnen.

(Durch einen Zuschlag von 35—40 % wird bei reinen Frachtschiffen ungefähr die Ladefähigkeit gefunden, d. h. ein Fahrzeug von 10 000 BRT kann ca. 14 000 t laden.)

Nettoregistertonnen:

Zieht man von der Zahl der ermittelten Bruttoregistertonnen den Inhalt der Maschinen- und Heizräume, der Bunker, der Mann-

schafts- und Navigationsräume ab, so daß praktisch nur die reinen Laderäume und die den Fahrgästen zur Verfügung stehenden Räume nachbleiben, so erhält man die Nettoregistertonnen. Das sind die Räume, die dem Reeder Geld einbringen.
Also: Die Schiffsgröße ausgedrückt in Nettoregistertonnen ist das Ergebnis der Vermessung der nutzbaren Räume für Ladung und Unterbringung der Fahrgäste.

1 Registertonne = 2,8316 cbm

Tragfähigkeit des Schiffes ist das Gewicht, das das Schiff tragen kann. Die Tragfähigkeit wird angegeben in „Tons dead weight" (tdw). Für die Tragfähigkeit kommen nicht nur die Ladung in Frage, sondern auch die Bunker- und Ölvorräte, der Proviant und das Frisch- und Kesselwasser, also alles, was in den Häfen an Bord genommen wird.

6. Flaggenrecht

II. Allgemeines

Die hohe See ist herrenlos. Das einzelne Schiff muß aber auch auf ihr einer Rechtsordnung unterstehen. Es wird deshalb auf hoher See als schwimmender Gebietsteil seines Heimatlandes angesehen als solcher durch die Führung von dessen Handels- oder Nationalflagge legitimiert.

II. Gesetzliche Grundlagen

Gesetz über das Flaggenrecht der Seeschiffe und die Flaggenführung der Binnenschiffe (Flaggenrechtsgesetz) vom 8. 2. 1951 — BGBl. I, S. 79.
Erste Durchführungsverordnung zum Flaggenrechtsgesetz (Flaggenzeugnisse) vom 23. 2. 1951 — BGBl. II, S. 19.
Zweite Durchführungsverordnung zum Flaggenrechtsgesetz (Flaggenscheine) vom 31. 3. 1951 — BGBl. II, S. 65.
Dritte Durchführungsverordnung zum Flaggenrechtsgesetz (Grenze der Seefahrt; Anbringung der Schiffsnamen) vom 3. 8. 1951 — BGBl. II 1951, S. 155.

Verwaltungsanordnung über die Flaggenbescheinigungen für Seeschiffe des öffentlichen Dienstes vom 27. 4. 1951 — Bundesanzeiger 1951 Nr. 83.

§ 11 Abs. 1 Ziff. 8, § 13 Abs. 2, § 17 SchRO, §§ 10, 30 SchRV.

Der Umfang der Flaggenführungspflicht ergibt sich aus dem Flaggenrechtsgesetz (§§ 1 ff.).

Die Bundesflagge ist schwarz-rot-gold (Art. 22 GG).

Die Reederei-, Haus- oder Konterflaggen fallen nicht unter die Bestimmungen des Flaggenrechtsgesetzes. Ihre Verwendung und ihren Schutz regeln die bürgerlich-rechtlichen Vorschriften des § 16 des Gesetzes über den unlauteren Wettbewerb und der § 12 BGB.

Das Recht zur Flaggenführung ist vom Registergericht im Schiffszertifikat und in dem amtlich beglaubigten Auszug aus dem Schiffszertifikat zu bestätigen.

III. Flaggenzeugnis

Das Flaggenzeugnis kann als Ersatz des Schiffszertifikats ausgestellt werden, wenn das Recht zur Führung der Bundesflagge bei einem Seeschiff während des Aufenthalts im Ausland entsteht.

Antragsberechtigter ist der Eigentümer des Schiffes.

Zuständige Behörde für die Ausstellung des Flaggenzeugnisses ist

1. **das Konsulat** in dessen Bezirk sich das Schiff zur Zeit der Entstehung des Rechts zur Führung der Bundesflnagge befindet, oder
2. **das Schiffsregistergericht** in dessen Bezirk der Heimathafen des Schiffes liegt,
3. **nur das Schiffsregistergericht** in dessen Bezirk der Heimathafen des Schiffes liegt, wenn der Antragsteller zu den Personen gehört, deren Seeschiffe die Bundesflagge führen **dürfen** (§ 2 des Flaggenrechtsgesetzes). In diesem Falle kann der Antrag **nur** in Verbindung mit der Anmeldung des Schiffes zur Eintragung in das Seeschiffsregister gestellt werden.

1. Antrag nach Ziffer 1 und 2

Nach dem aus der Anlage beigefügten Kaufvertrag habe ich, der Reeder ....., wohnhaft in ....., ...straße ..... von ..... in ..... das Schiff mit dem Namen ..... käuflich erworben. Das Schiff ist ein Frachtschiff aus Stahl in ..... auf der Werft ..... erbaut und im Jahre ..... vom Stapel gelaufen. Es hat bisher die ..... Flagge geführt und war zuletzt im Seeschiffsregister ..... eingetragen. Am ..... erfolgte die Löschung in dem genannten Seeschiffsregister. Die Ergebnisse der amtlichen Vermessung sind:

Länge ..... m
Breite ..... m
Tiefe ..... m

Bruttoraumgehalt in Kubikmetern ..... in Registertonnen
Nettoraumgehalt in Kubikmetern ..... in Registertonnen
Die Maschinenleistung des Schiffes beträgt ..... PS
Der Heimathafen des Schiffes ist .....
Ich bin deutscher Staatsangehöriger.

Zum Nachweise der Richtigkeit der vorstehenden Angaben überreiche ich

a) den Meßbrief d. .....
b) die Bescheinigung über die Löschung des Schiffes im Seeschiffsregister d. .....
c) eine Bescheinigung d. ....., daß das Schiff bis zu seiner Löschung im Seeschiffsregister d. ..... berechtigt war, die ..... Flagge zu führen,
d) einen Fahrterlaubnisschein der Seeberufsgenossenschaft in Hamburg.

Ich versichere, daß die Schiffahrt mit dem Schiff ..... von ..... aus betrieben wird und der Heimathafen des Schiffes jetzt ..... ist. Zum Nachweise über meine Staatsangehörigkeit überreiche ich ..... Ich beantrage, mir ein Flaggenzeugnis zu erteilen.

(In dem Antrage ist ferner anzugeben:

a) bei Partenreedereien,
   die Mitreeder und die Größe der Schiffsparten,
b) bei offenen Handelsgesellschaften,
   die persönlich haftenden Gesellschafter und
c) bei Kommanditgesellschaften oder Kommanditgesellschaften auf Aktien),
   die persönlich haftenden Gesellschafter

mit Vor- und Zunamen und dem Wohnort.)

Bei Schiffen, mit Einrichtungen für mehr als 12 Fahrgäste ist noch das Sicherheitszeugnis nach Art. 8 der VO über Sicherheitseinrichtungen für Fahrgastschiffe vorzulegen (RGBl. 1932, II, S. 243).

2. Antrag nach Ziffer 3

Der Antrag nach Ziffer 3 muß dieselben Angaben enthalten wie vorstehende Muster, außerdem ist aber gleichzeitig das Schiff zur Eintragung in das Seeschiffsregister anzumelden. Siehe Muster für Anmeldung eines Seeschiffes.

3. Muster für ein Flaggenzeugnis

(Bundesadler)
Bundesrepublik Deutschland

Flaggenzeugnis

Hierdurch wird bezeugt, daß das nachstehend bezeichnete Schiff nach § ..... des Flaggenrechtsgesetzes vom 8. Februar 1951 (Bundesgesetzbl. I, S. 79) das Recht hat, die Bundesflagge der Bundesrepublik Deutschland zu führen, und daß ihm alle Rechte, Eigenschaften und Privilegien eines deutschen Schiffes zustehen.

1. Name des Schiffes: .....
2. Unterscheidungssignal: .....
3. Gattung: .....
4. Jahr des Stapellaufs, Bauort: .....
5. Heimathafen: .....
6. I. Ergebnisse der amtlichen Vermessung:
   a) Länge: .....
   b) Breite: .....
   c) Tiefe: .....
   d) Größte Länge des Maschinenraumes: .....
   e) Bruttoraumgehalt: Kubikmeter ..... Registertonnen .....
   f) Nettoraumgehalt: Kubikmeter ..... Registertonnen .....
   g) Meßbrief: .....

   II. Maschinenleistung: .....

Dieses Zeugnis gilt unter den auf der Rückseite vermerkten Auflagen und Beschränkungen für die Dauer der Überführung des Schiffes nach ..... bis zum ..... darüber hinaus nur für die Dauer einer durch höhere Gewalt verlängerten Reise.

....., den ..... 19.....

Siegel

Ausstellende Behörde
Unterschrift

IV. Flaggenschein

(§§ 10 ff. Flaggenrechtsgesetz; zweite DVO zum Flaggenrechtsgesetz vom 31. 3. 1951, BGBl. II, S. 65.)

Einem Seeschiff kann das Recht zur Führung der Bundesflagge verliehen werden,

a) wenn es nicht bereits nach §§ 1—5 Flaggenrechtsgesetz die Bundesflagge zu führen hat oder führen darf, oder
b) das nicht nach den §§ 1—10 Flaggenrechtsgesetz die Bundesflagge führt, wenn
   1. der Ausrüster zu dem Personenkreis des § 1 Flaggenrechtsgesetz gehört,
   2. ihm das Schiff zur Bereederung in eigenem Namen für mindestens einem Jahr überlassen ist,
   3. das Schiff gemäß den Vorschriften des Bundesrechts mit Kapitän und Schiffsoffizieren besetzt wird,
   4. der Schiffseigentümer dem Flaggenwechsel zustimmt und
   5. nicht fremdes Recht der Führung der Bundesflagge entgegensteht.

Der Nachweis zu dem Recht zur Führung der Bundesflagge wird durch den Flaggenschein geführt.

Antragsberechtigte:

1. Der Eigentümer des Schiffes,
2. der Inhaber der Schiffswerft, wenn das Schiff im Geltungsbereich des Grundgesetzes gebaut ist;
3. der Reeder, wenn das Seeschiff einem deutschen Ausrüster zur Bereederung überlassen ist.

Zuständige Behörde:

1. Wasser- und Schiffahrtsdirektion oder Wasser- und Schiffahrtsverwaltung (Schiffahrtsbehörden), in dessen Bezirk der Bauort des Schiffes liegt, und zwar im Falle I Ziff. 1 und 2;
2. Wasser- und Schiffahrtsdirektion oder Wasser- und Schiffahrtsverwaltung (Schiffahrtsbehörden), in dessen Bezirk der Wohnsitz bzw. der Sitz des Ausrüsters liegt, und zwar im Falle I Ziff. 3;
3. Wasser- und Schiffahrtsdirektion Hamburg, wenn der Bauort des Schiffes oder der Wohnsitz bzw. Sitz des Ausrüsters außerhalb der Länder Bremen, Hamburg, Niedersachsen und Schleswig-Holstein liegt.

1. Muster für einen Antrag auf Erteilung des Flaggenscheines

a) Antragsteller ist der Schiffseigentümer

Auf der Werft ..... in ..... ist das Motorschiff ..... auf eigene Rechnung erbaut worden. Es ist ein Frachtschiff aus Stahl und im Jahre ..... vom Stapel gelaufen.
Eigentümer des Schiffes bin ich, der ..... in .....
Die Ergebnisse der amtlichen Vermessung sind:
Länge: ..... Breite: ..... Tiefe: .....
Bruttoraumgehalt in Kubikmetern ..... in Registertonnen .....
Nettoraumgehalt in Kubikmetern ..... in Registertonnen .....
Die Maschinenleistung des Schiffes beträgt ..... PS.
Zum Nachweise für die Richtigkeit obiger Angaben überreiche ich
a) eine Bescheinigung der Bauwerft,
b) eine polizeiliche Meldebescheinigung über meinen Wohnsitz und
c) eine begl. Fotokopie des Schiffsmeßbriefes.
Ich beantrage, dem Schiff das Recht zur Führung der Bundesflagge zum Zwecke der Überführung des Schiffes nach seinem künftigen Heimathafen ..... zu verleihen und mir einen Flaggenschein zu erteilen.

b) Antragsteller ist die Bauwerft

Wir beantragen dem Schiff ..... das Recht zur Führung der Bundesflagge zum Zwecke der Überführung des Schiffes nach seinem künftigen Heimathafen ..... zu verleihen und die Erteilung einer Flaggenscheines. Das Schiff führt den Namen ..... und ist ein Frachtschiff aus Stahl. Es ist auf unserer Werft auf Rechnung des ..... in ..... erbaut und im Jahre ..... vom Stapel gelaufen.
Die Ergebnisse der amtlichen Vermessung sind:
— wie obiges Muster —
Wir überreichen:
a) eine Abschrift des Vertrages über den Bau des Schiffes,
b) eine Meldebescheinigung der Polizeibehörde in ..... über den Wohnsitz des Schiffseigners und
c) eine beglaubigte Fotokopie des Schiffsmeßbriefes.

c) Antragsteller ist der Reeder

Ich beantrage, dem Schiff ..... das Recht zur Führung der Bundesflagge zu verleihen, und mir einen Flaggenschein zu erteilen. Mir ist das Schiff ..... vom ..... in ..... für die Dauer vom ..... bis ..... zur Bereederung überlassen worden.
Das Schiff ist ein Frachtschiff aus Stahl und führt den Namen .....
Es ist auf der Werft ..... in ..... erbaut und im Jahre ..... vom Stapel gelaufen.
Eigentümer des Schiffes ist ..... in .....
Die Ergebnisse der amtlichen Vermessung sind:
— wie Muster 1 a —

Der Heimathafen des Schiffes ist für die Dauer des Chartervertrages ..... Ich versichere an Eides Statt, daß die Schiffahrt für die Dauer des Nutzungsvertrages von ..... aus betrieben wird.
Das Schiff hat bisher die ..... Flagge geführt und ist im Seeschiffsregister ..... eingetragen.
Ausrüster des Schiffes bin ich, der ..... in .....
Das Nutzungsrecht ist mir für die Dauer vom ..... bis ..... auf Grund des Chartervertrages vom ..... von dem Schiffseigentümer, de.......... in ..... übertragen worden.
Ich bin deutscher Staatsangehöriger.
Der Schiffseigentümer hat dem Flaggenwechsel für die Dauer des Nutzungsvertrages zugestimmt. Das ..... Recht kennt keine Bestimmungen, die dem Recht zur Führung der Bundesflagge entgegenstehen würden. Das Schiff ist seetüchtig.
Zum Nachweise für die Richtigkeit meiner Angaben überreiche ich

a) eine beglaubigte Abschrift aus dem Seeschiffsregister des ....., aus der sich der Bauort, das Jahr des Stapellaufs, der Schiffseigentümer, der bisherige Heimathafen und das Recht zur Führung der ..... Flagge ergibt,
b) eine beglaubigte Fotokopie des Schiffsmeßbriefes des .....,
c) eine polizeiliche Meldebescheinigung aus der sich mein Wohnsitz und meine deutsche Staatsangehörigkeit ersehen läßt,
d) eine Abschrift des Chartervertrages,
e) ein Fahrterlaubnisschein der Seeberufsgenossenschaft Hamburg zum Nachweis über die Seetüchtigkeit des Schiffes,
f) eine Ausfertigung der notariell beurkundeten Erklärung des Schiffseigentümers über die Zustimmung zum Flaggenwechsel während der Dauer des Chartervertrages und
g) eine Bestätigung des ..... Konsulats in ....., daß das ..... Recht dem Recht zur Führung der Bundesflagge nicht entgegensteht.

2. Muster für einen Flaggenschein

(Bundesadler)
Bundesrepublik Deutschland

Flaggenschein

Hierdurch wird bezeugt, daß dem nachstehend bezeichneten Schiff nach § ..... des Flaggenrechtsgesetzes die Befugnis verliehen ist, die Bundesflagge der Bundesrepublik Deutschland zu führen.

1. Name des Schiffes: .....
2. Unterscheidungssignal: .....
3. Gattung: .....
4. Jahr des Stapellaufs, Bauort: .....

5. Heimathafen: .....
6. I. Ergebnisse der amtlichen Vermessung:
   a) Länge: .....
   b) Breite: .....
   c) Tiefe: .....
   d) Größte Länge des Maschinenraumes: .....

	Kubikmeter	Registertonnen
e) Bruttoraumgehalt:		
f) Nettoraumgehalt:	.....	.....
	.....	.....

   g) Meßbrief: .....

   II. Maschienleistung: .....
7. Eigentümer: .....
8. Ausrüster: .....
9. Dauer des Nutzungsrechts des Ausrüsters: .....

Dieses Zeugnis gilt für die Dauer der Überführung des Schiffes von ..... nach ..... bis zum .....

....., den ..... 19.....
Ausstellende Behörde

Siegel

Unterschrift

3. Ersuchen der Wasser- und Schiffahrtsdirektion an das Registergericht wegen Rückgabe des Flaggenscheins

An das
Amtsgericht — Abt. Seeschiffsregister —
in .....

Betr.: Befugnis zur Führung der Bundesflagge für das Motorschiff ....., Unterscheidungssignal: .....
Wie die ..... mitteilt, ist das Motorschiff ....., Unterscheidungssignal ....., mit Wirkung vom ..... in das Eigentum des Fischers ..... in ..... übergegangen, so daß jetzt eine Eintragung in das Seeschiffsregister erforderlich wird. Die Befugnis zur Führung der deutschen Bundesflagge muß nunmehr durch das Schiffszertifikat nachgewiesen werden.
Da der jetzige Eigentümer die notwendigen Unterlagen dort vorlegen muß, damit eine Eintragung in das Seeschiffsregister vorgenommen werden kann, bitte ich, bei dieser Gelegenheit den von hier ausgestellten Flaggenschein für das Motorschiff ..... einzuziehen und hierher zu übersenden.

Im Auftrage

V. Flaggenbescheinigung

Bei der Erteilung von Flaggenbescheinigungen ist zu unterscheiden

a) Seeschiffe, die sich im Eigentum und öffentlichen Dienst des Bundes oder einer bundesunmittelbaren Körperschaft oder Anstalt des öffentlichen Rechts befinden und

b) Seeschiffe, die sich im Eigentum und öffentlichen Dienst eines zum Bund gehörigen Landes oder einer öffentlich-rechtlichen Körperschaft oder Anstalt, die der Aufsicht eines Landes untersteht, befinden.

(Verwaltungsanordnung über die Flaggenbescheinigungen für Seeschiffe des öffentlichen Dienstes vom 27. 4. 1951 — Bundesanzeiger 1951 Nr. 83.)

Antragsberechtigte:
Die jeweilige Dienststelle bzw. Körperschaft oder Anstalt, in deren Eigentum das Schiff steht bzw. in dessen Ressort die Verwaltung liegt.

Zuständige Behörde:

1. Für Seeschiffe im Eigentum und öffentlichen Dienst des Bundes oder einer bundesunmittelbaren Körperschaft oder Anstalt des öffentlichen Rechts
   die örtlich zuständige Mittelbehörde der Wasser- und Schifffahrtsverwaltung des Bundes,
2. für Seeschiffe im Eigentum eines zum Bund gehörigen Landes oder einer öffentlich-rechtlichen Körperschaft oder Anstalt, die der Aufsicht eines Landes unterstehen
   die von der jeweiligen Landesregierung bestimmte Behörde.

1. Muster für einen Antrag auf Erteilung der Flaggenbescheinigung

Ich beantrage, dem Schiff ..... das Recht zur Führung der Bundesflagge zu verleihen, und eine Flaggenbescheinigung zu erteilen.
Das Schiff ist auf der Werft ..... in ..... (von ..... käuflich erworben) erbaut und im Jahre ..... vom Stapel gelaufen.
Das Schiff ist ein ..... und führt den Namen .....
Die Ergebnisse der amtlichen Vermessung sind:
..... wie Muster Seite 6.
Der Heimathafen des Schiffes ist .....

2. Muster für Flaggenbescheinigung durch Bundesbehörde

(s. Anhang I der genannten Verwaltungsanordnung).

3. Muster für eine Flaggenbescheinigung durch die Landesbehörde

(s. Anhang II der genannten Verwaltungsanordnung).

4. Muster für Flaggenbescheinigung

a) Bundesflagge

(Bundesadler)
Bundesrepublik Deutschland

Flaggenbescheinigung

Hierdurch wird bezeugt, daß das nachstehend bezeichnete Schiff im öffentlichen Dienst des — der ....., steht und das Recht hat, die Bundesdienstflagge — die Bundesflagge — der Bundesrepublik Deutschland zu führen.

1. Name des Schiffes: .....
2. Unterscheidungssignal: .....
3. Gattung: .....
4. Heimathafen: .....

....., den ..... 19.....

Siegel

Ausstellende Behörde
Unterschrift

b) Landesflagge

(Landeswappen)
Bundesrepublik Deutschland
Land .....

Flaggenbescheinigung

Hierdurch wird bezeugt, daß das nachstehend bezeichnete Schiff im öffentlichen Dienst des — der ..... steht und das Recht hat, die Bundesflagge der Bundesrepublik Deutschland und neben oder an Stelle dieser die Dienstflagge des Landes ..... zu führen hat.

1. Name des Schiffes: .....
2. Unterscheidungssignal: .....
3. Gattung: .....
4. Heimathafen: .....

....., den ..... 19.....

Siegel

Ausstellende Behörde
Unterschrift

Führung einer ausländischen Flagge bei einem im deutschen Seeschiffsregister eingetragenen Schiff

1. Antrag an den Bundesverkehrsminister

Die Partenreederei ..... in ..... ist Eigentümer des im Seeschiffsregister des Amtsgerichts ..... unter Nummer ..... eingetragenen Motorschiffs ..... — Unterscheidungssignal: ..... —.

Korrespondentreeder ist ..... in .....

Das obenbezeichnete Motorschiff ist auf Grund des Bareboatchartervertrages vom ..... für die Dauer von ..... Jahren an die ..... in ..... verchartert worden.

Wir überreichen eine Abschrift des Bareboatchartervertrages und beantragen, die Genehmigung zu erteilen, daß das Motorschiff ..... für die Dauer des Bareboatchartervertrages an Stelle der Deutschen Bundesflagge die ..... Flagge führen darf.

2. Genehmigung des Bundesverkehrsministers

Gemäß § 7 des Flaggenrechtsgesetzes vom 8. 2. 1951 — BGBl. I, S. 79 — genehmige ich, daß das Motorschiff

.....

entsprechend dem mit der ..... in ..... am ..... geschlossenen Bareboatchartervertrages für die Dauer von ..... Monaten, vom Tage des Wirksamswerdens dieser Genehmigung an gerechnet, an Stelle der Bundesflagge die Flagge der ..... führt.

Die Genehmigung wird wirksam mit der Eintragung des entsprechenden Vermerks in das Schiffszertifikat (§ 17 Abs. 2 der Schiffsregisterordnung).

Das Recht zur Führung der Bundesflagge darf, solange diese Genehmigung wirksam ist, nicht ausgeübt werden. Ich weise hierzu auf die Strafvorschrift des § 16 Abs. 2 Nr. 3 des Flaggenrechtsgesetzes hin.

Nach § 7 Abs. 2 des Flaggenrechtsgesetzes sind Sie verpflichtet, mir unverzüglich anzuzeigen, wenn die Voraussetzungen für die Genehmigung, insbesondere durch eine vorzeitige Beendigung des Bareboatchartervertrages oder durch eine Änderung des ..... Flaggenrechts usw. weggefallen sind. Sofern während der Dauer des Chartervertrages eine Änderung des Schiffsnamens beabsichtigt ist, haben Sie hierzu gemäß § 9 Abs. 2 des Flaggenrechtsgesetzes meine Genehmigung einzuholen.

Das Amtsgericht — Seeschiffsregister — in ..... hat eine Durchschrift dieser Genehmigung erhalten.

3. Eintragung der Berechtigung zur Führung der ausländischen Flagge

a) Antrag

In der Seeschiffsregistersache Motorschiff „.....“, eingetragen im Seeschiffsregister des Amstgerichts in ..... unter Nummer ..... melden wir folgendes zur Eintragung in das Seeschiffsregister an:
Der Bundesminister für Verkehr hat durch Erlaß vom ..... Az.: ..... — genehmigt, daß das Motorschiff „.....“ für die Dauer von ..... Monaten, gerechnet vom Tage des Wirksamswerdens dieser Genehmigung, an Stelle der deutschen Bundesflagge die Flagge der ..... führt. Gemäß § 7 Abs. 3 des Flaggenrechtsgesetzes wird die Eintragung des Flaggenvermerks in das Seeschiffsregister und in das Schiffszertifikat, das wir als Anlage überreichen, beantragt.

....., den .....

b) Verfügung des Registergerichts

1. Eintragen in das Seeschiffsregister Nr. .....
   Abteilung I:
   Sp. 10:

   Der Bundesminister für Verkehr hat durch Erlaß vom ..... — Az.: ..... — genehmigt, daß das Schiff für die Dauer von ..... Monaten, gerechnet ab ..... (Datum der Eintragung einsetzen), anstelle der deutschen Bundesflagge, die Flagge der ..... führt. Das Recht zur Führung der deutschen Bundesflagge darf, solange die Genehmigung wirksam ist, nicht ausgeübt werden. Eingetragen am .....
2. Vorhergehende Eintragung über das Recht zur Flaggenführung in Sp. 10 röten.
3. Eintragung auf dem Schiffszertifikat vermerken. Zertifikat an ..... senden. — Einschreiben gegen Rückschein —.
4. Der amtlich beglaubigte Auszug aus dem Schiffszertifikat ist unbrauchbar zu machen und zu den Akten zu nehmen (evtl. ist ein neuer amtlich beglaubigter Auszug zu fertigen).
5. Nachricht an:
   a) Schiffseigner .....,
   b) Gläubiger Abt. III,
   c) Behörden wie auf Seite 3.
6. Herrn Kostenbeamten.
7. Zu den Akten.
8. Wiedervorlegen nach ..... Jahren (Flaggenrecht überprüfen).

7. Eigentum an einem Seeschiff.-Partenreedervertrag

I. Das Eigentum an einem in einem deutschen Seeschiffsregister eingetragenen Seeschiff

Es gibt nicht nur das Alleineigentum am Schiff, sondern auch das Miteigentum.
Das Miteigentum kann entweder Bruchteilseigentum oder Eigentum zur gesamten Hand sein.
Was zunächst das Bruchteilseigentum betrifft, so unterscheidet sich hier das seeregisterliche Miteigentum bei der Partenreederei scharf von dem binnenschiffsregisterlichen Bruchteilseigentum. Zwar muß bei beiden der Name und die Bezeichnung der mehreren Miteigentümer aus der Eintragung zu ersehen sein, bei beiden muß sich aus der Eintragung auch die Größe der einzelnen Anteile ergeben. Aber der Bruchteil des Binnenschiffsrechts stellt nur eine reine Eigentumsquote dar. Dies zeigt sich klar darin, daß nach § 8 Abs. 3 des Gesetzes über Rechte an eingetragenen Schiffen und Schiffsbauwerken vom 15. 11. 1940 — RGBl. I, S. 1499 (Schiffsgesetz) der Bruchteil eines Schiffes mit einer Schiffshypothek nur belastet werden kann, wenn er in dem Anteil eines Miteigentümers steht. Gerade das ist bei den Binnenschiffen der Fall. Hieraus folgt, daß ein Miteigentümer auf seinen Anteil zugunsten eines anderen Miteigentümers eine Schiffshypothek bestellen kann. Erwirbt dieser andere Miteigentümer später das Eigentum an dem Anteil des anderen, dann erlischt allerdings nach § 64 Schiffsgesetz die Hypothek und der Registerrechtspfleger hat darauf zu achten, daß diese Hypothek in dem Register gelöscht wird, falls nicht einer der Ausnahmefälle des § 64 Schiffsgesetz gegeben ist.
Ganz andere Bedeutung hat das Miteigentum in der Partenreederei des Seerechts.
Zunächst die Begriffsbestimmung der Reederei (§§ 489 ff. HGB). Die Reederei ist eine vertragliche Vereinigung mehrerer Personen zur Verwendung eines ihnen gemeinschaftlich gehörenden Schiffes zum Erwerb durch Seeschiffahrt auf gemeinsame Rechnung.

2. Über die **Rechtsnatur der Partenreederei** herrscht in der Literatur Streit.
Die Schiffspart ist entweder als Bruchteilseigentum in Verbindung mit einem Gesellschaftsverhältnis oder als gesellschaftsrechtlicher Anteil am Reedereivermögen mit Gesamthandseigentum der Mitreeder erklärt.

Die Reederei hat **keine eigene Rechtspersönlichkeit.** Sie hat auch keine Firma im rechtlichen Sinn, sie bedient sich aber im Verkehr einer Gesamtbezeichnung, die meist den Namen des Schiffes trägt. Unter diesem Namen tritt sie kraft gewohnheitsrechtlicher Anerkennung im Rechtsverkehr wie eine Personeneinheit auf. Sie ist partei-, prozeß- und konkursfähig (RGZ 71, 26). Sie ist auch unter ihrem Namen in das Seeschiffsregister einzutragen. Die Reederei als solche ist kein Kaufmann, wohl aber die einzelnen Mitreeder (§ 1 Abs. 2 Ziff. 5 HGB).
Die Errichtung einer Reederei erfolgt durch formlosen Vertrag (§ 490 HGB). Voraussetzung für die Mitgliedschaft ist der Erwerb einer Schiffspart. Ein Mitreeder kann mehrere Parten haben. Die Parten brauchen nicht gleich groß zu sein.

3. **Das Gesamthandseigentum am Schiff** ist von Bedeutung in den Fällen der Gesellschaft, der Gütergemeinschaft und der Erbengemeinschaft. Wenn eine Gemeinschaft zur gesamten Hand besteht, so können die einzelnen Mitglieder der gesamten Hand über einen Anteil nicht verfügen, auch nicht einen Anteil belasten.
Die Zerlegung des Gesamthandeigentums in Bruchteile bedarf derselben Form wie eine Veräußerung des Schiffes.
Die Eintragung der Eigentumsrechtsverhältnisse im Seeschiffsregister muß erkennen lassen, welche der Gemeinschaften vorliegt (Gesellschaft, ungeteilte Erbengemeinschaft usw.).

4. Eigentumserwerb

Das Gesetz über Rechte an eingetragenen Schiffen und Schiffsbauwerken vom 15. 11. 1940 regelt in den §§ 2 ff die Eigentumsverhältnisse an einem im deutschen Seeschiffsregister eingetragenen Schiff.
Zur Übertragung des Eigentums an einem solchen Schiff ist erforderlich und genügend, daß der Eigentümer und der Erwerber darüber einig sind, daß das Eigentum auf den Erwerber übergehen soll.
Das Gesetz regelt nur den privatrechtlichen Erwerb. Für den öffentlich-rechtlichen Erwerb gelten die einschlägigen Sondergesetze.
Für den Eigentumserwerb genügt die Einigung. Übergabe oder Übergabesurrogate (§§ 930, 931 BGB) sind nicht erforderlich. Für die Einigung besteht kein Formzwang, es genügt z. B. ein mündlicher Vertrag. Ein Urkundszwang besteht jedoch für das nachfolgende Registerberichtigungsverfahren (§ 37 SchRO).

Der Erwerb von Bruchteilseigentum an Schiffen beruht auf §§ 747, 1008 BGB.
Der Erwerb und die Veräußerung von Gesamthandsanteilen ist wegen §§ 719, 1442 BGB, § 105 HGB nicht möglich.

a) Antrag

Ich, der ....., wohnhaft in ..... bin als Eigentümer des .....schiffs „.....“ — Unterscheidungssignal: ..... — im Seeschiffsregister des Amtsgerichts ..... unter Nummer ..... eingetragen.
Ich habe das .....schiff an den ....., wohnhaft in ..... verkauft. Der Kaufpreis beträgt ..... DM.
Die Übergabe des Schiffes ist auf hoher See, außerhalb der Hoheitsgewässer der Bundesrepublik Deutschland erfolgt.
Ich, der ..... bewillige, das der ..... in ..... als Eigentümer des Schiffes in das Seeschiffsregister einzutragen. Der Heimathafen des Schiffes bleibt weiterhin .....
Ich, der Erwerber bin deutscher Staatsangehöriger und habe meinen Wohnsitz in ..... Zum Beweise der Richtigkeit meiner Angabe überreiche ich ....., aus der sich meine deutsche Staatsangehörigkeit ergibt.
Wir sind darüber einig, daß das Eigentum an dem genannten Schiff auf den ..... in ..... übergegangen ist.
Wir überreichen
a) den Schiffsmeßbrief,
b) das Schiffszertifikat und
c) den amtlich beglaubigten Auszug aus dem Schiffszertifikat
mit dem Antrage, die genannten Schiffsurkunden dem ..... in ..... zu übersenden.

Datum
Unterschriften
Beglaubigungsvermerk

b) Eintragungsverfügung

1. Eintragen in das Seeschiffsregister Nr. .....
   a) **Abteilung I:**
      Sp. 10: Recht zur Führung der Bundesflagge gem. § 1 Abs. 1 Flaggenrechtsgesetz erneut festgestellt und eingetragen am .....
   b) **Abteilung II:**
      Sp. 1: (nächste fortlaufende Nummer)
      Sp. 2 a: neuen Eigentümer mit Namen, Vornamen, Beruf und Wohnsitz aufführen,
      Sp. 3: —
      Sp. 4: lfd. Nr. der Sp. 1 dieser Eintragung einsetzen.

Sp. 5: Kauf. Auf Grund der Einigung vom ..... eingetragen am .....

2. Die bisherige Eintragung in Abteilung I Sp. 10 und die Voreintragung in Abteilung II Sp. 1—5 sind zu röten.
3. Eintragungen auf dem Schiffsmeßbrief und dem Schiffszertifikat vermerken. Die genannten Schiffsurkunden sind an ..... in ..... zu senden. — Einschreiben gegen Rückschein —.
4. Nachricht an:
   a) bisherigen Eigentümer,
   b) neuen Eigentümer,
   c) Behörden wie Muster Seite 3,
   d) Gläubiger der Abteilung III.
5. Kartei.
6. Liste der Unterscheidungssignale hinsichtl. des Eigentümers ergänzen.
7. Herrn Kostenbeamten.

a) Kaufvertrag (Veräußerer: Bundesrepublik)

Verhandelt

zu ..... am ..... 19.....

Vor mir, dem unterzeichneten Notar ..... im Bezirk des Oberlandesgerichts ..... mit dem Amtssitz in .....
erschienen heute:

1. der ..... in .....
2. der ..... in .....
   beide handelnd für die Bundesrepublik Deutschland — vertreten durch die Wasser- und Schiffahrtsdirektion in ..... und in Vollmacht dieser — Vollmacht überreichend —,
3. der Fischer ..... in .....

Die Erschienenen zu 1. und 2. sind mir von Person bekannt. Der mir unbekannte Erschienene zu 3. wurde mir durch die Erschienenen zu 1. und 2. glaubhaft vorgestellt. Dadurch verschaffte ich mir Gewißheit über seine Person.

Die Erschienenen baten mich um die Beurkundung eines Kaufvertrages über das Motorschiff ....., bisheriger Heimathafen ..... — Unterscheidungssignal: ..... —, im Seeschiffsregister bisher nicht eingetragen.

Die Erschienenen übergaben mir eine offene Schrift mit der Überschrift „Kaufvertrag“, datiert vom ....., die diesem Protokoll als Anlage beigefügt ist. Sie erklärten, darin seien die einzelnen Abreden des Kaufvertrages enthalten.

Dieser Kaufvertrag wurde verlesen und zum Gegenstand der Beurkundung gemacht.

Die durch die Erschienenen zu 1. und 2. vertretene Bundesrepublik Deutschland und der Fischer ..... sind darüber einig, daß das Eigen-

tum an dem Motorschiff ..... auf den Fischer ..... aus ..... übergegangen ist.
Wir, die Erschienenen zu 1. und 2. als Bevollmächtigte der Bundesrepublik Deutschland und ich der Erschienene zu 3., bewilligen und beantragen hiermit, daß der Fischer ..... in ..... als Eigentümer des Schiffes ..... in das Seeschiffsregister eingetragen wird.
Heimathafen des Schiffes ist .....
Ich, der Erschienene zu 3. versichere hiermit, daß die Schiffahrt mit diesem Schiff von ..... aus betrieben wird. Die Kosten dieses Vertrages und seiner Durchführung übernimmt der Fischer .....
Vorstehende Verhandlung soll .....mal, und zwar .....mal für die Bundesrepublik Deutschland und .....mal für den Fischer ..... ausgefertigt werden.
Das Protokoll und seine Anlage wurden den Erschienenen von mir, dem Notar vorgelesen, von ihnen genehmigt und, wie folgt unterschrieben:

Anlage zum Protokoll

vom ..... — UrkRNr. .....

....., den ..... 19.....
Unterschrift und Siegel des Notars

Kaufvertrag
zwischen
der Bundesrepublik Deutschland — vertreten durch die Wasser- und Schiffahrtsdirektion in ....., diese wiederum vertreten durch den ..... — im folgenden Verkäuferin genannt —
und
dem Fischer ..... in ..... — im folgenden Käufer genannt —.

§ 1

Die Verkäuferin verkauft hiermit das nachstehend näher bezeichnete Schiff. Zu dem verkauften Schiff gehört auch sein Zubehör, soweit es im Eigentum der Verkäuferin steht.
Das Schiff hat den Namen ..... und ist ein Motorschiff. Der bisherige Heimathafen ist ..... — Unterscheidungssignal: ..... —.
Die Ergebnisse der amtlichen Vermessung sind:
Länge ....., Breite ....., Tiefe ....., Bruttoraumgehalt in Kubikmetern ....., Bruttoraumgehalt in Registertonnen ....., Nettoraumgehalt in Kubikmetern ....., Nettoraumgehalt in Registertonnen ....., die Maschinenleistung beträgt ..... PS. Das Schiff ist im Jahre ..... vom Stapel gelaufen und auf der Werft ..... in ..... erbaut.

§ 2

Das Schiff wird in dem Zustand verkauft, in dem es sich bei Abschluß dieses Vertrages befindet. Dieser Zustand ist dem Käufer bekannt. Die

Verkäuferin übernimmt keine Gewähr für irgend welche Rechts- und Sachmängel einschließlich verdeckte Mängel und steht insbesondere nicht dafür ein, daß das Schiff von Rechten Dritter frei ist. Der Käufer ist verpflichtet, die Bundesrepublik Deutschland von Ansprüchen Dritter, die im Zusammenhang mit dem vom Käufer erworbenen Schiff erhoben werden, freizustellen.

§ 3

Der Kaufpreis beträgt DM ..... (in Worten: Deutsche Mark .....) und ist in voller Höhe in bar zu entrichten.

§ 4

Die Übergabe des Schiffes ist bereits erfolgt.
Die Gefahr für das verkaufte Schiff sowie dessen Lasten und Nutzungen gehen mit dem Abschluß des Kaufvertrages auf den Käufer über. Die Parteien sind sich darüber einig, daß das Eigentum erst dann übergehen soll, wenn die Verkäuferin den Kaufpreis von ..... DM bezahlt hat.

§ 5

Der Käufer verpflichtet sich, das Schiff nicht ohne vorherige schriftliche Zustimmung der Bundesrepublik Deutschland in das Ausland zu verkaufen oder so darüber zu verfügen, daß es der Hoheitsgewalt der Bundesrepublik Deutschland entzogen wird. Im Falle der Weiterveräußerung des Schiffes im Inland ist der Käufer verpflichtet, den nachfolgenden Erwerbern eine entsprechende Verpflichtung, einschließlich der im nächsten Satz enthaltenen Verpflichtung über die Zahlung einer Vertragsstrafe, aufzuerlegen.
Verstößt der Käufer gegen eine dieser Bestimmungen, so hat er — unbeschadet etwaiger weitergehender Rechte der Bundesrepublik Deutschland aus solchem Verstoße — eine Vertragsstrafe in Höhe von 25 % des Kaufpreises an die Bundesrepublik Deutschland zu zahlen.

§ 6

Der Käufer verzichtet auf alle Ansprüche, die ihm aus irgendeinem Rechtsgrunde gegen die Bundesrepublik Deutschland zustehen könnten.

§ 7

Der Käufer trägt alle Kosten, die mit dem Abschluß und der Durchführung dieses Vertrages in Zusammenhang stehen.

§ 8

Änderungen und Ergänzungen dieses Vertrages bedürfen der Schriftform.

§ 9

Alle Zahlungen, die sich aus diesem Vertrage ergeben, haben kostenfrei an ..... unter der Bezeichnung ..... zu erfolgen.

§ 10

Der Vertrag wird in zwei Exemplaren ausgefertigt, die von beiden Vertragsparteien unterschrieben werden. Jeder Vertragsteil erhält ein Exemplar.

....., den .....

Unterschrift der Verkäuferin   Unterschrift des Käufers

b) Eintragungsverfügung

1. Eintragen in das Seeschiffsregister Nr. ..... (neu)

   a) **Abteilung I:**

   Sp. 1: ..... (Schiffsname einsetzen)
   Sp. 2: ..... (Unterscheidungssignal einsetzen)
   Sp. 3: Motorschiff
   Sp. 4: (Angaben über das Jahr des Stapellaufs und des Bauortes aus der Anmeldung und dem Schiffsmeßbrief entnehmen)
   Sp. 5: ..... (Name des Heimathafens)
   Sp. 6 a bis 6 h: Vermessungsergebnisse aus dem Schiffsmeßbrief entnehmen.
   Sp. 6 i: Meßbrief vom ....., ausgestellt vom Bundesamt für Schiffsvermessung in Hamburg
   Sp. 6k: ..... PS
   Sp. 7: Datum der Eintragung einsetzen.
   Sp. 10: Recht zur Führung der deutschen Bundesflagge gemäß § ..... Abs. ..... Flaggenrechtsgesetz festgestellt und eingetragen am .....

   b) **Abteilung II:**

   Sp. 1: 1
   Sp. 2: a) ....., in .....
   Sp. 3: —
   Sp. 4: 1
   Sp. 5: Das der Bundesrepublik Deutschland gehörige Schiff ist durch Vertrag vom ..... auf den ..... in ..... übergegangen. Auf Grund der Einigungserklärung vom ..... eingetragen am .....

2. Eintragung des Schiffes auf dem Schiffsmeßbrief vermerken. Schiffsmeßbrief an ..... senden. — Einschreiben gegen Rückschein —.
3. Schiffszertifikat fertigen und an ..... in ..... senden. — Einschreiben gegen Rückschein —.
4. Amtlich beglaubigten Auszug aus dem Schiffszertifikat fertigen und an ..... in ..... senden. — Einschreiben gegen Rückschein —.
5. Nachricht an:

   a) Schiffseigner .....,

b) Wasser- und Schiffahrtsdirektion in .....
c) Behörden wie Seite .....
6. Kartei.
7. In der Liste der Unterscheidungssignale vermerken.
8. Schreiben an ..... in .....
Sehr geehrter Herr .....!
Nachdem das Motorschiff ....., das Sie von der Bundesrepublik Deutschland erworben haben, im hiesigen Seeschiffsregister eingetragen worden ist, werden Sie gebeten, den von der Wasser- und Schiffahrtsdirektion ..... ausgestellten Flaggenschein binnen ..... Wochen dem hiesigen Registergericht zu übersenden.
Hochachtungsvoll
9. Dem Herrn Kostenbeamten.
10. Nach ..... Monat..... (Rückgabe des Flaggenscheins).

7. Eigentumsumschreibung (ein Eigentümer übersprungen)

a) Antrag

Verhandelt

zu ..... am .....
Vor mir, dem unterzeichneten Notar im Bezirke .....
.....
in .....
erschienen heute:
1. der Bootsbaumeister A, in ..... — ausgewiesen ..... —,
2. der Fischermeister B, in ..... — ausgewiesen ..... —,
3. der Fischer C, in ..... — ausgewiesen ..... —.

Die Erschienenen baten um Beurkundung folgender Erklärungen: Der Erschienene zu 1. ist als Eigentümer des Fischkutters ..... — Unterscheidungssignal: ..... — im Seeschiffsregister des Amtsgerichts ..... Nummer ..... eingetragen.

Der Erschienene zu 1. und der Erschienene zu 2. haben am ..... durch Kaufvertrag vom ..... den vorgenannten Fischkutter an den Erschienenen zu 2. verkauft. Eine Eigentumsumschreibung im Seeschiffsregister ist nicht erfolgt.

Inzwischen habe ich der Erschienene zu 2. das genannte Schiff durch Kaufvertrag vom ..... an den Erschienenen zu 3., den Fischer C verkauft.

Wir, die Erschienenen sind darüber einig, daß der Fischkutter ..... — Unterscheidungssignal: ..... —, eingetragen im Seeschiffsregister des Amtsgerichts ..... unter Nr. ..... von dem Bootsbauermeister A auf den Fischermeister B und von dem Fischermeister B auf den Fischer C übergegangen ist.

Wir, die Erschienenen bewilligen und beantragen, daß der Fischer C als

Eigentümer des genannten Schiffes im Seeschiffsregister eingetragen wird und bitten von der Zwischeneintragung des Fischermeisters B als Eigentümer absehen zu wollen.
Der Kaufpreis des Schiffes beträgt ..... DM.
Vorstehende Verhandlung ist den Erschienenen von dem Notar vorgelesen, von ihnen genehmigt und eigenhändig, wie folgt, unterschrieben:

b) Eintragungstext im Seeschiffsregister

Abteilung I:

Sp. 10: Recht zur Führung der Bundesflagge gemäß § ..... Abs. ..... Flaggenrechtsgesetz erneut festgestellt und eingetragen am .....

Abteilung II:

Sp. 1: 2
Sp. 2: a) Fischer C, in .....
Sp. 3: —
Sp. 4: 2
Sp. 5: Kauf. Auf Grund der Kaufverträge vom ..... und ..... und der Einigungserklärung vom ..... eingetragen am .....

8. Erwerb eines Bruchteils

Die folgenden Beispiele enthalten:
— Kaufvertrag über einen halben Miteigentumsanteil.
— Antrag auf Eintragung einer Vormerkung für eine Hypothek.
— Belastung des Miteigentumsanteils und
— Eintragungsverfügung.
(An Schiffsparten kann eine Hypothek nicht bestellt werden, dagegen können Miteigentumsbruchteile von eingetragenen Seeschiffen mit Schiffshypotheken belastet werden — §§ 8, 24 ff. SchRG.)

a) Kaufvertrag

Vor dem unterzeichneten Notar
im Bezirk des .....

.....

mit dem Amtssitz in .....
erschienen heute:
1. der Fischermeister ....., wohnhaft in ....., ...straße ..... — ausgewiesen durch ..... —
2. der Fischer ....., wohnhaft in ....., ...straße ..... — ausgewiesen durch ..... —

Die Erschienenen erklärten folgenden

Kaufvertrag.

§ 1

Der Erschienene zu 1., Fischermeister ..... ist eingetragener Eigentümer des Fischkutters ....., eingetragen im Seeschiffsregister des Amtsgerichts ..... unter Nummer ..... — Unterscheidungssignal: ..... —. Dieser Fischkutter ist im Jahre 19..... auf der Werft ..... in ..... erbaut, hat eine Länge von ..... m und ist mit einem Dieselmotor Modag ..... PS ausgerüstet.
Der Erschienene zu 1. hat sich aus gesundheitlichen Gründen zu dem gegenwärtigen Kaufvertrage entschlossen.
Wegen der sonstigen Einzelheiten des Schiffes wird auf die Eintragung im Seeschiffsregister Bezug genommen. Anläßlich dieses Kaufvertrages bleibt der bisherige Heimathafen unverändert. Der Erwerber, der Erschienene zu 2. ..... hat die deutsche Staatsangehörigkeit. Ein Nachweis hierüber wird er über den Notar dem Registergericht vorlegen.
Die Parteien haben über das Kaufobjekt bereits am ..... einen Kaufvertrag vor dem Fischereiamt in ..... unterschrieben und diesen Vertrag durch einen Zusatz vom ..... ergänzt. Der Kaufvertrag wird jedoch hiermit neu formuliert, wie in den nachstehenden Bedingungen enthalten. Die Bestimmungen treten also anstelle der früheren Fassung.
Die Übergabe des verkauften halben Miteigentumanteils des Fischkutters ..... an den Erschienenen zu 2. ist bereits am ..... außerhalb des Hoheitsgebietes auf See vollzogen, worüber die Bescheinigung des Fischereiamts in dem Protokoll vom ..... vorliegt. Diese Übergabe gilt auch für den Vertrag in der nachfolgenden Fassung.

§ 2

Der Erschienene zu 1., ..., verkauft an den Erschienenen zu 2., ..., den halben Miteigentumsanteil an dem Fischkutter ..... zum Kaufpreise von 25 000,— DM (..... Deutsche Mark), und zwar mit Wirkung ab .....
Zum vorgenannten Zeitpunkt bestehen folgende Verbindlichkeiten bezüglich des Fischkutters:

1. Darlehen der ..... in Höhe von noch nominelle Eintragung im Seeschiffsregister: 13 000,— DM,	12 000,— DM
2. Aufbaudarlehen der ..... von noch nominelle Eintragung im Seeschiffsregister: 20 000,— DM.	13 000,— DM
Belastungen per ..... somit	25 000,— DM

Diese Verbindlichkeiten übernimmt der Erschienene zu 2. als Erwerber des halben Anteils und halber Miteigentümer des Fischkutters .....

gegenüber den Gläubigern in voller Höhe als Gesamtschuldner. Er wird diese Verpflichtung erforderlichenfalls auf Verlangen der Gläubiger in besonderer Urkunde anerkennen. Im Innenverhältnis übernimmt er diese Belastungen zur Hälfte.
Diese Schuldübernahme ist somit zu bewerten auf 12 500,— DM. Somit sind von dem Käufer auf den Kaufpreis noch 12 500,— DM zu zahlen.

§ 3

Der Zinsen- und Tilgungsdienst auf die bestehenden Belastungen wird in erster Linie aus den Betriebseinnahmen des Fischkutters bestritten.
Die Parteien sind sich einig, daß der Erschienene zu 1. wegen seiner gesundheitlichen Beeinträchtigung von persönlicher Teilnahme an der Fischerei befreit ist, jedoch mit der Maßgabe, daß er auf seine Kosten einen geeigneten Ersatzmann zu stellen hat. Die Einnahmen und Unkosten des Fischkutters gehen je zur Hälfte auf die Erschienenen zu 1. und 2. Die Unkosten für seinen Ersatzmann trägt der Erschienene zu 1. allein.

§ 4

Falls ein Partner oder für seine Rechnung eine andere Person eine Sondertilgung auf die vorhandenen Belastungen vornimmt, hat er zur Hälfte einen Ausgleichsanspruch gegen den anderen Partner. Dies gilt insbesondere für den Fall, daß auf das Aufbaudarlehen der ..... ganz oder teilweise der Lastenausgleichsanspruch der Mutter des Erschienenen zu 1., Witwe ..... geborene ....., aus dem Nachlaß des verstorbenen Vaters ..... verrechnet wird. Die Mutter hat bereits eine entsprechende Abtretungserklärung unterschrieben (Urkunde vom .....) bzw. sich mit solcher Verrechnung einverstanden erklärt.
Hierbei bleibt dem Erschienenen zu 1. eine diesbezügliche Abrechnung bzw. Auseinandersetzung mit seiner Mutter vorbehalten bzw. später mit ihren Erben.

§ 5

Derjenige Teil des Kaufpreises, der nicht durch Übernahme der Belastungen getilgt ist, sowie eine eventuelle Ausgleichsverpflichtung nach § 4 sind von dem Erschienenen zu 2., dem Fischer ..... für Rechnung des Erschienenen zu 1. zu Händen von dessen Mutter, Frau ..... geborene ....., wohnhaft in ....., ...straße ..... mit monatlich ..... DM zu zahlen, solange die Mutter lebt, nach ihrem Tode jedoch an den Erschienenen zu 1. selbst, und zwar bis zur vollständigen Tilgung der Schuld. Der jeweilige Rest ist mit ..... % jährlich zu verzinsen.
Zur Sicherung dieser Zahlungsverpflichtung wird die in § 8 bezeichnete Sicherungshypothek bestellt.

§ 6

Die Übergabe des halben Miteigentumsanteils an den Erschienenen zu 2. erfolgte gemäß dem am ..... vorhandenen, dem Erwerber bekannten Zustande ohne Gewährleistung des Veräußerers für Sachmängel irgendwelcher Art entsprechend dem geltenden Fahrerlaubnisschein. Das halbe Miteigentum des Erschienenen zu 2. als Erwerber erstreckt sich auch auf die am ..... vorhanden gewesene Ausrüstung, ohne daß dem Erschienenen zu 2. wegen des Zustandes bzw. der Vollständigkeit Einwendungen oder Mängelansprüche zustehen.

§ 7

Hierauf erklärten die Erschienenen:
Wir sind uns darüber einig, daß der halbe Miteigentumsanteil an dem im § 1 bezeichneten Fischkutter ..... von mir, dem Erschienenen zu 1., auf mich, den Erschienenen zu 2. übergeht. Demgemäß bewilligen und beantragen wir hiermit die Eintragung der Eigentumsänderung in das Seeschiffsregister des Amtsgerichts in ..... Nummer .....
Die Erschienenen erklärten weiter:

§ 8

Vereinbarungsgemäß bewilligt und beantragt der Erschienene zu 2. hiermit, auf seinem halben Eigentumsanteil des vorgenannten Fischkutters eine Höchstbetrags-Schiffshypothek von 15 000,— DM zugunsten des Erschienenen zu 1. zur Sicherung aller Ansprüche einzutragen, die dieser aufgrund dieses Kaufvertrages gegen den Erschienenen zu 2. hat oder künftig haben wird, mag es sich um Zahlungsverpflichtungen handeln, die der Erschienene zu 2. für den Erschienenen zu 1. zu Händen seiner Mutter oder unmittelbar an den Erschienenen zu 1. zu erfüllen hat.

Bewilligt und beantragt wird bei Eintragung dieser Hypothek vorweg, also im Range vor dieser Hypothek, eine Vormerkung zur Sicherung des Anspruchs der ..... auf Eintragung einer Schiffshypothek in Höhe von ..... DM nebst bis zu ..... % jährlichen Zinsen und Nebenleistungen auf dem Eigentumsanteil des Erschienenen zu 2. und diese Vormerkung an bereitester Stelle auch auf dem halben Eigentumsanteil des Erschienenen zu 1. zur Eintragung zu bringen, in dem die durch die Forderung gesicherte Hypothek als Gesamthypothek zu Lasten beider Eigentumsanteile bezeichnet wird.

Vorstehende Erklärung betreffend Bewilligung und Beantragung der Vormerkung für die einzutragende Gesamthypothek von ..... DM nebst vorbezeichneten Zinsen und Nebenleistungen wird hiermit von beiden Erschienenen abgegeben.

§ 9

Die mit diesem Vertrage und seiner Durchführung verbundenen Notar- und Gerichtskosten trägt der Erschienene zu 2. als Erwerber. Die Parteien beantragen je eine Ausfertigung dieses Vertrages für sich selbst, ferner eine Ausfertigung für das Registergericht und ..... beglaubigte Abschriften für das Fischereiamt in ..... Das Protokoll ist den Erschienenen vorgelesen, von ihnen genehmigt und von ihnen eigenhändig wie folgt unterschrieben:

Unterschriften

b) Eintragungsverfügung

1. Eintragen in das Seeschiffsregister Nr. .....

a) **Abteilung I:**

Sp. 10: Recht zur Führung der Bundesflagge erneut festgestellt (§ 1 Abs. 1 Flaggenrechtsgesetz) und eingetragen am .....

b) **Abteilung II:**

unter der bisherigen lfd. Nr., und zwar in

Sp. 2 a: b) den Erwerber mit Namen, Vornamen und Wohnort, sodann:
zu a) und b): als Miteigentümer je zur Hälfte (bei der bisherigen Eintragung in dieser Spalte ist vor der Eintragung des bisherigen Alleineigentümers der Buchstabe a zu setzen).

Sp. 3: —

Sp. 4: — die bisherige lfd. Nr. der Sp. 1.

Sp. 5: Der ..... in ..... hat von dem bisherigen Eigentümer ..... den halben Miteigentumsanteil erworben. Auf Grund der Einigungserklärung vom ..... eingetragen am .....

c) **Abteilung III:**

Sp. 1: — nächste lfd. Nr.

Sp. 2: ..... DM .

Sp. 3: Vormerkung zur Sicherung des Anspruchs auf Eintragung einer Schiffshypothek in Höhe von ..... Deutsche Mark nebst bis zu ..... vom Hundert jährlichen Zinsen und Nebenleistungen zugunsten ..... in ..... Unter Bezugnahme auf die Bewilligung vom ..... — UrkRNr. — des Notars ..... in ..... eingetragen am .....

Sp. 1: nächste lfd. Nr.

Sp. 2: ..... DM .
(lastend auf dem halben Miteigentumsanteil des .....)

Sp. 3: (lastend nur auf dem halben Miteigentumsanteil des .....) ..... Deutsche Mark Höchstbetragsschiffshypothek zur Sicherung aller Ansprüche nach Maßgabe der Bewilligung vom ..... — UrkRNr. ..... des Notars ..... in ..... — für den ..... Im übrigen unter Bezugnahme auf die Bewilligung vom ..... eingetragen am .....

2. Handblatt ergänzen.
3. Eigentumsveränderungen auf dem Schiffsmeßbrief vermerken. Schiffsmeßbrief an ..... senden. — Einschreiben gegen Rückschein.
4. Eintragungen auf dem Schiffszertifikat vermerken. Schiffszertifikat an ..... senden. — Einschreiben gegen Rückschein.
5. Nachricht an:
   a) beide Eigentümer,
   b) alle Gläubiger,
   c) Behörden wie Muster Seite 3,
   d) Notar ..... zur UrkRNr. .....
6. Kartei.
7. Liste der Unterscheidungssignale hinsichtl. der Eigentümer ergänzen.
8. Kartei.
9. Herrn Kostenbeamten.

II. Partenreedereivertrag

1. Muster eines Vertrages

Zwischen

1. d. ..... in .....

und

2. d. ..... in .....

wird nachstehender Partenreedereivertrag abgeschlossen:

§ 1

Die Vertragsschließenden vereinigen sich hiermit zum Bau eines Frachtmotorschiffes und zum Betrieb einer Partenreederei mit dem in Auftrag gegebenen Neubau eines Frachtmotorschiffes von ca. ..... t Tragfähigkeit.

Der Name der Partenreederei lautet bis zur Taufe des Neubaues „Partenreederei Neubau Nr. .....“.

Später wird „Neubau Nr. .....“ durch den Schiffsnamen ersetzt.

Der Sitz der Partenreederei ist .....

§ 2

Das Miteigentum an dem Schiff ist wie folgt verteilt:

1. ..... in ..... mit ..... Parten
2. ..... in ..... mit ..... Parten

§ 3

Die gesamten Baukosten des Schiffes werden ca. ..... DM betragen, einschließlich eines Mehrpreises für Lohn- und Preiserhöhungen, der Erstausrüstung und Kosten der Finanzierung.

Die Mitreeder verpflichten sich, zur Finanzierung des Schiffes entsprechend ihrer Beteiligungsquote beizutragen.
Der Korrespondentreeder ist beauftragt und ermächtigt, verzinsliche Darlehen und Schiffshypotheken im Zusammenhang mit der Finanzierung der Baukosten bis zur Höhe von ..... % des Baupreises für die Partenreederei aufzunehmen und diese auf Verlangen der Finanzierungsinstitute durch Eintragung von Schiffshypotheken auf dem Schiff besichern zu lassen.

§ 4

Das Eigengeld der Partenreederei beträgt ..... DM und ist von den Mitreedern pro rata ihrer Beteiligung und nach Aufforderung durch den Korrespondentreeder einzuschießen.
Der Betriebsmittelfond der Partenreederei wird zunächst auf ..... DM festgesetzt. Er ist auf Aufforderung des Korrespondentreeders einzuzahlen.

§ 5

Heimathafen des Schiffes ist .....
Das Schiff ist in das Schiffsbauregister und später in das Seeschiffsregister des Amtsgerichts ..... unter Angabe der Mitreeder und der Zahl ihrer Parten einzutragen.

§ 6

Für die Rechtsverhältnisse der Mitreeder untereinander und zum Korrespondentreeder gelten, soweit sich aus diesem Vertrage nichts anderes ergibt, die Vorschriften des Handelsgesetzbuches.

§ 7

Zum Korrespondentreeder für die Bauzeit und nach der Fertigstellung für den Reedereibetrieb wird auf die Dauer dieses Vertrages d. ..... in ..... bestellt.
Die Rechte und Pflichten des Korrespondentreeders bei der Führung der Geschäfte der Partenreederei bestimmen sich, soweit nachstehend nichts Abweichendes vereinbart ist, nach §§ 492 ff. des Handelsgesetzbuches.
Der Korrespondentreeder erhält eine monatliche Vergütung für seine Tätigkeit in Höhe von ..... DM.

§ 8

Kann ein Mitreeder seinen finanziellen Verpflichtungen nicht nachkommen und treten insoweit ein oder mehrere andere Mitreeder für ihn ein, hat er auf Verlangen an diesen oder diese Mitreeder insoweit Schiffsparten zu übertragen. Hierbei ist der Marktwert der Parten im Zeitpunkt der Zahlung seitens der betreffenden Mitreeder zu Grunde zu legen und durch gütliche Vereinbarung zu ermitteln. Kommt eine Vereinbarung nicht zustande, soll der Wert durch zwei Sachverständige festgestellt werden. Jede Partei benennt ihren Sachverständigen. Sollte zwischen den Sachverständigen eine Einigung über den Wert der Parten nicht erzielt werden, soll der Wert durch einen von der Industrie- und Handelskammer in ..... zu bestellenden Sachverständigen bestimmt werden. Die Entscheidung dieses Sachverständigen ist endgültig.

§ 9

Für die Angelegenheiten der Reederei sind die Beschlüsse der Mitreeder maßgebend. Die Stimmenzahl der Mitreeder entspricht der jeweiligen Zahl der von ihnen vertretenen Parten. Die Vertretung durch Bevollmächtigte ist zulässig; die Vollmacht bedarf der Schriftform. Die Beschlüsse werden mit einfacher Mehrheit der abgegebenen Stimmen gefaßt, soweit das Gesetz und dieser Vertrag nichts anderes vorsehen. Beschlüsse der Reederei können in Versammlungen oder durch schriftliche Erklärungen, die durch den Korrespondentreeder von den Mitreedern einzuholen sind, gefaßt werden. Eine Versammlung kann von dem Korrespondentreeder oder durch einen Mitreeder durch eingeschriebenen Brief 14 Tage vorher unter Mitteilung der für die Beschlußfassung vorgesehene Tagesordnung einberufen werden. Sind alle Mitreeder anwesend oder durch schriftliche Bevollmächtigte vertreten, kann jederzeit eine Versammlung stattfinden.

§ 10

Die Verpfändung von Schiffsparten im ganzen oder in Teilen bedarf der Zustimmung aller Mitreeder.

Eine beabsichtigte Veräußerung von Parten an einen Nichtmitreeder ist den übrigen Mitreedern vorher anzuzeigen, denen pro rata ihrer Beteiligung ein Vorkaufsrecht zusteht. Die Anzeige an die übrigen Mitreeder hat durch eingeschriebenen Brief zu erfolgen. Verzichtet ein Mitreeder, so haben die verbleibenden das Recht, die dadurch frei werdenden Parten pro rata ihrer Beteiligung zu erwerben. Die Mitreeder haben sich binnen 30 Tagen zu erklären, ob sie die Schiffsparten auf Grund ihres Vorkaufsrechtes erwerben wollen. Wird die Erklärung innerhalb dieser Frist nicht abgegeben, so ist der Mitreeder zu der beabsichtigten Veräußerung berechtigt.

§ 11

Die Auflösung der Partenreederei oder die Veräußerung des Schiffes bedarf der Zustimmung von ..... Parten.

Ist die Auflösung der Reederei oder die Veräußerung des Schiffes beschlossen, so kommen die Bestimmungen des Handelsgesetzbuches zur Anwendung mit der ausdrücklich vereinbarten Ausnahme, daß ein Verkauf des Schiffes auch dann erfolgen kann, wenn das Schiff befrachtet ist oder in einem anderen Staat als der Bundesrepublik Deutschland liegt. Der infolge eines Auflösungs- oder Veräußerungsbeschlusses zu erfolgende Verkauf braucht kein öffentlicher zu sein.

§ 12

Die Vertragsschließenden sind sich darüber einig, daß der Vertrag auch dann gültig sein soll, wenn irgendwelche Einzelbestimmungen aus gesetzlichen oder sonstigen Gründen nichtig sein sollten. Über alle Streitigkeiten aus diesem Vertrage soll ein Schiedsgericht unter Ausschluß des ordentlichen Rechtsweges entscheiden.

Für dieses Schiedsgericht wird folgendes festgelegt:

1. Es setzt sich aus drei Personen zusammen und wird für jeden Streitfall besonders gebildet.
2. Jede Partei ernennt einen Schiedsrichter. Sollte eine Partei nicht innerhalb von ..... Wochen nach Aufforderung durch die das Verfahren betreibende Partei einen Schiedsrichter ernannt haben, so soll die Ernennung durch die Industrie- und Handelskammer in ..... erfolgen.
3. Die Schiedsrichter wählen unverzüglich ihren Obmann, der die Befähigung zum Richteramt haben muß. Können sich die Schiedsrichter nicht auf einen Obmann einigen, so ernennt der Präsident des .....gerichts in ..... den Obmann auf Antrag eines Schiedsrichters.
4. Das Schiedsgericht bestimmt das von ihm zu beobachtende Verfahren nach freiem Ermessen; es ist jedoch verpflichtet, einen mündlichen Verhandlungstermin anzuberaumen.
5. Der Schiedsspruch ist schriftlich zu erteilen und von den Schiedsrichtern zu unterschreiben. Er hat sich auf die Höhe der Kosten des Schiedsgerichtsverfahrens zu erstrecken und die Verteilung der Kosten einschließlich Anwaltskosten der Parteien festzulegen.

....., den .....

Unterschriften

2. Übergang von Schiffsparten im Erbwege auf die Vorerbin

a) Antrag

An das
Amtsgericht — Abt. Seeschiffsregister —
in .....
zum Az.: .....

Im dortigen Seeschiffsregister ist unter Nr. ..... das Motorschiff ..... — Unterscheidungssignal: ..... — und als dessen Eigentümer der Kapitän A in ..... mit 51/100 Schiffsparten und der Kapitän B mit 49/100 Schiffsparten eingetragen.

Der Kapitän B ist am ..... verstorben und auf Grund des notariellen Testaments, das am ..... vor dem Amtsgericht in ..... eröffnet worden ist, von mir, seiner Witwe ..... geborene ..... in ..... als Vorerbin beerbt worden. Nacherben sind meine Kinder, nämlich ....., D, ..., E ..... und F.

Ich überreiche eine beglaubigte Fotokopie des notariellen Testaments vom ..... und eine begl. Fotokopie des Eröffnungsprotokolls vom ..... und beantrage, mich als Eigentümer von 49/100 Schiffsparten und meine Kinder D, E und F als Nacherben hinsichtlich dieser Schiffsparten im Seeschiffsregister einzutragen.

....., den .....
Unterschrift

b) Text der Eintragung

Abteilung I:

Sp. 10: Recht zur Führung der Bundesflagge gem. § ..... Flaggenrechtsgesetz erneut festgestellt und eingetragen am .....

Abteilung II:

Sp. 1: 2
Sp. 2 a: Witwe ..... geborene ..... in ..... als Vorerbin.
Sp. 3: 49
Sp. 4: 2
Sp. 5: Die 49 Schiffsparten des ..... sind auf Grund des öffentlichen Testaments vom ..... — UrkRNr. ..... des Notars ..... in ..... — auf die Witwe ..... geborene ..... in ..... als Vorerbin übergegangen.
Nacherben sind:
a) ..... D ..... in .....
b) ..... E ..... in .....
c) ..... F ..... in .....
Eingetragen am .....

Die bisherige Eintragung unter lfd. Nr. (bisheriger Partenreeder der 49/100 Schiffsparten ist zu röten.

3. Übergang einer Schiffspart an einen Minderjährigen und Volljährigkeitserklärung

a) Übertragung

Verhandelt

zu ..... am .....
Vor mir, dem unterzeichneten Notar im Bezirk des .....
.....
mit dem Amtssitz in .....
erschienen heute
1. der Fischer ....., in .....
2. der Fischer ....., in .....
3. der Fischer ....., in .....
4. der Fischer ....., in .....

Der Erschienene zu 1. ist der Notar von Person bekannt.
Die Erschienenen zu 2. bis 4. wiesen sich durch Vorlage der Bundespersonalausweise aus, und zwar
der Erschienene zu 2. Nr. .....
der Erschienene zu 3. Nr. .....
der Erschienene zu 4. Nr. .....
Die Erschienenen erklärten:
An dem im Seeschiffsregister des Amtsgerichts ..... unter Nr. ..... eingetragenen Motorschiff ..... — Unterscheidungssignal: ..... — stehen dem Erschienenen zu 1. und 2. Schiffsparten von je $^1/_2$ zu.
Der Erschienene zu 1. ..... überträgt hiermit $^1/_4$ Schiffspart auf seinen Sohn, den Erschienenen zu 3. .....
Der Erschienene zu 3. nimmt diese Übertragung hiermit an.
Der Erschienene zu 2. ....., überträgt hiermit $^1/_4$ Schiffspart auf seinen Sohn, den Erschienenen zu 4. .....
Der Erschienene zu 4. nimmt diese Übertragung hiermit an.
Der Erschienene zu 4. ist am ..... geboren, also noch minderjährig. Seine gesetzlichen Vertreter sind der Erschienene zu 2. Fischer ..... und dessen Ehefrau ..... geborene .....
Der Bestellung eines Pflegers bedarf es nicht, weil der Minderjährige durch die Übertragung des $^1/_4$ Schiffsparts lediglich einen rechtlichen Vorteil erlangt (§ 107 BGB).
Die Erschienenen zu 1. und 2. bewilligen, die Erschienenen zu 3. und 4. beantragen die Eintragung der Eigentumsänderung in das Seeschiffsregister.
Der Wert des Schiffes beträgt ..... DM.
Vorstehende Verhandlung wurde den Erschienenen von dem Notar vorgelesen, von ihnen genehmigt und, wie folgt, eigenhändig unterschrieben:

Unterschriften

b) Zwischenverfügung des Registergerichts

1. Schreiben an Notar ..... in ..... zur UrkRNr. .....
   Der beantragten Eintragung steht folgendes Hindernis entgegen: Es ist $^1/_4$ Schiffspart auf den minderjährigen ..... übertragen worden. In der Urkunde wird ausgeführt, daß es der Bestellung eines Pflegers nicht bedürfe, weil der Minderjährige durch die Übertragung der $^1/_4$ Schiffspart lediglich einen rechtlichen Vorteil erlange. Diese Auffassung erscheint nicht bedenkenfrei. Es mag dahingestellt bleiben, ob sie zuträfe, wenn die Schiffspart ein Bruchteilseigentum zum Inhalt hätte. Das ist aber nicht der Fall. Die Partenreederei ist eine gesellschaftsrechtliche Verbindung. Der Erwerber der Schiffspart erlangt demnach nicht nur einen rechtlichen Vorteil, sondern tritt auch durch einen rein abstrakten Erwerbsakt in die Verbindlichkeiten der Gesellschaft ein. Diese sind zudem im vorliegenden Falle offenkundig und nicht unerheblich.

Es wird daher gebeten, das Erforderliche zur Behebung des Mangels zu veranlassen.

2. Nach 1 Monat.

c) Erwiderung des Urkundsnotars

Die in der dortigen Verfügung vom ..... erörterten Zweifelsfragen habe ich mit den Beteiligten besprochen. Deshalb habe ich Rücksprache mit dem zuständigen Vormundschaftsrichter genommen. Der einfachste Weg scheint der der Volljährigkeitserklärung des minderjährigen Fischers ..... zu sein. Da die Beteiligten sich jedoch für die nächsten Monate auf See befinden, bitten sie, die Angelegenheit bis ..... zurückzustellen. Sie werden dann alle voraussichtlich hier in ..... sein.
Ich bitte daher um Frist bis .....

d) Volljährigkeitsbeschluß

Der am ..... in ..... geborene Fischer ....., gesetzlich vertreten durch seine Eltern, Fischer ..... und Frau ..... geborene ....., beide wohnhaft in ....., ...straße ..... wird für volljährig erklärt. Der Beschluß ist rechtskräftig.

....., den .....
Das Amtsgericht
Richter am Amtsgericht

e) Text der Eintragung

Abteilung I:

Sp. 10: Recht zur Führung der Bundesflagge gemäß § ..... Abs. ..... Flaggenrechtsgesetz erneut festgestellt und eingetragen am .....

Abteilung II:

Sp. 1: 2
Sp. 2: a) ..... in ..... Sp. 3: 1/4
..... in ..... Sp. 3: 1/4
..... in ..... Sp. 3: 1/4
..... in ..... Sp. 3: 1/4
Sp. 4: 2
Sp. 5: Auf Grund der Einigungserklärung vom ..... — UrkRNr. ..... des Notars ..... in ..... — eingetragen am .....

(§§ 503, 504 HGB, §§ 3—5 BGB, §§ 56, 196 FGG, §§ 2, 4, 15 SchG, §§ 29, 31, 32 SchRO, § 28 SchRV, § 1 Flaggenrechtsgesetz.)

Für Schiffsparten gilt formlose Vereinbarung, jedoch Zwang zur Eintragung in das Seeschiffsregister. Es besteht kein Schutz des guten Glaubens, da Schiffsparten in § 15 SchG nicht aufgeführt sind.

III. Vormerkung zur Eigentumsübertragung eines Schiffes

1. Eintragung der Vormerkung

a) Bewilligung und Antrag

..... erscheint der .... in ..... — ausgewiesen ..... und erklärt:
Ich bin Eigentümer des im Seeschiffsregister des Amtsgerichts ..... Blatt-Nr. ..... eingetragenen .....schiffes ..... — Unterscheidungssignal: ..... —.
Ich bewillige und beantrage, für den .... in ....., eine Vormerkung zur Sicherung des Anspruchs auf Übertragung des Eigentums in das genannte Seeschiffsregister einzutragen. Der Wert des Schiffes beträgt ..... DM.

b) Eintragungstext

Abteilung II:
Sp. 1: .....
Sp. 4: .....
Sp. 5: Vormerkung zur Sicherung des Anspruchs auf Übertragung des Eigentums an dem Schiff. Unter Bezugnahme auf die Bewilligung vom ..... für den ..... in ..... eingetragen am .....

2. Löschung der Vormerkung

a) Antrag

..... erscheint der ..... in ..... — ausgewiesen ..... — und erklärt:
Im Seeschiffsregister des Amtsgerichts ..... Nummer ..... — ist in Abteilung II unter lfd. Nr. ..... für mich eine Vormerkung zur Sicherung des Anspruchs auf Eigentumsübertragung des .....schiffes ..... eingetragen.
Ich bewillige und beantrage die Löschung dieser Vormerkung.

v. g. u.

(Dieser Antrag kann sowohl von dem Vormerkungsberechtigten als auch von dem eingetragenen Schiffseigentümer gestellt werden.)

b) Eintragungstext

Abteilung II:
Sp. 1: .....
Sp. 5: Vormerkung zur Sicherung des Anspruchs auf Eigentumsübertragung für den ..... in ..... gelöscht am .....
Die Eintragung der Vormerkung ist zu röten.

IV. Eigentumserwerb durch Ersitzung (Buchersitzung)

Nach § 5 des Schiffsgesetzes kann auch der bisherige, in Wahrheit berechtigte Eigentümer durch Zeitablauf sein Eigentum am Schiff einbüßen.

Wer als Eigentümer eines Schiffs im Seeschiffsregister eingetragen ist, ohne daß er das Eigentum erlangt hat, erwirbt das Eigentum, wenn die Eintragung im Seeschiffsregister zehn Jahre bestanden und er während dieser Zeit das Schiff im Eigenbesitz gehabt hat. Wer ein Schiff als ihm gehörend besitzt, ist gem. § 872 BGB Eigenbesitzer. Guter Glaube ist dazu nicht erforderlich.

Die zehnjährige Frist wird in derselben Weise berechnet, wie die Frist für die Ersitzung einer beweglichen Sache. Es gelten also die Vorschriften der §§ 938—945 BGB.

Der Lauf der Frist ist aber gehemmt, solange ein Widerspruch gegen die Richtigkeit der Eintragung im Seeschiffsregister eingetragen ist (§ 5 des Schiffsgesetzes).

Der Zeitablauf hat bei der Ersitzung die Bedeutung, daß eine Einigungserklärung hinsichtlich des Eigentums am Schiff zwischen dem bisherigen materiell berechtigten Eigentümer und demjenigen, der das Eigentum durch Zeitablauf nach § 5 des Schiffsgesetzes erworben hat, nicht mehr erforderlich ist. Die schon früher erfolgte Eintragung im Seeschiffsregister ist jetzt auch materiell wirksam geworden.

Eine weitere Eintragung ist also in diesem Falle nicht erforderlich.

V. Verlust des Eigentums an einem Schiff

Für den Eigentumsverlust eingetragener Schiffe gilt das Recht der Bundesrepublik Deutschland (§ 1 Schiffsges.).

Hier sollen die Fälle erwähnt werden, die, abgesehen von der freiwilligen Veräußerung, zu einem Verlust des Eigentums führen. Der Verlust des Eigentums an einem Schiff kann sehr verschiedene Ursachen haben.

a) Geht das Schiff endgültig unter, so ist das Eigentum auch endgültig untergegangen,
b) der Zuschlag in der Zwangsversteigerung führt zu einem Erlöschen des Eigentums,
c) die Veräußerung des Schiffes durch den Konkursverwalter führt ebenfalls zu einem Erlöschen des Eigentums,

d) die Aufgabe der Schiffspart durch den überstimmten Mitreeder führt zu einem endgültigen Verlust des Eigentums,
e) wenn der als Schiffer entlassene Mitreeder entlassen wird und Auszahlung seiner Part gegen den Schätzungswert verlangt, so geht das Eigentum des Schiffes an der Part verloren.

VI. Aufgabe des Eigentums

Das Schiffsrecht kennt auch entsprechend dem § 928 BGB die formelle Eigentumsaufgabe, die in § 7 des Schiffsgesetzes ausdrücklich geregelt ist. Danach kann das Eigentum an einem Schiff dadurch aufgegeben werden, daß der Eigentümer den **Verzicht** gegenüber dem Registergericht erklärt und daß der Verzicht in das Seeschiffsregister eingetragen wird.
Diese Bestimmung gilt nur für eingetragene Schiffe, sie gilt aber auch nach § 78 Schiffsges. für Schiffsbauwerke, wenn letztere im Schiffsbauregister eingetragen sind.
Der Verzicht muß unbedingt und unbetagt erklärt werden, weil er — ähnlich wie die Eintragungsbewilligung — unmittelbar eine Eintragung im Seeschiffsregister zur Folge haben soll.
Die Verzichtserklärung bedarf der Form des § 37 SchRO, daneben ist ein formloser Antrag erforderlich. Nach Inkrafttreten des Beurkundungsgesetzes vom 28. 8. 1969 — BGBl. I, 1513 — sind für die Beurkundung derartiger Verzichtserklärungen nicht mehr die Registergerichte, sondern die Notare zuständig.
Nicht die Verzichtserklärung allein, sondern die darauf folgende Eintragung des Verzichts führt zum Verlust des Eigentums am Schiff für den bisherigen Eigentümer.
Die Eintragung erfolgt
a) im Seeschiffsregister in Abteilung II, Spalte 5 und
b) im Schiffsbauregister in Abteilung II, Spalte 3.

a) Muster für eine Verzichtserklärung

Ich bin im Seeschiffsregister des Amtsgerichts ....., Band ..... Blatt Nr. ..... als Eigentümer des .....schiffs mit dem Namen ..... — Unterscheidungssignal: ..... — eingetragen.
Ich verzichte hiermit ausdrücklich auf das Eigentum an dem genannten Schiff und beantrage, diesen Verzicht im Seeschiffsregister einzutragen.
(Der Antrag auf Eintragung braucht in der Verzichtserklärung nicht enthalten zu sein, er kann gesondert gestellt werden. Ein Formzwang für den Eintragungsantrag besteht nicht.)

b) Muster für die Eintragungsverfügung

1. Eintragen in das Seeschiffsregister Nr. .....
   Abteilung II:
   Sp. 5:
   Der Eigentümer hat am ..... auf das Eigentum am Schiff verzichtet. Eingetragen am .....
2. Die bisherige Eigentumseintragung in Abt. II ist zu röten.
3. Eintragung auf dem Schiffszertifikat und dem beglaubigten Auszug aus dem Schiffszertifikat vermerken.
4. Schiffspapiere (Schiffszertifikat, begl. Auszug aus dem Schiffszertifikat und Schiffsmeßbrief) zunächst bei den Akten belassen bzw. in einfache Büroverwahrung nehmen).
5. Nachricht an:
   a) bisherigen Eigentümer,
   b) Behörden wie Muster Seite .....,
   c) evtl. eingetragene Gläubiger und Berechtigte,
   d) Bundesinnenminister.
6. Kartei.
7. Herrn Kostenbeamten.

VII. Eigentumserwerb durch Aneignung eines herrenlosen Schiffes

Das Recht zur Aneignung des herrenlosen Schiffes steht nach § 7 Schiffsges. nur der Bundesrepublik Deutschland zu. Die Bundesrepublik erwirbt das Eigentum dadurch, daß sie sich als Eigentümer in das Schiffsregister eintragen läßt. Der landesrechtliche Vorbehalt des Artikels 129 EGBGB, wonach das Aneignungsrecht bei Grundstücken an Stelle des Fiskus anderen bestimmten Personen zusteht, kommt für das Schiffsrecht nicht in Betracht.
Will die Bundesrepublik von seinem Aneignungsrecht Gebrauch machen, so wird sie auf Grund ihres Antrages — der nicht der Form des § 37 SchRO bedarf — als Eigentümerin im Schiffsregister eingetragen.

a) Muster für den Antrag der Bundesrepublik

Der im Seeschiffsregister des Amtsgerichts ..... Band ..... Blatt Nr. ..... bisher eingetragene Eigentümer ..... in ..... hat auf Grund seiner Erklärung vom ..... auf das Eigentum an dem Schiff ..... — Unterscheidungssignal: ..... — verzichtet. Die Eintragung des Verzichts ist am ..... im Seeschiffsregister erfolgt. Der ..... hat damit das Eigentum an dem genannten Schiff verloren.

Nach § 7 des Gesetzes über Rechte an eingetragenen Schiffen und Schiffsbauwerken vom 15. 11. 1940 — RGBl. I, 1499 — steht der Bundesrepublik Deutschland das Aneignungsrecht an dem jetzt herrenlosen Schiff ..... zu. Ich mache von diesem mir zustehenden Aneignungsrecht Gebrauch und beantrage, die Bundesrepublik Deutschland als Eigentümerin des genannten Schiffes in das Seeschiffsregister einzutragen.

b) Muster für die Eintragungsverfügung

1. Eintragen in das Seeschiffsregister Nr. .....
   a) **Abteilung I:**
      Sp. 10: Recht zur Führung der Bundesflagge gem. § 1 Abs. 2 b festgestellt und eingetragen am .....
   b) **Abteilung II:**
      Sp. 1: (nächste fortlaufende Nummer)
      Sp. 2: a) Bundesrepublik Deutschland
      Sp. 3: —
      Sp. 4: (die gleiche Nr. wie Sp. 1)
      Sp. 5: Auf Grund des Aneignungsrechts gemäß § 7 Abs. 2 des Gesetzes über Rechte an eingetragenen Schiffen und Schiffsbauwerken vom 15. 11. 1940 — RGBl. I, 1499 — eingetragen am .....
2. Eintragung auf dem Schiffszertifikat und dem Schiffsmeßbrief vermerken. Diese Schiffspapiere sind an ..... zu senden. — Einschreiben gegen Rückschein.
3. Der bisherige beglaubigte Auszug aus dem Schiffszertifikat ist unbrauchbar zu machen und zu den Akten zu nehmen.
4. Es ist ein neuer beglaubigter Auszug aus dem Schiffszertifikat zu fertigen und an ..... zu senden. — Einschreiben gegen Rückschein.
5. Nachricht an:
   a) die Bundesrepublik ..... (Ressortminister hier einsetzen),
   b) Behörden wie Muster Seite 3,
   c) etwaige Gläubiger.
6. Kartei.
7. In der Liste der Unterscheidungssignale vermerken.
8. Keine Kosten.

Zu beachten ist, daß die dinglichen Rechte Dritter durch die Eintragung des Verzichts und des Aneignungsrechts der Bundesrepublik Deutschland **nicht** berührt werden.

Die Eintragung des Zwangsversteigerungsvermerks wird durch die Eintragung des Verzichts des Eigentümers auf das Eigentum am Schiff **nicht** ausgeschlossen.

Ein Pfleger zur Verwaltung des herrenlosen Schiffes kann nicht bestellt werden (s. für das Grundstücksrecht Güthe-Triebel GBO § 19 Anm. 142).

VIII. Ausschluß des Eigentümers mit seinem Recht im Wege des Aufgebotsverfahrens

Ist das Schiff zehn Jahre im Eigenbesitz eines anderen, so kann der Eigentümer eines Schiffes im Wege des Aufgebotsverfahrens mit seinem Recht ausgeschlossen werden (§ 6 des Schiffsgesetzes). Die Besitzzeit wird nach den Vorschriften der §§ 938—944 BGB berechnet. Ist der Eigentümer im Schiffsregister eingetragen, so ist das Aufgebot nur zulässig, wenn er verstorben oder verschollen ist und eine Eintragung in das Schiffsregister, die der Zustimmung des Eigentümers bedurfte, seit zehn Jahren nicht erfolgt ist. Solche Fälle werden häufiger vorkommen, wenn jemand ein Schiff gekauft hat, ihm der Besitz am Schiff eingeräumt worden ist, aber es nicht mehr zu einer Einigung über den Übergang des Eigentums gekommen ist.

Wer das Ausschlußurteil erwirkt hat, erlangt das Eigentum am Schiff dadurch, daß er sich als Eigentümer in das Schiffsregister eintragen läßt. Das Ausschlußurteil ersetzt die Eintragungsbewilligung, aber nicht den Antrag. Der Antrag kann formlos gestellt werden.

1. Einleitung des Aufgebotsverfahrens zwecks Ausschluß eines im Seeschiffsregister eingetragenen Schiffseigentümers

a) Antrag

Antrag
des ..... in .....
auf Erlaß des Aufgebots
zwecks Ausschließung des im Seeschiffsregister des Amtsgerichts ..... Band ..... Blatt-Nr. ..... eingetragenen Eigentümer des Schiffes ..... (Name) — Unterscheidungssignal: ..... —.

Am ..... habe ich durch den Kaufvertrag von dem ..... in ..... das .....schiff (Name), eingetragen im Seeschiffsregister des Amtsgerichts ..... Band ..... Blatt-Nr. ..... — Unterscheidungssignal: ..... — erworben.

Bei Abschluß des Kaufvertrages waren wir, der Verkäufer und ich als Käufer darüber einig, daß das Eigentum an dem genannten Schiff auf mich übergehen soll. Die schriftliche Niederlegung der Einigung über den Eigentumsübergang und die Eintragung im Seeschiffsregister sind versehentlich unterblieben.

Das Schiff befindet sich seit dem ..... in meinem ungestörten Eigenbesitz. Der Verkäufer ..... ist bereits am ..... verstorben. Seine

Erben sind mir nicht bekannt. Alle meine Nachforschungen zur Ermittlung der Erben blieben erfolglos. Ich beziehe mich auf den beiliegenden Kaufvertrag vom ....., die beigefügte Sterbeurkunde des ..... und die Bescheinigung des Fischereiamtes in ..... über meinen .....jährigen Eigenbesitz des Schiffes und beantrage
das Aufgebot zum Zwecke der Ausschließung des im Seeschiffsregister eingetragenen ..... (Schiffseigentümers) sowie den Erlaß des Ausschlußurteils.

b) Muster für die Eintragungsverfügung

1. Eintragen in das Seeschiffsregister Nr. .....
   a) **Abteilung I:**
      Sp. 10: Recht zur Führung der Bundesflagge gemäß § ..... festgestellt und eingetragen am .....
   b) **Abteilung II:**
      Sp. 1: (nächste fortlaufende Nummer)
      Sp. 2: a) neuer Eigentümer mit Namen, Vornamen, Beruf und Wohnort.
      Sp. 3: —
      Sp. 4: (Nr. wie in Sp. 1)
      Sp. 5: Auf Grund des Ausschlußurteils des Amtsgerichts ..... vom ..... — Az.: ..... — eingetragen am .....
2. Bisherige Eintragung in Abt. II Sp. 1—5 röten.
3. Eintragung auf den Schiffspapieren vermerken wie Muster .....
4. Nachricht an:
   a) Eigentümer,
   b) Behörden wie Muster Seite 3,
   c) Gläubiger Abt. III.
5. In der Liste der Unterscheidungssignale vermerken.
6. Kartei.
7. Herrn Kostenbeamten.

8. Verfügungsbeschränkungen (ohne § 34 Schiffsbankges.)

I. Allgemeines

Auch im Schiffsregisterrecht gilt der Grundsatz des § 137 BGB, wonach durch Parteiwollen ein dinglich wirkendes Veräußerungsverbot nicht begründet werden kann. Ein rechtsgeschäftliches Veräußerungsverbot hat also nur schuldrechtliche Wirkung. Während aber nach § 1136 BGB im Grundstücksrecht eine Vereinbarung, durch die sich der Grundstückseigentümer dem Gläubiger gegenüber verpflichtet, das Grundstück nicht zu veräußern oder nicht zu belasten, nichtig ist, gilt diese Schranke im Schiffsrecht nicht. Eine solche Beschränkung wäre auch im Schiffsrecht um so weniger angebracht, als Schiffe ja als bewegliche Sachen gelten. Für bewegliche Sachen kommt aber solche Beschränkung rechtlich sowieso nicht in Betracht. Auch hier kann entsprechend § 137 BGB eine rechtsgeschäftliche Verfügungsbeschränkung des Eigentümers mit dinglicher Wirkung nicht eingetragen werden.

Kann der Schiffseigentümer über das Eigentum nicht selbst verfügen, weil er geschäftsunfähig oder in der Geschäftsfähigkeit beschränkt ist, so spricht man nicht von Verfügungsbeschränkungen, weil diese Umstände nicht die Verfügungsbefugnis selbst beschränken, sondern nur die Verfügungsfähigkeit betreffen. In diesem Falle wirken Geschäftsunfähigkeit oder beschränkte Geschäftsfähigkeit ohne Eintragung gegen jeden, auch gegen den gutgläubigen Erwerber.

Echte Verfügungsbeschränkungen sind ihrem Begriffe nach dingliche, also gegen jeden Dritten wirkende Beschränkungen der Verfügungsfreiheit, die zwar außerhalb des Schiffsregisters entstehen, deren Eintragung aber wegen des öffentlichen Glaubens des Schiffsregisters erforderlich ist. Wird eine Verfügungsbeschränkung eingetragen, so handelt es sich dabei lediglich um eine Berichtigung des Schiffsregisters.

Ausgangspunkt für die Frage der Eintragungsfähigkeit ist § 16 des Gesetzes über Rechte an eingetragenen Schiffen und Schiffsbauwerken vom 15. 11. 1940 — RGBl. I, S. 1499 —. Danach ist eine Verfügungsbeschränkung eines Berechtigten über ein im Schiffsregister eingetragenes Recht zugunsten einer bestimmten Person dem Erwerber gegenüber nur wirksam, wenn sie aus dem Schiffsregister ersichtlich oder dem Erwerber bekannt ist. Diese Verfügungsbeschränkungen beziehen sich nach § 16 S. 1 des gen. Gesetzes nur auf das Eigentum am Schiff, eine Schiffshypothek oder ein Recht an einer solchen oder auf einen Nießbrauch am Schiff.

II. Die einzelnen Verfügungsbeschränkungen

Die Zahl der echten Verfügungsbeschränkungen im Schiffsregisterrecht ist sehr groß. Hier sollen nur die wichtigsten aufgezählt werden.

Echte Verfügungsbeschränkungen im Schiffsregisterrecht sind:

1. Zwangsversteigerungsvermerk

Der Vermerk über die Eintragung der Zwangsversteigerung nach den Vorschriften des ZVG hindert zwar nicht weitere Eintragungen auf Grund von Bewilligungen des Schiffseigentümers, desgleichen nicht Eintragungen im Wege der Zwangsvollstreckung. Dieser Vermerk hat also keine Sperrwirkung für das Schiffsregister oder Schiffsbauregister. Es darf aber bei Schiffen oder Schiffsbauwerken nicht eine solche Eintragung erfolgen, die die Zwangsversteigerung völlig vereiteln würde, z. B. nicht die Löschung des Schiffes, nicht die Verlegung des Heimathafens in das Ausland.
Der Zwangsversteigerungsvermerk ist in Abteilung II in den Spalten 4 und 5 des Seeschiffsregisters einzutragen.

Der Eintragungstext in Sp. 5 latuet:
Durch den Beschluß des Amtsgerichts ..... vom ..... — ..... K ..... — ist die Zwangsversteigerung des Schiffes angeordnet. Eingetragen am .....

2. Konkursvermerk

Der Vermerk über die Eröffnung des Konkursverfahrens sowie ein vom Konkursgericht erlassenes Veräußerungsverbot werden nach den Bestimmungen der Konkursordnung in das Schiffsregister entweder auf Ersuchen des Konkursgerichts oder auf Veranlassung des Konkursverwalters eingetragen. Eine Ausfertigung des Eröffnungsbeschlusses oder des Verfügungsverbots ist vom Konkursgericht oder dem Konkursverwalter beizufügen.
Die Eintragung muß entweder bei den eingetragenen Schiffen oder Schiffsbauwerken, als deren Eigentümer der Gemeinschuldner im Schiffs- oder Schiffsbauregister eingetragen ist, oder bei dem für den Gemeinschuldner eingetragenen Rechten an einem Schiff oder Schiffsbauwerk vorgenommen werden.

Der Eintragungstext lautet:
Durch den Beschluß des Amtsgerichts ..... vom ..... — ..... N ..... — ist über das Vermögen des ..... das Konkursverfahren eröffnet worden. Eingetragen am .....

3. Allgemeines und besonderes Veräußerungsverbot im Vergleichsverfahren

*Eine Eintragung zur Eröffnung des Vergleichsverfahrens zur Ab*wendung des Konkurses findet im Schiffsregister oder Schiffsbauregister nicht statt. Nach der Vergleichsordnung verliert der Schuldner bei Eröffnung des Vergleichsverfahrens nicht das Verfügungsrecht. Das Vergleichsgericht hat aber nach § 12 VerglO alle Maßnahmen zu treffen, die erforderlich erscheinen, um eine den Gläubigern nachteilige Veränderung in der Vermögenslage des Schuldners bis zur Entscheidung über den Antrag zu verhüten. Deshalb kann das Vergleichsgericht dem Schuldner Verfügungsbeschränkungen auferlegen und anordnen, daß dem Schuldner Verfügungsbeschränkungen auferlegt werden. Es kann ein allgemeines oder besonderes Veräußerungsverbot — letzteres wegen einzelner Vermögensgegenstände — nach § 59 VerglO erlassen. Das allgemeine Veräußerungsverbot ist in das Schiffsregister und in das Schiffsbauregister einzutragen, und zwar bei denjenigen Schiffen und Schiffsbauwerken, als deren Eigentümer der Schuldner eingetragen ist. Außerdem kommt eine Eintragung bei den für den Schuldner eingetragenen Rechten an eingetragenen Schiffen oder Schiffsbauwerken in Frage, wenn nach der Art des Rechts und nach den Umständen des einzelnen Falles aus der Unterlassung der Eintragung eine Beeinträchtigung der Vergleichsgläubiger zu besorgen ist.

Das Vergleichsgericht hat entweder von Amts wegen oder auf Antrag des Vergleichsverwalters das Registergericht um die Eintragung zu ersuchen.

Handelt es sich um ein besonderes Verfügungsverbot, das sich auf ein Schiff bezieht, so wird dieses ebenfalls als solches im Schiffsregister oder Schiffsbauregister eingetragen.

Eine Sperre des Registers tritt dadurch wie im Falle des Konkurses ein.

Die Eintragung erfolgt in Abteilung II in den Spalten 4 und 5 oder bei den Rechten die von der Eintragung betroffen werden in der Veränderungsspalte.

Der Eintragungstext lautet:

Durch den Beschluß des Amtsgerichts ..... vom ..... — ..... VN ..... — ist über das Vermögen des ..... ein allgemeines Veräußerungsverbot angeordnet. Auf Grund des Ersuchens des Amtsgerichts ..... vom ..... eingetragen am .....

4. Nachlaßverwaltung

Die Nachlaßverwaltung ist nach § 1975 BGB eine besondere Art der Nachlaßpflegschaft, und zwar zum Zwecke der Befriedigung der Nachlaßgläubiger. Sie führt die beschränkte Haftung der Erben herbei und dient nicht nur dem Interesse der Erben, sondern auch dem Interesse der Nachlaßgläubiger.

Das Nachlaßgericht kann das Schiffsregister um Eintragung der Anordnung der Nachlaßverwaltung ersuchen. Dies ist zwar nirgends gesetzlich vorgeschrieben, folgt aber daraus, daß nach § 1984 Abs. 1 BGB die Anordnung der Nachlaßverwaltung schon wegen der entsprechenden Anwendung des § 7, § 8 Konkursordnung eine Verfügungsbeschränkung entsprechend § 16 SchiffsG darstellt. Um also die Gefahren des öffentlichen Glaubens auszuschalten, ist die Eintragung der Anordnung der Nachlaßverwaltung von größter Bedeutung, da der Erbe schon mit der Anordnung der Nachlaßverwaltung die Befugnis, den Nachlaß zu verwalten und über ihn zu verfügen, verliert. Deshalb hat die Eintragung der Anordnung der Nachlaßverwaltung eine Sperre des Schiffsregisters oder Schiffsbauregisters hinsichtlich weiterer Anträge der Erben zur Folge.

Man wird annehmen können, daß nicht nur das Nachlaßgericht, sondern auch der Nachlaßverwalter das Registergericht um Eintragung dieser Anordnung ersuchen kann. Der Nachlaßverwalter wird sich gegenüber dem Registergericht durch Vorlage der Bestallung und des Anordnungsbeschlusses ausweisen müssen.

Die Eintragung erfolgt in Abteilung II Spalten 4 und 5 oder bei den Rechten, die von der Eintragung betroffen werden in der Veränderungsspalte.

Der Eintragungstext lautet:

Durch den Beschluß des Amtsgerichts ..... vom ..... — Az.: ..... — ist die Verwaltung über den Nachlaß des verstorbenen ..... angeordnet. Auf Ersuchen des Amtsgerichts ..... (oder des Nachlaßverwalters .....) vom ..... eingetragen am .....

5. Testamentsvollstreckung

Der Testamentsvollstrecker ist nach § 2205 BGB befugt, über alle Nachlaßgegenstände zu verfügen. Den Erben steht kein Verfügungsrecht zu (§ 2211 BGB). Der Erbe ist demnach auch nicht befugt, Eintragungsanträge betreffend das Schiffsregister oder Schiffsbauregister zu stellen. Gerade deshalb ist es von großer Bedeutung, daß die Ernennung des Testamentsvollstreckers schon bei der Eintragung der Erben nach § 55 SchRO möglichst bald eingetragen wird. Die Eintragung ist deshalb von Wichtigkeit, weil nur durch den Vermerk der Testamentsvollstreckung verhindert werden kann, daß die Erben unberechtigt über den Nachlaßgegenstand verfügen, so daß dann Dritterwerber sich nicht mehr auf den Schutz des öffentlichen Glaubens des Schiffsregisters berufen können. Dem Registergericht muß die Urkunde über die Ernennung des Testamentsvollstreckers eingereicht werden. Als Berechtigte des Rechts z. B. des Schiffs oder der Schiffshypothek oder des Nießbrauchs am Schiff dürfen nur die Erben eingetragen werden, und zwar in der Spalte, die für deren Berechtigung in Frage kommt, das ist bei dem Eigentum am Schiff die Eigentümerspalte in Abteilung II, bei einer Schiffshypothek die Spalte Veränderungen in Abteilung III, desgleichen bei einem Nießbrauch. Die Ernennung des Testamentsvollstreckers wird dagegen im Schiffsregister in Abteilung II Spalten 4 und 5, im Schiffsbauregister in Abteilung II Spalte 3 eingetragen, weil es sich hier um eine Verfügungsbeschränkung handelt.

Die Eintragung findet von Amts wegen statt. Eines Antrages der Erben oder des Testamentsvollstreckers bedarf es nicht. Eingetragen wird lediglich die Tatsache der Ernennung des Testamentsvollstreckers, nicht der Name und der Umfang der Vertretungsmacht. Tritt allerdings die Tätigkeit des Testamentsvollstreckers erst im Falle des Eintritts der Nacherbfolge ein, so muß dies bei der Eintragung angegeben werden.

1. Eintragen in das Seeschiffsregister Nr. .....

a) **Abteilung II:**

Sp. 1: (nächste fortlaufende Nummer)
Sp. 2: a) ..... in .....
..... in .....
..... in .....
in ungeteilter Erbengemeinschaft.
Sp. 3: —
Sp. 4: (Nr. wie in Sp. 1)
Sp. 5: Auf Grund des gemeinschaftlichen Erbscheins des Amtsgerichts ..... vom ..... — ..... VI ..... — eingetragen am .....
Sp. 4: (Nr. wie in Sp. 1)
Sp. 5: Für den Nachlaß des verstorbenen Schiffseigentümers ..... ist ein Testamentsvollstrecker ernannt. Eingetragen am .....

b) **Abteilung III:**

(nur wenn über den Nachlaß des verstorbenen Gläubigers Testamentsvollstreckung angeordnet ist).

Sp. 4: (Nr. des betroffenen Rechts)
Sp. 5: Nebenstehende Schiffshypothek ist mit den Zinsen seit dem ..... durch Erbgang auf ..... in ....., den ..... in ....., und zwar in ungeteilter Erbengemeinschaft übergegangen. Für den Nachlaß des bisherigen Gläubigers ..... ist ein Testamentsvollstrecker ernannt. Eingetragen am .....

2. Bisherige Eintragung in Abteilung II Sp. 1—5 (bisherigen Gläubiger in Abt. III Sp. 3, lfd. Nr. .....) röten.
3. Eintragung auf dem Schiffszertifikat (bei Eigentumsveränderung auch auf dem Schiffsmeßbrief) vermerken. Schiffszertifikat (und evtl. Schiffsmeßbrief) an ..... senden. — Einschreiben gegen Rückschein.
4. Nachricht an:
   a) die einzelnen Erben,
   b) den Testamentsvollstrecker,
   c) (bei Eigentumsveränderung alle Behörden wie Muster Seite ....),
   d) Gläubiger Abt. III (bei Eigentumsveränderung alle Gläubiger), sonst nur Erben des verstorbenen Gläubigers),
   e) Amtsgericht in ..... zu ..... VI .....
5. Kartei (bei Eigentumsveränderung).
6. Liste der Unterscheidungssignale bei Eigentumsveränderung ergänzen.
7. Herrn Kostenbeamten.

6. Nacherbenvermerk

Nach § 54 SchRO ist bei der Eintragung eines Vorerben zugleich das Recht des Nacherben, und soweit der Vorerbe von den Beschränkungen seines Verfügungsrechts befreit ist, auch die Befreiung von Amts wegen einzutragen.

Der Grund hierfür liegt darin, daß nach den §§ 2113—2155 BGB der Vorerbe nicht uneingeschränkt über die zur Erbschaft gehörenden eingetragenen Schiffe, Schiffbauwerke oder Schiffshypothekenforderungen verfügen kann. Würde das Nacherbenrecht nicht im Schiffsregister oder Schiffsbauregister eingetragen sein, so wäre der Nacherbe nicht dagegen geschützt, daß der Vorerbe über die Erbschaft ohne ihn verfügt und daß Dritte sich hinsichtlich ihres Erwerbes auf den öffentlichen Glauben des Schiffsregisters berufen können.

Ist weder der Vor- noch der Nacherbe im Schiffsregister oder Schiffsbauregister eingetragen, so kann auch der Nacherbe entsprechend § 18 Schiffsgesetz die Eintragung von Vorerben und Nacherben im Register veranlassen. Dem Registergericht müssen die

Unterlagen für die Eintragung eingereicht werden (Testament, Erbschein).

Abteilung II:
Sp. 1: (nächste fortlaufende Nr.)
Sp. 2: a) ..... in .....
als befreite Vorerbin
Sp. 3: —
Sp. 4: (Nr. wie in Sp. 1)
Sp. 5: Das Eigentum ist auf Grund des Erbscheins des Amtsgerichts ..... vom ..... — ..... VI ..... — auf ..... in ..... als (befreite) Vorerbin übergegangen. Nacherben sind ..... Eingetragen am .....

7. Pfändung oder Verpfändung des Erbteils eines Miterben als Verfügungsbeschränkung

Es kann vorkommen, daß bei einer als Eigentümerin des Schiffes eingetragenen ungeteilten Erbengemeinschaft ein Miterbe seinen Anteil am Nachlaß verpfänden will und dann die Eintragung der Verpfändung im Schiffsregister bewilligt und beantragt. Eine solche Eintragung wäre zulässig, denn jeder Miterbe kann über seinen Anteil an dem ungeteilten Nachlaß verfügen, an ihm also wirksam ein Pfandrecht begründen. Diese Eintragung wirkt wie eine Verfügungsbeschränkung des Miterben hinsichtlich der Verfügung über das zum Nachlaß gehörige Schiff oder Recht (beim Grundstücksrecht RG. 90, S. 233 ff.). Die Eintragung hat in Abteilung II in den Spalten 4 und 5 zu erfolgen. Da die übrigen Miterben hiervon nicht betroffen sind, bedarf es nicht deren Zustimmung zur Eintragung.

Eintragungstext in Abteilung II Spalte 5

Der Anteil des Miterben ..... in ..... an dem ungeteilten Nachlaß ist für den ..... in ..... gepfändet (bzw. verpfändet). Auf Grund der ..... Bewilligung vom ..... eingetragen am .....

8. Einstweilige Verfügungen als Verfügungsbeschränkungen

Nach § 938 Abs. 1 ZPO bestimmt das Gericht bei einstweiligen Verfügungen nach freiem Ermessen, welche Anordnungen zur Erreichung des Zweckes erforderlich sind. Die einstweilige Verfügung kann auch in einer Sequestration sowie darin bestehen, daß dem Gegner eine Handlung geboten oder verboten wird, insbesondere die Veräußerung, Belastung oder Verpfändung eines eingetragenen Schiffes oder Schiffsbauwerkes untersagt wird (§ 938 Abs. 2 ZPO). Hat auf Grund der einstweiligen Verfügung eine Eintragung in das Schiffsregister zu erfolgen, so ist das Gericht befugt, das Registergericht um die Eintragung zu ersuchen (§ 941 ZPO). Dieses Veräußerungsverbot entsteht schon mit der Zustellung der einstweiligen Verfügung an den Antragsgegner, wobei allerdings die Frist des § 929 Abs. 2 ZPO zu beachten ist. Die Eintragung hat aber insofern Bedeutung, als der öffentliche Glaube des Schiffsregisters dadurch ausgeschaltet wird.

Vormerkungen (ohne Löschungsvormerkung).

I. Allgemeines

Vormerkungen spielen im Schiffsregisterrecht eine fast ebenso große Rolle wie im Grundbuchrecht. Sie sind keine dinglichen Rechte wie das Eigentum, die Hypothek oder Nießbrauch an einem Schiff. Vormerkungen haben keine Sperrwirkung, so daß Anträge auf Eintragungen von Rechten, die mit ihnen im Widerspruch stehen, zugelassen werden müssen. Vormerkungen sind vorläufige Eintragungen und dienen zur Sicherung eines persönlichen Anspruchs. Man kann die Vormerkungen danach einteilen, ob sie in Abteilung II oder in Abteilung III des Schiffsregisters eingetragen werden. In Abteilung II werden die Vormerkungen eingetragen, die sich auf das Eigentum am Schiff und in Abteilung III diejenigen Vormerkungen, die sich auf eine Schiffshypothek oder ein Nießbrauch beziehen. Nach den Eintragungsvoraussetzungen ergibt sich eine Einteilung der Vormerkungen in solche, die

a) auf Bewilligung des Betroffenen,
b) auf einstweilige Verfügung,
c) von Amts wegen

eingetragen werden.

II. Eigentumsvormerkung

1. Muster für Eintragung einer Eigentumsvormerkung

a) Antrag

..... erscheint der ....., in ..... — ausgewiesen durch ..... — und erklärt:

Ich bin Eigentümer des im Seeschiffsregister des Amtsgerichts ..... Band ..... Blatt-Nr. ..... eingetragenen .....schiffes „(Name)" — Unterscheidungssignal: ..... —.
Ich bewillige und beantrage im Seeschiffsregister des genannten Schiffes für den ..... in ..... eine Vormerkung zur Sicherung des Anspruchs auf Übertragung des Eigentums einzutragen.
Der Wert des Schiffes beträgt ..... DM.
Ich überreiche mit der Bitte um Rückgabe das Schiffszertifikat.

b) Eintragungsverfügung

1. Eingetragen in das Seeschiffsregister Nr. .....
   Abteilung II:
   Sp. 4: (Nr. wie die letzte Eintragung in Sp. 1)
   Sp. 5: Vormerkung zur Sicherung des Anspruchs auf Übertragung des Eigentums an dem Schiff. Unter Bezugnahme auf die Eintragungsbewilligung vom ..... für den ..... in ..... eingetragen am .....
2. Eintragung auf dem Schiffszertifikat vermerken. Schiffszertifikat an ..... senden. — Einschreiben gegen Rückschein.
3. Nachricht an:
   a) Schiffseigentümer,
   b) Vormerkungsberechtigten,
   c) Notar.
4. Herrn Kostenbeamten.

2. Eintragung eines Schutzvermerks (Eigentumsvormerkung) und Zurückweisung eines Antrages

a) Allgemeines

Der Schutzvermerk des § 28 SchRO entspricht der Amtsvormerkung des § 18 GBO. Dies ist eine vorläufige Vollziehung der früher beantragten Eintragung und soll Schutz dagegen gewähren, daß infolge Vornahme der später beantragten Eintragung dem früher gestellten Eintragungsantrag nicht oder nicht mehr voll entsprochen werden kann. Die Schiffsregisterordnung hat demgemäß eine neue Bezeichnung (Schutzvermerk) gewählt, die dem Wesen dieses Vermerks entspricht.

b) Sachverhalt für die Eintragung des Schutzvermerks, die Zurückweisung des Antrages und die Löschung des Schutzvermerks und Verfügungsentwürfe

Eingetragener Eigentümer des Schiffes ist der Fischer A in K. Am 13. 4. 1972 reicht der Notar X in K einen von ihm beurkundeten

Übereignungsvertrag vom 10. 4. 1972 ein, aus dem sich ergibt, daß der Fischer A dem Fischer B das im Seeschiffsregister eingetragene Schiff übereignet hat. Eine Eintragungsbewilligung fehlt. Der Notar X hat namens des Erwerbers die Eintragung der Eigentumsänderung in das Seeschiffsregister beantragt. Die Schiffspapiere (Schiffsmeßbrief, Schiffszertifikat und beglaubigten Auszug aus dem Schiffszertifikat) will er nachreichen.

Das Registergericht hat am 14. 4. 1972 folgende Zwischenverfügung getroffen:

1. Schreiben an den Notar X in K — zustellen —. Ihrem Antrage vom 13. 4. 1972 kann erst entsprochen werden, wenn die Eintragungsbewilligung des Veräußerers in der Form des § 37 SchRO beigebracht wird. Hierzu wird eine Frist von 2 Wochen — seit dem Tage der Zustellung dieses Schreibens — gesetzt.
2. Wiedervorlegen 2 Wochen nach Zustellung.

Am 23. April 1972 überreicht der Notar Y in K die Schiffspapiere und ein von ihm beurkundeter Übereignungsvertrag vom 20. 4. 1972 durch den der Schiffseigner A dem Fischer C in K das Miteigentum an dem Schiff zu einem Halb eingeräumt hat. Er hat die Eintragung der Eigentumsveränderung bewilligt. Der Notar Y beantragt die Eintragung namens des Erwerbers C und überreicht außerdem den Nachweis über die deutsche Staatsangehörigkeit des Erwerbers C.

c) Eintragungsverfügung

1. Eintragen in das Seeschiffsregister Nr. . . . . .
   a) Abteilung I:
   Sp. 10: Recht zur Führung der Bundesflagge gemäß § 1 Absatz 1 Flaggenrechtsgesetz erneut festgestellt und eingetragen am . . . . .
   b) Abteilung II:
   Sp. 4: (Nr. der letzten Eintragung aus Sp. 1)
   Sp. 5: Schutzvermerk nach § 28 Absatz 2 Schiffsregisterordnung zur Wahrung des Rechts auf Eintragung des Eigentums für den Fischer B in . . . . . Eingetragen am . . . . .
   Sp. 1: (nächste fortlaufende Nummer)
   Sp. 2: a) Fischer . . . . . in . . . . . in Bruchteilsgemeinschaft mit dem Fischer . . . . . A.
   Sp. 3: $^1/_2$
   Sp. 4: (lfd. Nr. der bisherigen Eintragung in Sp. 1 und Nr. dieser Eintragung aus Sp. 1).
   Sp. 5: Auf Grund der Einigungserklärung vom 20. April 1972 — UrkRNr. . . . . . des Notars Y in K — eingetragen am . . . . .

2. Neben der Eigentumseintragung des Fischers A ist in Abteilung II Sp. 3 unterhalb des waagerechten Striches einzutragen „1/2".
3. Eintragung der Eigentumsveränderung auf dem Schiffsmeßbrief vermerken. Schiffsmeßbrief an ..... senden. — Einschreiben gegen Rückschein.
4. Sämtliche Eintragungen auf dem Schiffszertifikat vermerken. Schiffszertifikat an ..... senden. — Einschreiben gegen Rückschein.
5. Nachricht an:
   a) beide Schiffseigentümer (A und C),
   b) Fischer B in .....,
   c) Notar X in K,
   d) Notar Y in K,
   e) Behörden wie Muster Seite 3,
   f) Gläubiger und Berechtigte der Abteilung III.
6. Kartei.
7. In der Liste der Unterscheidungssignale vermerken
8. Herrn Kostenbeamten.
9. Zur Frist (Hindernisse aus der Zwischenverfügung vom 14. 4. beseitigt?).

d) Nach fruchtlosem Ablauf der mit Verfügung vom 14. 4. 1972 gesetzten Frist ist zu verfügen

1. Beschluß.

   In der Seeschiffsregistersache betr. das .....schiff „(Name)" — Unterscheidungssignal: ..... — wird der Antrag des Notars X in K auf Eintragung des Fischers B als Eigentümer kostenpflichtig zurückgewiesen.

   Gründe:

   Im Seeschiffsregister des hiesigen Amtsgerichts ist in Band ..... Blatt ..... der Fischer A in ..... als Eigentümer des dort verzeichneten Schiffes eingetragen. Der Notar X in K hat am 13. 4. 1972 auf Grund des von ihm beurkundeten Übereignungsvertrages vom 10. 4. 1972 namens des Erwerbers, des Fischers B die Eintragung der Eigentumsveränderung im Seeschiffsregister beantragt. Eine Eintragungsbewilligung des eingetragenen Schiffseigentümers, des Fischers A liegt nicht vor. Mit Schreiben des Gerichts vom 14. 4. 1972 ist dem Notar die Auflage erteilt worden, binnen zwei Wochen — seit dem Tage der Zustellung — das Eintragungshindernis zu beseitigen. Da die dem Notar gesetzte Frist fruchtlos verstrichen ist, war der Eintragungsantrag zurückzuweisen.

   Die Kostenentscheidung beruht auf § 130 KostO.

   ....., den 1972
   Das Amtsgericht
   Rechtspfleger

2. Ausfertigung des Beschlusses an Notar X in K senden.
3. Eintragen in das Seeschiffsregister Nr. .....
   Abteilung II:
   Sp. 4: (lfd. Nr. der Sp. 4 wie bei der Eintragung des Schutzvermerks).
   Sp. 5: Schutzvermerk für den Fischer B in ..... gelöscht am .....
4. Schutzvermerk in Abt. II Sp. 4 und 5 röten.
5. Eintragung auf dem Schiffszertifikat vermerken. Schiffszertifikat an ..... in ..... senden. — Einschreiben gegen Rückschein.
6. Nachricht von der Eintragung an:
   a) Notar X in K,
   b) Notar Y in K,
   c) Miteigentümer A,
   d) Miteigentümer C.
7. Herrn Kostenbeamten.

3. Löschung einer Eigentumsvormerkung

a) Antrag

..... erscheint von Person bekannt der ..... in ..... und erklärt:
Für mich ist im Seeschiffsregister des Amtsgerichts ..... Band ..... Blatt ..... in Abteilung II unter Nr. ..... eine Vormerkung zur Sicherung des Anspruchs auf Übertragung des Eigentums an dem Schiff eingetragen.
Ich bewillige und beantrage, die für mich eingetragene Eigentumsvormerkung im Seeschiffsregister zu löschen.

b) Eintragungsverfügung

1. Eintragen in das Seeschiffsregister Nr. .....
   Abteilung II:
   Sp. 4: (Nr. unter der die Eigentumsvormerkung eingetragen ist).
   Sp. 5: Vormerkung für den ..... in ..... gelöscht am .....
2. Eintragung der Vormerkung in Abt. II Sp. 4 und 5 röten.
3. Nachricht an:
   a) Schiffseigentümer,
   b) Vormerkungsberechtigten,
   c) Notar.
4. Schreiben an den Schiffseigentümer ..... in .....:
   Sehr geehrter Herr .....!
   Sie werden gebeten, das Schiffszertifikat zwecks Berichtigung binnen 2 Wochen einzureichen.

   Hochachtungsvoll
5. Herrn Kostenbeamten.
6. Nach 4 Wochen (Schiffszertifikat).

III. Vormerkung zur Eintragung einer Schiffshypothek auf Grund einer einstweiligen Verfügung

a) Antrag

..... erscheint der ..... in ..... — ausgewiesen durch ..... — und erklärt:
Ich überreiche die Ausfertigung der einstweiligen Verfügung des Amtsgerichts ..... vom ..... — Az.: ..... — wegen einer mir zustehenden Werklohnforderung von ..... DM — in Worten: ..... Deutsche Mark — nebst ..... vom Hundert Zinsen seit dem ..... Danach ist die Eintragung einer Hypothekenvormerkung in das Seeschiffsregister des Amtsgerichts ..... Band ..... Blatt-Nr. ..... angeordnet worden. Ich beantrage, die Eintragung der Vormerkung in das genannte Seeschiffsregister.

b) Eintragungsverfügung

1. Eintragen in das Seeschiffsregister Nr. .....
   Abteilung III:
   Sp. 1: (nächste fortlaufende Nr.)
   Sp. 2: ..... DM
   Sp. 3: (linke Spaltenhälfte). Vormerkung zur Sicherung des Anspruchs auf Einräumung einer mit ..... vom Hundert jährlich verzinslichen Schiffshypothek von ..... Deutsche Mark für den ..... in ..... auf Grund der einstweiligen Verfügung des Amtsgerichts ..... vom ..... — Az.: ..... — eingetragen am .....
2. Nachricht an:
   a) Vormerkungsberechtigten,
   b) Schiffseigentümer.
   Zu b): mit der Bitte, das Schiffszertifikat binnen 2 Wochen zwecks Ergänzung einzureichen.
3. Herrn Kostenbeamten.
4. Nach 2 Wochen (Schiffszertifikat).

IV. Vormerkung zur Sicherung eines Arrestpfandrechts

Der Antrag und die Eintragung entsprechen denen wie bei der Vormerkung auf Grund einer einstweiligen Verfügung.

Widerspruch

I. Allgemeines

Inhalt des Widerspruchs

Der Widerspruch bereitet eine Schiffsregisterberichtigung vor und verhindert, daß der Berichtigungsanspruch vereitelt wird. Ein Anlaß zu einem Widerspruch ist nach §§ 21, 18 Schiffsges. immer dann gegeben, wenn der Inhalt des Schiffsregisters hinsichtlich des Eigentums, einer Schiffshypothek oder eines Rechts an einer Schiffshypothek, hinsichtlich eines Nießbrauchs oder einer Verfügungsbeschränkung mit der wirklichen Rechtslage nicht in Einklang steht. Wie die Vormerkung so ist der Widerspruch keine echte Eintragung, so daß gegen die Eintragung des Widerspruchs die Beschwerde zulässig ist. Der öffentliche Glaube erstreckt sich nicht auf den Widerspruch selbst. Nach herrschender Meinung ist ein Widerspruch gegen einen Widerspruch nicht möglich, auch nicht ein Widerspruch gegen eine Vormerkung oder einen Zwangsversteigerungsvermerk. Gegen die Löschung eines Widerspruchs gibt es ebenfalls keinen Widerspruch.

Arten des Widerspruchs

Man kann den Widerspruch danach einteilen, ob er in Abteilung II oder in Abteilung III eingetragen ist. In Abteilung II wird ein Widerspruch eingetragen, wenn er sich auf das Eigentum am Schiff bezieht. In Abteilung III werden Widersprüche eingetragen, wenn sie sich auf eine Schiffshypothek oder einen Nießbrauch beziehen. Wie bei den Vormerkungen ergibt sich nach den Eintragungsvoraussetzungen eine Einteilung der Widersprüche in solche, die

a) auf Bewilligung des Betroffenen,
b) aus einstweilige Verfügung und
c) von Amts wegen

eingetragen werden sollen.

II. Eintragung des Widerspruchs

Der Widerspruch wird eingetragen auf Bewilligung, kraft richterlicher Handlung oder im Fall des § 895 ZPO auf Antrag des Gläubigers.

1. Eintragung des Widerspruchs auf Grund einer Bewilligung

Nach § 21 Abs. 2 des Schiffsges. kann ein Widerspruch des Betroffenen in der Form des § 37 SchRO eingetragen werden. Das wird in der Praxis höchst selten vorkommen, denn wenn der Betroffene zu einer Berichtigung gewillt ist, dann wird er meist gleich in die endgültige Berichtigung willigen und nicht nur einen Widerspruch bewilligen.

2. Eintragung eines Widerspruchs kraft richterlicher Handlung

Steht der Inhalt des Schiffsregisters entsprechend dem § 18 Schiffsges. mit der wirklichen Rechtslage nicht im Einklang, so kann nach § 21 Abs. 2 Schiffsges. ein Widerspruch auf Grund einer einstweiligen Verfügung eingetragen werden. Hierbei muß zwar das Recht des Widersprechenden, nicht aber braucht eine Gefährdung des Rechts des Widersprechenden glaubhaft gemacht zu werden. Wie bei der Vormerkung kann auch hier das Gericht nach § 491 ZPO das Registergericht um die Eintragung ersuchen.

Dieser Widerspruch wird in dieselben Spalten des Schiffsregisters oder Schiffsbauregisters eingetragen wie die Vormerkungen (s. hierzu Abschnitt über Vormerkungen).

Ergibt sich, daß das Registergericht unter Verletzung gesetzlicher Vorschriften eine Eintragung vorgenommen hat, durch die das Schiffsregister unrichtig geworden ist, so ist nach § 56 SchRO ein Widerspruch von Amts wegen einzutragen.

Die Voraussetzungen: Verletzung gesetzlicher Vorschriften und Unrichtigwerden des Schiffsregisters müssen nebeneinander gegeben sein. Ist das der Fall, so besteht zur Eintragung eines Widerspruchs von Amts wegen nicht nur eine Berechtigung, sondern auch eine Verpflichtung des Registergerichts.

Wer die Eintragung eines Amtswiderspruchs anregt, braucht nur glaubhaft zu machen — also nicht zu beweisen —, daß die Eintragung mit der wirklichen Rechtslage nicht in Einklang steht, denn der Widerspruch soll ja als vorläufiges Mittel nur die Gefahren gutgläubigen Erwerbs verhindern.

Der Amtswiderspruch wird an derselben Stelle eingetragen, wie sonst der Widerspruch eingetragen wird. Er kann sich sowohl auf das Eigentum am Schiff, als auf eine Schiffshypothek oder einen Nießbrauch beziehen.

a) Eintragungstext für den Amtswiderspruch gegen das Eigentum an einem Schiff

Abteilung II Sp. 5: Widerspruch gegen die Eintragung des ..... in ..... als Eigentümer zugunsten des ..... in ..... Von Amts wegen eingetragen am .....

b) Eintragungstext für den Amtswiderspruch gegen eine Schiffshypothek

Abteilung III Sp. 4—6: Widerspruch gegen die Eintragung von ..... vom Hundert Zinsen statt ..... vom Hundert Zinsen zugunsten des ..... in ..... Von Amts wegen eingetragen am .....

11. Nießbrauch

I. Allgemeines

Der Nießbrauch ist das höchstpersönliche, d. h. unvererbliche und grundsätzlich nicht übertragbare Recht, sämtliche Nutzungen des belasteten Gegenstandes zu ziehen (§§ 1059, 1061 BGB).

Ein Nießbrauch an einem Schiff kann nach § 9 des Schiffsgesetzes nur bestellt werden, wenn damit eine Verpflichtung zur Bestellung des Nießbrauchs am ganzen Vermögen des Eigentümers oder an einer Erbschaft oder an einem Bruchteil von beiden erfüllt werden soll. Ein ohne wirksame Verpflichtung bestellter Nießbrauch ist nichtig.

An einem Schiffsbauwerk kann ein Nießbrauch nicht bestellt werden, weil das Gesetz einen solchen nicht zuläßt. Diese Beschränkung gilt aber nicht für den Nießbrauch an der Schiffspart des § 503 HGB.

Zur richtigen Erkenntnis des Nießbrauchs an Schiffen ist die Bestimmung des § 82 Schiffsges. wichtig, wonach für den Nießbrauch an einem Schiff die für den Nießbrauch an Grundstücken geltenden Vorschriften des Bürgerlichen Rechts entsprechend anwendbar sind (§§ 1030 ff. BGB).

Der Nießbrauch ist nicht übertragbar, wohl aber kann die Ausübung des Nießbrauchs einem anderen übertragen werden (§ 1059 BGB). Aus diesem Grunde scheiden Veräußerung oder Verpfändung des Nießbrauchs aus.

II. Die Bestellung des Nießbrauchs

Soweit der Nießbrauch unter Lebenden an dem Vermögen bestellt wird, ist materiell-rechtlich nach § 311 BGB die notarielle Beurkundung des Vertrages erforderlich. Materiell-rechtlich ist aber auch nach §§ 9, 3 des Schiffsges. die Einigung des Bestellers und Nießbrauchers und die Eintragung in das Schiffsregister erforderlich.

Im Gegensatz zur Schiffshypothek kann ein Nießbrauch nicht auf dem Bruchteil eines Miteigentums bestellt werden, da die Bestimmung des § 8 Abs. 3 nicht für den Nießbrauch anwendbar ist.

Formell-rechtlich bedarf es zur Eintragung des Nießbrauchs lediglich einer Bewilligung des Betroffenen in der Form des § 37 SchRO und eines privatschriftlichen Antrages des Betroffenen oder des Berechtigten.

Die Urkunde über die Bestellung des Nießbrauchs unter Lebenden muß beigefügt werden, damit das Registergericht nach § 9 Schiffsges. prüfen kann, ob durch die Bestellung des Nießbrauchs eine Verpflichtung zur Bestellung des Nießbrauchs am ganzen Vermögen des Eigentümers erfüllt ist.

Handelt es sich um den Nießbrauch an einer Erbschaft, dann genügt es, um nachzuweisen, daß eine Verpflichtung hierzu besteht, wenn die Verfügung von Todes wegen und die Niederschrift über die Eröffnung vorgelegt wird. Auch bei einem privatschriftlichen Testament bedarf es nicht der Vorlage eines Erbscheins.

Eine Eintragung des Nießbrauchs an einer Hypothek ist im Schiffsregisterrecht möglich, da das Gesetz nur den Nießbrauch am Schiff einschränkt. Aus diesem Grunde ist die Bestellung eines lebenslänglichen oder zeitlichen Eigentumsrechts an einer Schiffshypothek im Schiffsregister eintragbar.

Die Bestellung eines Nießbrauchs erfolgt durch Einigung und Eintragung. Wegen der Rangverhältnisse zur Schiffshypothek vgl. § 82 Abs. 2 SchRG, wegen der Rechtsstellung des Nießbrauchers § 82 Abs. 1 SchRG. Der Nießbrauch wird in Abteilung III Sp. 1 bis 3 eingetragen (§§ 29, 36 SchRV).

1. Nießbrauch durch Bestellung unter Lebenden

a) Eintragungsantrag

..... erscheint der ..... in ..... — ausgewiesen durch ..... — und erklärt:

Ich nehme auf den Vertrag vom heutigen Tage — UrkRNr. ..... des Notars ..... in ..... Bezug und bewillige und beantrage die Eintragung des Nießbrauchs bei dem im Seeschiffsregister des Amtsgerichts ..... Band ..... Blatt-Nr. ..... verzeichneten Schiffes „(Name)" — Unterscheidungssignal: ..... —.

b) Eintragungstext

Abteilung III:

Sp. 1: (nächste fortlaufende Nr.)

Sp. 2: —

Sp. 3: Nießbrauch am Schiff in Erfüllung der Verpflichtung zur Bestellung des Nießbrauchs am ganzen Vermögen des Schiffseigentümers für den ..... in ..... Unter Bezugnahme auf den notariell beurkundeten Vertrag vom ..... — UrkRNr. ..... des Notars in ..... — und unter Bezugnahme auf die Eintragungsbewilligung vom ..... — UrkRNr. ..... in ..... eingetragen am .....

2. Nießbrauch auf Grund letztwilliger Verfügung

a) Eintragungsantrag

..... erscheint der ..... in ..... — persönlich bekannt — und erklärt:

Ich bin als Eigentümer des im Seeschiffsregister des Amtsgerichts ..... Band ..... Blatt-Nr. ..... verzeichneten Schiffes ..... (Name) — Unterscheidungssignal: ..... — auf Grund des privatschriftlichen Testaments des ..... (Name des Voreigentümers einsetzen) vom ..... am ..... eingetragen worden.

Der frühere Eigentümer, der ..... hat in seinem privatschriftlichen Testament seiner Witwe, Frau ..... geborene ..... in ..... den lebenslänglichen Nießbrauch vermacht.

Hinsichtlich des Testaments und der Eröffnungsniederschrift nehme ich auf die bei dem hiesigen Amtsgericht befindlichen Nachlaßakten ..... IV ..... Bezug.

Ich bewillige und beantrage, die Eintragung des Nießbrauchs zugunsten der Frau ..... geborene ..... in .....

Zur Löschung des Rechts genügt der Nachweis des Todes der Berechtigten. Frau ..... ist ..... Jahre alt.

Der Jahreswert der Nutzungen des Schiffes beträgt ..... DM.

b) Eintragungstext

Abteilung III:

Sp. 1: (nächste fortlaufende Nr.)

Sp. 2: —

Sp. 3: Lebenslänglicher Nießbrauch für die Witwe ..... geborene ..... in ..... auf Grund des Testaments vom ..... und unter Bezugnahme auf die Eintragungsbewilligung vom ..... Eingetragen am .....

3. Nießbrauchvertrag zur Sicherung und Tilgung einer Forderung

(hierbei ist zu berücksichtigen, daß der Nießbrauch an einem ganzen Schiff möglich ist, bei Seeschiffen aber auch an Schiffsparten und Miteigentumsanteilen, wie im letzteren Fall auch an Binnenschiffen).

§ 1

Der Schiffseigner (bzw. der Mitreeder) schuldet dem ..... in ..... ein Darlehen von DM ....., das mit ..... vom Hundert jährlich ab ..... in vierteljährlichen Nachtragsraten zu verzinsen und für beide Teile mit Halbjahresfrist nach dem Kalender kündbar ist.

§ 2

Zur Sicherung und gleichzeitig zur Kündigung der Darlehensschuld nebst ..... beantragt der Schiffseigner (Mitreeder), auf seinem im Seeschiffsregister des Amtsgerichts ..... Band ..... Blatt-Nr. ..... verzeichneten Motorschiffes ..... ein Nießbrauchsrecht für ..... in ..... einzutragen, dessen näherer Inhalt in den folgenden Bestimmungen enthalten ist.

§ 3

Der Schiffseigner (in diesem Falle nicht Mitreeder) verpflichtet sich, die vorgehenden Schiffshypotheken Abteilung III Nr. ..... von DM ..... löschen zu lassen, wenn die zugrundeliegenden Forderungen erlöschen. Er beantragt die Eintragung von Löschungsvormerkungen gem. § 58 des Gesetzes über Rechte an eingetragenen Schiffen und Schiffsbauwerken bei diesen im Range vorgehenden Hypotheken.

§ 4

Außer der gewöhnlichen Instandhaltung liegen ihm ..... auch außergewöhnliche Ausbesserungen und Erneuerungen ob.
Er ist verpflichtet, alle öffentlichen Lasten und Abgaben, die Erhaltungs- und Instandsetzungskosten des Schiffes und die Zinsen der Hypotheken zu tragen.
Er braucht jedoch zur Bestreitung der Ausgaben Aufwendungen aus eigenen Mitteln nicht zu machen, wenn die Einkünfte aus dem Schifffahrtsbetriebe nicht ausreichen.

§ 5

Die nach Abzug aller Ausgaben verbleibenden Nutzungen des Schiffes werden zunächst auf etwaige Kosten, dann auf die Zinsen und mit dem Rest auf die Hauptforderung angerechnet.

§ 6

Der Nießbrauch wird auf längstens ..... Jahre bestellt und beginnt mit dem ..... Nach Ablauf der Frist ist das Recht auf einseitigen Antrag des Schiffseigners zu löschen.
Nach Bezahlung der gesamten Schuld hat der Nießbraucher die Löschung auch vor Ablauf der Frist vom ..... zu bewilligen.

§ 7

Der Nießbraucher hat dem Schuldner und Schiffseigentümer jährlich über die Verwaltung des Schiffes bis Ende ..... des folgenden Jahres unter Vorlage aller Belege Rechnung zu legen. Die Rechnung gilt als genehmigt, soweit sie nicht binnen ..... beanstandet wird. Die Kosten dieses Vertrages und seiner Ausführungen trägt der Schiffseigentümer. Der jährliche Rohertrag des Schiffahrtsbetriebes abzüglich der öffentlichen Lasten und Abgaben und Bewirtschaftungskosten (ohne Hypothekenzinsen) wird mit DM ..... angegeben.

Unterschriften

12. Löschung eines Seeschiffes

I. Allgemeines

Zu unterscheiden ist die Löschung des Schiffes auf Antrag und die Löschung von Amts wegen.
Ein Schiff ist im Schiffsregister zu löschen (§ 17 Abs. 4 SchRO), wenn es
a) als endgültig verloren anzusehen ist oder
b) es ausbesserungsunfähig geworden ist oder
c) es das Recht zur Führung der Bundesflagge verloren hat.

Die Löschung des Schiffes bringt stets zum Ausdruck, daß das Schiff zur Zeit der Löschung rechtlich für das Schiffsregister der Bundesrepublik Deutschland nicht besteht oder nicht für lebenswürdig erachtet wird.
Ein Schiff ist als **endgütlig verloren** anzusehen, wenn es untergegangen ist. Untergang bedeutet unrettbaren Untergang oder völlige Vernichtung, also Totalverlust. Die amtlichen Feststellungen werden bei Seeunfällen durch den Spruch eines Seeamts getroffen.
An den Begriff **Ausbesserungsunfähigkeit** sind strenge Anforderungen zu stellen. Es muß sich um eine endgültige Ausbesserungsunfähigkeit handeln, die das Schiff zur Weiterverwendung von Schiffahrtszwecken völlig ungeeignet macht.
Verlust des Flaggenrechts bei Seeschiffen tritt ein, wenn die Voraussetzungen der §§ 1, 2 des Flaggenrechtsgesetzes fortfallen. Der

wichtigste Fall ist der Eigentumsübergang am Schiff oder seinen überwiegenden Anteilen an einen Ausländer entweder durch Rechtsgeschäft (Verkauf) oder kraft Gesetzes (z. B. Erbfolge).
Grundsätzlich geschieht die Löschung eines Schiffes auf Anmeldung des Eigentümers, zu der dieser verpflichtet ist (§ 18 SchRO). Der Fall der Amtslöschung wird im Anschluß an dieses Kapitel behandelt.
Geht das Schiff unter oder wird es ausbesserungsunfähig, so ist dies unverzüglich zur Eintragung anzumelden. Bei Seeschiffen ist der Schiffsmeßbrief, das Schiffszertifikat und der amtlich begl. Auszug aus dem Schiffszertifikat, bei Binnenschiffen der Schiffsbrief dem Registergericht einzureichen (§ 62 SchRO). Die Löschung des Schiffes ist aber nicht von der Vorlage der genannten Urkunden abhängig zu machen.
Die Tatsache des Untergangs oder der Ausbesserungsunfähigkeit des Schiffes sind glaubhaft zu machen. Eine eidesstattliche Versicherung kann unter Umständen genügen. Für den Fall der Abwrackung ist aber eine Bescheinigung des Abwrackunternehmens über die erfolgte Abwrackung beizubringen, in der möglichst der Kaufpreis des Wracks enthalten ist, damit die leer ausgehenden Hypothekengläubiger Gelegenheit haben, davon Kenntnis zu nehmen.
Für die Anmeldung genügt die Schriftform, da es sich hier nicht um die Anmeldung eines Rechtsverhältnisses, sondern um die Anmeldung einer Tatsache handelt. Die Form des § 37 SchRO ist daher nicht erforderlich.
Anmeldepflichtig ist der Eigentümer des Schiffes, bei Bruchteils- und Gesamthandseigentum jeder Eigentümer. Bei einer Reederei ist jeder Reeder anmeldepflichtig, daneben aber, wenn ein Korrespondentreeder bestellt ist, auch dieser. Bei einer juristischen Person oder Handelsgesellschaft sind alle vertretungsberechtigten Organe anmeldepflichtig. Wer anmeldepflichtig ist, dem kann auch das Ordnungsstrafverfahren angedroht werden (§ 19 SchRO).

II. Die einzelnen Fälle der Löschung

1. Muster für eine Anmeldung bei Untergang des Schiffes

Ich, der ..... in ..... bin als Eigentümer des .....schiffes „(Name)" — Unterscheidungssignal: ..... — im Seeschiffsregister des Amtsgerichts ..... Band ..... Blatt-Nr. ..... eingetragen.

Das Schiff ist am ..... bei ..... in der Ostsee untergegangen. Zum Beweise für die Richtigkeit dieser Angabe überreiche ich eine Ausfertigung des Spruches des Seeamts ..... vom ....., aus der sich diese Tatsache einwandfrei ergibt. Gleichzeitig versichere ich an Eides Statt, daß sich der Schiffsmeßbrief und der amtlich begl. Auszug aus dem Schiffszertifikat bei dem Untergang des Schiffes an Bord befunden haben und nicht geborgen werden konnten. Das Schiffszertifikat befindet sich bei der ..... in ..... Ich werde veranlassen, daß das Schiffszertifikat unverzüglich dem Registergericht vorgelegt wird.

Ich beantrage, die Löschung des Schiffes im Seeschiffsregister.

2. Muster für eine Anmeldung bei Ausbesserungsunfähigkeit des Schiffes

a) Anmeldung

Ich, der ..... in ..... bin als Eigentümer des .....schiffes „(Name)" — Unterscheidungssignal: ..... — eingetragen.

Das Schiff ist ausbesserungsunfähig und bei der ..... in ..... abgewrackt worden. Zum Beweise für die Richtigkeit meiner Angabe lege ich eine Abwrackbescheinigung der ..... in ..... vom ..... vor. Gleichzeitig überreiche ich den Schiffsmeßbrief, das Schiffszertifikat und den amtlich beglaubigten Auszug aus dem Schiffszertifikat.

Ich beantrage, das Schiff im Seeschiffsregister zu löschen.

b) Muster für eine Abwrackbescheinigung

Hiermit wird bescheinigt, daß das im Seeschiffsregister des Amtsgerichts ..... in Band ..... Blatt-Nr. ..... eingetragene .....schiff „(Name)" — Unterscheidungssignal: ..... —, Eigentümer: ....., in ..... bei uns wegen Ausbesserungsunfähigkeit abgewrackt worden ist.

Der Kaufpreis des Wracks beträgt ..... DM.

Wird die Löschung des Schiffes wegen Ausbesserungsunfähigkeit angemeldet, so hat das Registergericht nach § 20 SchRO die eingetragenen Hypothekengläubiger und Nießbraucher vorher anzuhören. Die Schiffsregisterordnung schreibt die Anhörung bei der Anmeldung der Löschung des Schiffes wegen Untergangs nicht vor, dennoch wird auch in diesem Falle die vorherige Anhörung der dinglich Berechtigten als allgemeiner Grundgedanke anzusehen sein.

Die Anhörung hat in der Form der formellen Löschungsankündigung zu erfolgen (§§ 20, 21 SchRO) und richtet sich an alle aus dem Schiffsregister ersichtlichen Berechtigten.

c) Muster für die Löschungsankündigung

Sie werden davon benachrichtigt, daß das Registergericht beabsichtigt, das .....schiff „(Name)" — Unterscheidungssignal: ..... —, Eigentümer: ....., in ....., eingetragen im Seeschiffsregister des Amtsgerichts ..... Band ..... Blatt-Nr. ..... wegen Ausbesserungsunfähigkeit (wegen Unterganges) zu löschen.

Zur Geltendmachung eines eventuellen Widerspruchs wird Ihnen eine Frist von drei Monaten — seit dem Tage der Zustellung dieses Schreibens — gesetzt.

Bei einem Widerspruch richtet sich das Verfahren nach § 21 SchRO. Gründet sich der Widerspruch eines dinglich Berechtigten nur darauf, daß die Schiffshypothek bestehe, so ist der Widerspruch unbegründet. Denn dieser Widerspruch ist im Falle des Untergangs oder der Ausbesserungsunfähigkeit des Schiffes unerheblich, da hier das Pfandobjekt, zum mindesten als eintragungsfähiger Gegenstand, weggefallen ist.

d) Muster für die Eintragungsverfügung

1. Eintragen in das Seeschiffsregister Nr. .....

a) **Aufschrift:**

Das Registerblatt ist wegen Unterganges — Ausbesserungsunfähigkeit des Schiffes geschlossen. Eingetragen am .....

b) **Abteilung I:**

Sp. 7: Das Schiff ist untergegangen — ausbesserungsunfähig — und daher gelöscht. Eingetragen am .....

2. Sämtliche Seiten des Registerblattes — mit Ausnahme der Aufschrift — sind rot zu durchkreuzen.
3. Schiffsmeßbrief an das Bundesamt für Schiffsvermessung in Hamburg senden — vorher die Löschung des Schiffes darauf vermerken.
4. Schiffszertifikat und amtlich begl. Auszug aus dem Schiffszertifikat mit Löschungsvermerk versehen, unbrauchbar machen und zu den Akten nehmen.
5. Nachricht an:
   a) Eigentümer,
   b) alle dingl. Berechtigten, die aus dem Register ersichtlich sind,
   c) Behörden — wie Muster Seite 3 —,
   d) evtl. Amtsgericht — Abt. Seeschiffsregister — in ..... (falls der Heimathafen des Schiffes früher ein anderer Ort war und das Unterscheidungssignal von dem Registergericht des damaligen Heimathafens zugeteilt worden ist).
6. Kartei.

7. In der Liste der Unterscheidungssignale vermerken. Das Unterscheidungssignal wird frei (nur, wenn das Unterscheidungssignal von dem Registergericht zugeteilt worden ist, bei dem das Schiff zur Zeit der Löschung eingetragen ist).
8. Kosten.
9. Akten weglegen.

3. Löschen des Schiffes wegen Verlustes des Rechts zur Führung der Bundesflagge

Hat ein Seeschiff das Recht zur Führung der Bundesflagge verloren, so muß es im Seeschiffsregister gelöscht werden. Allerdings darf seine Eintragung nur dann gelöscht werden, wenn alle eingetragenen dinglich Berechtigten auch die Löschung ihrer Rechte bewilligen (§ 20 Abs. 3 SchRO). Haben die dinglich Berechtigten nicht die Löschungsbewilligung erteilt, so kann das Schiff nicht gelöscht werden. In diesem Falle ist in Abteilung I Spalte 10 des Seeschiffsregisters nur einzutragen:

Das Schiff hat das Recht zur Führung der Bundesflagge verloren. Eingetragen am .....

Anmeldepflichtig ist der Schiffseigentümer. Die Anmeldung hat in der Form des § 37 SchRO zu erfolgen. Die angemeldeten Tatsachen sind glaubhaft zu machen (§§ 20, 17, 13 SchRO), dies wird in der Regel durch Vorlage des Kaufvertrages der Fall sein.

a) Muster für eine Anmeldung

Ich, der ....., in ..... bin als Eigentümer des .....schiffes „(Name)“ — Unterscheidungssignal: ..... — im Seeschiffsregister des Amtsgerichts ..... Band ..... Blatt-Nr. ..... eingetragen.

Ich habe das genannte Schiff an ..... in ..... verkauft. Der Erwerber ist ein Ausländer. Das Schiff hat daher das Recht zur Führung der deutschen Bundesflagge verloren.

Zum Beweise für die Richtigkeit meiner Angaben überreiche ich eine beglaubigte Abschrift des Kaufvertrages, aus der sich auch die Einigung über den Eigentumsübergang ergibt.

Außerdem überreiche ich die Löschungsbewilligung
der ..... vom ..... über die Löschung der Hypothek Abt. III Nr. ..... über ..... DM.

Ich bewillige und beantrage:

a) die Löschung der Hypothek Abteilung III Nr. ..... über ..... DM nebst Zinsen und Nebenleistungen und
b) die Löschung des Schiffes in dem genannten Seeschiffsregister.

b) Muster der Eintragungsverfügung

1. Eintragen in das Seeschiffsregister Nr. .....
   a) **Aufschrift:**
   Das Schiff hat das Recht zur Führung der Bundesflagge verloren. Das Registerblatt ist daher geschlossen. Eingetragen am .....
   b) **Abteilung I:**
   Sp. 7: Das Schiff ist gelöscht, weil es das Recht zur Führung der Bundesflagge verloren hat. Eingetragen am .....
   Sp. 10: Das Schiff hat das Recht zur Führung der Bundesflagge verloren. Eingetragen am .....
   c) **Abteilung III:**
   Sp. 7: (Nr. der zu löschenden Hypothek)
   Sp. 8: ..... DM (in Worten) Deutsche Mark gelöscht am .....
2. Eintragung in Abteilung III lfd. Nr. ..... in den Spalten 1—6 röten.
3. Registerblatt — mit Ausnahme der Aufschrift — rot durchkreuzen.
4. Schiffszertifikat und begl. Auszug aus dem Zertifikat unbrauchbar machen und zu den Akten nehmen.
5. Nachricht an:
   a) Eigentümer,
   b) Gläubiger Abt. III Nr. .....,
   c) Behörden — wie Muster Seite 3 —,
   d) Notar,
   e) evtl. das Registergericht des früheren Heimathafens, wenn dieses das Unterscheidungssignal zugeteilt hat).
6. Kartei.
7. In der Liste der Unterscheidungssignale vermerken. Das Unterscheidungssignal wird frei (nur wenn das Registergericht das Unterscheidungssignal zugeteilt hat, bei dem das Schiff zum Zeitpunkt der Löschung eingetragen war).
8. Kosten.
9. Akten weglegen.

4. Löschung eines bisher registerpflichtigen aber nunmehr nicht mehr registerfähigen Schiffes

Im Rahmen von § 3 SchRO muß das Schiff zur Seefahrt bestimmt sein. Hieraus folgt, daß Schiffe, die nicht zu diesem Zwecke verwendet werden, nicht eintragungsfähig sind. Hierunter fallen also z. B. Wohnschiffe, Wasserrestaurantschiffe, Badeanstalten oder sonstige zur Fahrt unbrauchbare Schiffe. Wird also ein im Seeschiffsregister eingetragenes Schiff nur noch als Wohnschiff oder als Wasserrestaurantschiff verwendet, so muß der Schiffseigentümer die Löschung des Schiffes im Seeschiffsregister beantragen (§§ 17, 18 SchRO).

Ist das Schiff unbelastet, so steht diesem Antrag kein Hindernis entgegen.

Ist das Schiff mit Hypotheken belastet, so müssen auch die Hypothekengläubiger die Löschung der Hypotheken bewilligen.

Der Löschungsantrag bedarf der Form des § 37 SchRO.

a) Muster für einen Antrag

Im Seeschiffsregister des Amtsgerichts ..... Band ..... Blatt-Nr. ..... bin ich als Eigentümer des .....schiffs „(Name)" — Unterscheidungssignal: ..... — eingetragen.

Das Schiff findet seit dem ..... nicht mehr die Verwendung zur Seeschiffahrt, sondern wird als Wasserrestaurantschiff verwendet und liegt im Hafen .....

Zum Beweise für die Richtigkeit dieser Angaben überreiche ich mit der Bitte um Rückgabe die Erlaubnis zur Inbetriebnahme des Wasserrestaurants der ..... vom .....

Ferner überreiche ich die Löschungsbewilligung der ..... vom ..... über die Löschung der Hypothek Abteilung III Nr. ..... über ..... DM.

Ich bewillige und beantrage:

a) die Löschung der Hypothek Abteilung III Nr. ..... über ..... DM und

b) die Löschung des Schiffes

im genannten Seeschiffsregister.

b) Muster für die Eintragungsverfügung

1. Eintragen in das Seeschiffsregister Nr. .....
   a) **Aufschrift:**
      Das Registerblatt ist wegen Löschung des Schiffes auf Antrag des Eigentümers geschlossen. Eingetragen am .....
   b) **Abteilung I:**
      Sp. 7: Das Schiff ist auf Antrag des Eigentümers gelöscht, weil die Voraussetzungen nach § 3 Schiffsregisterordnung nicht mehr gegeben sind. Eingetragen am .....
   c) **Abteilung III:**
      Sp. 7: (Nr. der zu löschenden Hypothek)
      Sp. 8: ..... (Betrag in Buchstaben) Deutsche Mark gelöscht am .....
2. Eintragung in Abteilung III unter lfd. Nr. ..... in Sp. 1—6 röten.
3. Sämtliche Blätter des Registerblattes — mit Ausnahme der Aufschrift — rot durchkreuzen.

4. Löschung des Schiffes auf dem Schiffsmeßbrief vermerken. Schiffsmeßbrief an das Bundesamt für Schiffsvermessung in Hamburg senden.
5. Schiffszertifikat und amtlich beglaubigten Auszug aus dem Schiffszertifikat mit Löschungsvermerk versehen, unbrauchbar machen und zu den Akten nehmen.
6. Nachricht an:
   — wie Muster Seite 92 —.
7. Weitere Verfügungsziffern wie Ziffer 5 bis 8 bei dem Muster Seite 92.

5. Löschung eines Schiffes wegen Übergang des Schiffes auf die öffentliche Hand

a) Bewilligung und Antrag

Ich bin im Seeschiffsregister des Amtsgerichts Kiel unter Nummer ..... als Eigentümer des Schraubenmotorschiffs ..... — Unterscheidungssignal: ..... — eingetragen.
Zur Eintragung in das Seeschiffsregister melde ich an:
Ich habe das Schiff an die Wasser- und Schiffahrtsdirektion in ..... verkauft. Die Einigung über den Übergang des Eigentums an dem Schiff ist bereits erfolgt, das Schiff ist schon abgeliefert und übergeben.
Ich bewillige und beantrage die Löschung des Schiffes im Seeschiffsregister.

....., den .....

Notarielle Unterschriftsbeglaubigung.

b) Eintragungstext

Eintragen im Seeschiffsregister Nr. .....

a) **Aufschrift:**
Das Registerblatt ist wegen Übergangs des Schiffes auf die öffentliche Hand geschlossen. Eingetragen am .....
Sp. 7: Das Schiff ist in das Eigentum der öffentlichen Hand übergegangen und daher hier gelöscht. Eingetragen am .....

6. Löschung des Schiffes von Amts wegen (§ 21 SchRO)

Der § 21 SchRO behandelt zwei Fälle der Löschung von Amts wegen, die beide von großer Wichtigkeit sind, nämlich
(1) die Eintragung eines Schiffes, die wegen Fehlens einer wesentlichen Voraussetzung unwirksam ist und
(2) die Löschung von Amts wegen, falls eine Anmeldung durch die Verpflichteten nicht durchgesetzt werden kann.
Beide Fälle werden verfahrensrechtlich gleich behandelt.

Zu (1):
Die Eintragung eines Schiffes kann wegen Fehlens einer wesentlichen Voraussetzung aus verschiedenen Gründen unzulässig sein. Die Worte „wesentliche Voraussetzung" sind streng auszulegen. Wird ein Schiff eingetragen, bei dem der Name unrichtig geschrieben ist, so ist dies nur ein Schreibversehen, das nach § 11 SchRV von Amts wegen berichtigt wird.
Eine wesentliche Voraussetzung ist dann gegeben, wenn das Schiff als solches nicht oder zu der betreffenden Zeit nicht in das Register eingetragen werden durfte. Wenn z. B. der Schiffsmeßbrief nicht vorlag und das Schiff trotzdem unter Freilassung der betreffenden Spalten der Abteilung I eingetragen wurde und sich danach herausstellt, daß es wegen zu geringem Bruttoraumgehalt zur Zeit der Eintragung nicht eintragungsfähig war, so ist die Eintragung des ganzen Schiffs wegen Fehlens einer wesentlichen Voraussetzung unzulässig geworden. Dies ist ein Fall, in dem das Registergericht nach § 21 SchRO das Schiff von Amts wegen löschen muß.
Ein weiterer Fall läge vor, wenn ein Schiff eingetragen wurde, das gar nicht für die Schiffahrt verwendet wird, sondern z. B. als Wasserrestaurant. Auch in diesem Falle müßte das Amtslöschungsverfahren durchgeführt werden.
Sehr scharf zu trennen von den oben genannten Fällen, sind die Fälle des § 56 SchRO (Amtswiderspruch).
Der Unterschied zwischen § 21 und § 56 SchRO ist der, daß der § 56 SchRO es auf eine einzelne Eintragung, der § 21 SchRO es dagegen auf das Schiff als Ganzes abstellt.

Zu (2):
Die Bestimmung des § 21 SchRO spielt in der täglichen Gerichtspraxis eine große Rolle.
Daß eine Anmeldung des Schiffsuntergangs oder der Ausbesserungsunfähigkeit oder die Anmeldung des Verlustes zur Führung der Bundesflagge vom Registergericht nicht herbeigeführt werden kann, ist häufig. Es handelt sich dabei meist um ältere Schiffe, deren Eigentümer längst verstorben sind, die bei Lebzeiten das Schiff abwracken ließen, ohne die Abwrackung anzumelden. Erfährt das Registergericht, daß das Schiff nicht mehr besteht, so muß es — abgesehen von dem besonders gelagerten Fall des § 22 SchRO — versuchen, die Eigentümer zur Anmeldung der Löschung aufzufordern. Dieser Versuch scheitert häufig in der Praxis (Eigentümer verstorben, Wohnsitz des Eigentümers läßt sich nicht ermitteln).

a) Das Registergericht hat den **Eigentümer und die aus dem Register ersichtlichen Berechtigten** entsprechend § 20 SchRO von der beabsichtigten Löschung **zu benachrichtigen** und ihnen zur Geltendmachung eines Widerspruchs eine angemessene Frist, die mindestens drei Monate betragen muß, zu bestimmen. Sind die betreffenden Personen nicht bekannt, oder läßt sich ihr Aufenthalt nicht ermitteln, so muß diese Benachrichtigung mit der Fristbestimmung wenigstens einmal in eine Tageszeitung und in einem Schifffahrtsblatt eingerückt werden und bei Untunlichkeit an die Gerichtstafel geheftet werden.

Das Verfahren wird sich wie folgt abwickeln:

Muster einer Verfügung

1. Schreiben an:
   a) den Bundesverkehrsminister, Abt. Seeverkehr, in Hamburg,
   b) das Bundesamt für Schiffsvermessung in Hamburg,
   c) den Germanischen Lloyd in Hamburg,
   d) Seeberufsgenossenschaft in Hamburg:

   Im Seeschiffsregister des Amtsgerichts ..... ist unter Nr. ..... der ..... in ..... als Eigentümer des .....schiffes „(Name)" — Unterscheidungssignal: ..... — eingetragen. Nach dem Schiffsmeßbrief des ..... vom ..... sind folgende Vermessungsergebnisse festgestellt:

   — einrücken wie Abt. I des Registers —

   Es wird um Mitteilung gebeten, ob dort etwas über den Verbleib des Schiffes bekannt ist.
   Das Gericht beabsichtigt, das Schiff gemäß § 21 SchRO im Seeschiffsregister zu löschen.
2. Schreiben an:
   a) Eigentümer,
   b) dinglich Berechtigte

   zustellen.

   Sehr geehrter Herr .....!
   Das Gericht beabsichtigt, das im Seeschiffsregister des Amtsgerichts ..... Band ..... Blatt-Nr. ..... eingetragene .....schiff („Name) — Unterscheidungssignal: ..... — von Amts wegen zu löschen, da angenommen wird, daß das Schiff nicht mehr besteht. Sie werden gebeten, binnen drei Monaten zu erklären, ob Sie gegen die beabsichtigte Amtslöschung Einwendungen erheben wollen.
   (Bei den Pfandrechtsgläubigern ist noch hinzuzufügen: Das für Sie eingetragene Schiffspfandrecht würde durch die Amtslöschung gegenstandslos werden.)
3. Wiedervorlegen 3 Monate nach Zustellung.

b) Sind der Eigentümer und die dinglich Berechtigten oder deren Aufenthalt nicht bekannt, dann wäre folgende Verfügung zu treffen:

Muster einer Verfügung

1. **Folgende Bekanntmachung ist in**
   a) der ..... Zeitung,
   b) dem ..... Schiffahrtsblatt
   zu veröffentlichen:

   Bekanntmachung

   Das .....schiff „(Name)" — Unterscheidungssignal: ..... —, eingetragen im Seeschiffsregister des Amtsgerichts ..... Band ..... Blatt-Nr. ..... soll von Amts wegen gelöscht werden, weil angenommen wird, daß das Schiff nicht mehr besteht (untergegangen — abgewrackt — ist).

   Der eingetragene Eigentümer ....., in ..... und die im Seeschiffsregister eingetragenen Berechtigten werden hiermit aufgefordert, binnen drei Monaten — seit dem Tage dieser Bekanntmachung — einen etwaigen Widerspruch gegen die beabsichtigte Amtslöschung bei dem unterzeichneten Gericht geltend zu machen.

   Nach fruchtlosem Ablauf der Frist wird die Amtslöschung durchgeführt werden.

   ....., den .....
   Das Amtsgericht

2. Wiedervorlegen 3 Monate nach der letzten Veröffentlichung (evtl. Aushang nach 3 Monaten von der Gerichtstafel abnehmen und mit Aushang nach 3 Monaten vorlegen).

c) Ist kein Widerspruch erhoben, so ist folgende Verfügung zu treffen:

Muster einer Verfügung

1. Eintragen in das Seeschiffsregister Nr. .....
   a) **Aufschrift:**
   Das Registerblatt ist wegen Löschung des Schiffes nach § 21 der Schiffsregisterordnung geschlossen. Eingetragen am .....
   b) **Abteilung I:**
   Sp. 7: Das Schiff ist gemäß § 21 Schiffsregisterordnung von Amts wegen gelöscht. Eingetragen am .....
2. Sämtliche Seiten des Registerblattes — mit Ausnahme der Aufschrift — rot durchkreuzen.
3. (Falls die Schiffspapiere vorliegen):
   a) Eintragung auf dem Schiffsmeßbrief vermerken. Schiffsmeßbrief an das Bundesamt für Schiffsvermessung in Hamburg senden.

b) Eintragung auf dem Schiffszertifikat und dem amtlich begl. Auszug aus dem Schiffszertifikat vermerken, diese unbrauchbar machen und zu den Akten nehmen.

4. (falls Eigentümer und Berechtigte bekannt sind):
Nachricht an:
a) Eigentümer (s. oben Vermerk in der Klammer),
b) Berechtigte (s. oben Vermerk in der Klammer),
c) Behörden wie Muster Seite 3 (in jedem Falle).
5. Kartei.
6. In der Liste der Unterscheidungssignale vermerken. Das Unterscheidungssignal wird frei. ((Ist das Unterscheidungssignal von einem anderen Registergericht zugeteilt worden, so ist dieses Gericht von der Löschung des Schiffes zu benachrichtigen.)
7. Weglegen.

7. Löschung des Schiffes von Amts wegen nach § 22 SchRO

Verhältnismäßig einfach gestaltet sich das Verfahren der Amtslöschung, wenn seit 30 Jahren keine Eintragung im Schiffsregister erfolgt ist und nach Anhörung der Schiffahrtsbehörden anzunehmen ist, daß das Schiff nicht mehr vorhanden oder nicht mehr zu Schiffahrtszwecken verwendbar ist (unter Schiffahrtsbehörde im Sinne des § 22 SchRO ist bei Seeschiffen das Bundesamt für Schiffsvermessung, darüber hinaus auch die Seeberufsgenossenschaft in Hamburg und bei Binnenschiffen das Wasserstraßenamt — Schiffseichamt — zu verstehen). Ist seit 30 Jahren keine Eintragung im Schiffsregister mehr erfolgt, so hat das Registergericht, wenn weder eine Hypothek noch ein Nießbrauch an dem Schiff eingetragen ist, die Eintragung des Schiffs von Amts wegen zu löschen, ohne daß es des Verfahrens nach § 21 SchRO bedarf. Bei unbelasteten Schiffen braucht also der Schiffseigentümer nicht von der beabsichtigten Amtslöschung benachrichtigt zu werden.

Ist jedoch eine Schiffshypothek oder ein Nießbrauch eingetragen, so muß auch in diesem Falle das Verfahren nach § 21 SchRO durchgeführt werden. Es wird insoweit auf den Abschnitt Löschung von Amts wegen nach § 21 SchRO verwiesen (Seite 94).

Das Bestehen eines seerechtlichen Schiffspartenpfandrechts zwingt das Registergericht nicht, das Verfahren nach § 22 SchRO aufzugeben. Dieses Pfandrecht ist keine Hypothek und in vieler Hinsicht völlig anders geartet als diese.

Wenn § 22 SchRO voraussetzt, daß seit 30 Jahren keine Eintragung im Schiffsregister erfolgt ist, so ist dies streng auszulegen. Es ist jede, auch die geringfügigste Eintragung darunter zu verstehen, gleichgültig, ob diese auf Antrag oder von Amts wegen erfolgt ist. Dazu gehören auch Löschungen.

Auch im Falle der Löschung nach § 22 SchRO findet nur eine Löschung des Schiffs, nicht aber eine Löschung von Hypotheken oder eines Nießbrauchs statt. Letztgenannte Rechte können nur gelöscht werden, wenn dem Registergericht entsprechende Löschungsbewilligungen und Anträge vorliegen.

Muster für die Eintragungsverfügung

1. Eintragen in das Seeschiffsregister Nr. .....
   a) **Aufschrift:**
   Das Registerblatt ist wegen Löschung des Schiffes nach § 22 Schiffsregisterordnung geschlossen. Eingetragen am .....
   b) **Abteilung I:**
   Sp. 7: Das Schiff ist gemäß § 22 Schiffsregisterordnung von Amts wegen gelöscht. Eingetragen am .....
2. Sämtliche Seiten des Registerblattes — mit Ausnahme der Aufschrift — rot durchkreuzen.
3. (Falls die Schiffspapiere vorliegen):
   Eintragung auf dem Schiffsmeßbrief vermerken. Schiffsmeßbrief an das Bundesamt für Schiffsvermessung in Hamburg senden.
   Eintragung auf dem Schiffszertifikat und dem amtlich begl. Auszug aus dem Schiffszertifikat vermerken. Diese Schiffspapiere unbrauchbar machen und zu den Akten nehmen.
4. Nachricht an:
   a) Eigentümer, (falls diese bekannt sind)
   b) Berechtigte,
   c) Behörden wie Muster Seite 3.
5. Kartei.
6. In der Liste der Unterscheidungssignale vermerken. Das Unterscheidungssignal wird frei. (Ist das Unterscheidungssignal von einem anderen Registergericht zugeteilt worden, so ist diesem Registergericht eine Löschungsnachricht zu übersenden.)
7. Weglegen.

8. Löschung eines Schiffes im Falle einer Doppelbuchung

Bei der Durchsicht der Schiffsregisterblätter kann es sich herausstellen, daß dasselbe Schiff auf zwei verschiedenen Registerblättern eingetragen ist. Die Identität des Schiffes muß eindeutig klar sein. Doppelbuchungen von Schiffen müssen aus Gründen der Rechtssicherheit, insbesondere auch im Interesse des Schiffskredits, unter allen Umständen vermieden werden.

Der Gesetzgeber hat keine Rechtsnormen für die Behandlung dieses Falles gegeben. Es fehlt also an besonderen Verfahrensvorschriften. Es muß demnach davon ausgegangen werden, daß das Registergericht hier volle Freiheit für die Behandlung und Beseitigung der Doppelbuchung hat.
Die beabsichtigte Löschung wird jedoch immer dem Schiffseigentümer und den aus dem Register ersichtlichen dinglichen Berechtigten unter Bestimmung einer Frist für die Geltendmachung eines Widerspruchs mitgeteilt werden müssen. Die Frist wird in diesen Fällen kürzer bemessen werden können (also nicht 3 Monate). Welches Registerblatt das Registergericht löschen will, wird von der Sachlage abhängen. Man wird das Registerblatt bestehen lassen, auf dem der richtige Schiffseigentümer eingetragen ist.

Eintragungsmuster

1. Eintragen in das Seeschiffsregister Nr. .....
   a) **Aufschrift:**
      Das Registerblatt ist wegen Doppelbuchung geschlossen. Eingetragen am .....
   b) **Abteilung I:**
      Sp. 7: Das Schiff ist wegen Doppelbuchung gelöscht. Eingetragen am .....
2. Sämtliche Seiten des Registerblattes — mit Ausnahme der Aufschrift — rot durchkreuzen.

Im übrigen weitere Verfügungsziffern wie im Muster Seite 99.

ZWEITER TEIL

Schiffshypotheken, Verfügungsbeschränkung nach § 34 Schiffsbankgesesz, Löschungsvormerkung (§ 58 SchG)

I. Gesetzliche Grundlagen

a) Gesetz über Rechte an eingetragenen Schiffen und Schiffsbauwerken vom 15. 11. 1940 — RGBl. I, S. 1499 — (Schiffsgesetz),
b) Schiffsregisterordnung vom 26. 5. 1951 — BGBl. I, S. 360 —,
c) Gesetz über Schiffspfandbriefbanken (Schiffsbankgesetz) vom 8. 5. 1963 — BGBl. I, S. 302 —,
d) Gesetz über Maßnahmen auf dem Gebiete des Grundbuchwesens (Bereinigungsgesetz) vom 20. 12. 1963 — BGBl. I, S. 986 —.

II. Allgemeines zur Schiffshypothek

1. Grundsatz

Im Schiffsregisterrecht gibt es nur die Hypothek in Form einer Sicherungshypothek des Grundstücksrechts, also nicht die Verkehrshypothek. Das Recht des Gläubigers bestimmt sich nur nach der dadurch gesicherten Forderung. Die Schiffshypothek ist stets eine Buchhypothek und kann auch in der Form einer Gesamthypothek bestellt werden. Die Gesamthypothek darf aber nur auf Schiffen lasten. Eine Belastung von Schiffen und gleichzeitige Belastung von Grundstücken ist nicht möglich.
Eine Schiffshypothek kann auch für eine zukünftige und bedingte Forderung bestellt werden. Dagegen können Forderungen auf Leistung von Diensten oder Sachen nicht Gegenstand der Hypothek sein. Für dieselbe Forderung kann nur eine Hypothek bestellt werden. Mehrere Forderungen des gleichen Gläubigers können durch eine Hypothek gesichert werden.
In der Eintragungsbewilligung muß der Schuldgrund (das Schuldverhältnis), aus dem die Forderung entstanden ist oder entstehen soll, zweifelsfrei angegeben werden.

Die Bestellung und Eintragung von Einzelhypotheken für denselben Gläubiger auf verschiedenen Schiffen für verschiedene Teilbeträge derselben Forderung ist zulässig.

Die Schiffshypothek hat als Sicherungshypothek verschiedene Erscheinungsformen. Die gewöhnliche Sicherungshypothek wie sie in § 8 Schiffsges. ausgebildet ist. Dies ist die weitaus häufigste Form. Daneben kommt aber in der Praxis sehr häufig die Höchstbetragsschiffshypothek des § 75 Schiffsges. vor. Beide Formen können in die jeweils andere Form umgewandelt werden.

Nicht gerade selten erscheinen auch die auf der Zwangsvollstrekkung in das Schiff oder mit ihr irgendwie in Verbindung stehenden Schiffshypotheken wie z. B. die Arresthypothek, die Zwangshypothek am Schiff, Sicherungshypothek des Inhabers der Schiffsbauwerft, Sicherungshypothek gemäß § 847 a ZPO, Sicherungshypothek für eine Forderung gegen den Ersteher.

Diese Hypotheken sind, obwohl sie verschiedenen Zwecken dienen, stets Sicherungshypotheken.

2. Höchstbetragsschiffshypothek

Die Höchstbetragsschiffshypothek ist eine Hypothek, bei der nur der Höchstbetrag der Forderung, für die das Schiff haften soll, bestimmt, im übrigen aber die Feststellung der Forderung vorbehalten wird (§ 75 Schiffsges.). Diese Form ist dann üblich, wenn es sich um die Sicherung bedingter oder noch nicht im einzelnen der Höhe nach feststellbarer Forderungen handelt. Sie ist auch üblich zur Sicherung der durch die Schiffshypothek nicht gedeckten Ansprüche oder zur Sicherung sonstiger Nebenforderungen. Sie tritt dann neben der Hypothek als ergänzende Sicherung der Ansprüche des Gläubigers.

Der Höchstbetrag muß in das Schiffsregister eingetragen, der Schuldgrund kann dagegen durch Bezugnahme auf die Eintragungsbewilligung eingetragen werden. Die zugrunde liegende Forderung kann verzinslich sein. Wenn sie verzinslich ist, werden die Zinsen in den Höchstbetrag eingerechnet. Aus diesem Grunde ist die Verzinslichkeit und der Zinssatz bei einer Höchstbetragsschiffshypothek nicht eintragungsfähig.

Eintragung der Zwangsvollstreckungsklausel bei Höchstbetragshypotheken

Es wird daran festgehalten, daß die dingliche Unterwerfungsklausel bei einer Höchstbetragshypothek mangels Bestimmtheit der Forderung regelmäßig nicht zulässig und eintragungsfähig ist.

Ist innerhalb des vereinbarten Höchstbetrages ein Teilbetrag der Forderung bereits bestimmt, so kann für diesen Teilbetrag, nicht aber wegen des vollen Höchstbetrages, die dingliche Unterwerfungsklausel eingetragen werden (BayOblG., Beschluß vom 10. 9. 1954, NJW 1954, 1808).

3. Gesamtschiffshypothek

Eine Gesamtschiffshypothek ist dann gegeben,

a) wenn für die Forderung eine Schiffshypothek an mehreren Schiffen, oder

b) an mehreren Anteilen eines Schiffes besteht. In diesem Falle muß es sich aber um Anteile eines Miteigentümers handeln, denn nur solche können nach § 8 Abs. 3 Schiffsges. mit einer Schiffshypothek belastet werden.

Die Gesamtschiffshypothek ist auf sämtlichen für sie verpfändeten Schiffe einzutragen (§ 52 SchRO). Des Wortes „Gesamtschiffshypothek" bedarf es nicht.

Soll die Gesamtschiffshypothek auf verschiedenen Registerblättern unter Beteiligung mehrerer Registergerichte eingetragen werden, so gestaltet sich diese Sachlage etwas schwieriger. In diesem Falle muß das Registergericht, bei dem die Eintragungsunterlagen eingereicht werden, bei dem auswärtigen Registergericht anfragen, ob das andere Schiff dort unter der genannten Blattnummer noch eingetragen ist. Wird dies bestätigt, dann kann die Gesamthypothek von dem erstgenannten Registergericht als Gesamtschiffshypothek unter Angabe des anderen mithaftenden Schiffes eingetragen werden.

4. Hypotheken in ausländischer Währung

Wird für eine Forderung, die in ausländischer Währung zu zahlen ist, eine Schiffshypothek in das Schiffsregister eingetragen, so kann der Geldbetrag der Forderung und etwaiger Nebenleistungen oder der Höchstbetrag bis zu dem das Schiff haften soll, in ausländischer

Währung angegeben werden. Dasselbe gilt für die Eintragung einer Schiffshypothek in das Schiffsbauregister (Artikel III des Gesetzes zur Änderung und Ergänzung des Schiffsbankgesetzes vom 8. 5. 1963 — BGBl. I, S. 293 —).

Diese Bestimmung besagt nicht, ob auf Grund des Währungsgesetzes die Eintragung der Schiffshypothek in ausländischer Währung von der vorherigen Vorlage einer Genehmigung der Deutschen Bundesbank (Landeszentralbank) abhängig zu machen ist. Nach § 3 Satz 1 des Währungsgesetzes dürfen Geldschulden nur mit Genehmigung der für die Erteilung von Devisengenehmigungen zuständigen Stelle in einer anderen Währung als in Deutscher Mark eingegangen werden. Diese Bestimmung findet nach § 49 des Außenwirtschaftsgesetzes vom 28. 4. 1961 — BGBl. I, S. 481 — auf Rechtsgeschäfte zwischen Gebietsansässigen (Bürgern der Bundesrepublik) und Gebietsfremden (Ausländern) keine Anwendung.

Für die Eintragung von Hypotheken in ausländischer Währung ist demnach unter der Voraussetzung des § 49 Außenwirtschaftsgesetz eine Genehmigung zur Eintragung von Schiffshypotheken in ausländischer Währung nicht erforderlich.

5. Belastung von Schiffsparten mit Hypotheken

An Schiffsparten kann eine Hypothek nicht bestellt werden. Geht eine derartige Bewilligung beim Schiffsregistergericht ein, so muß der Antrag — ohne vorherige Zwischenverfügung — kostenpflichtig zurückgewiesen werden, da es sich um eine Belastung handelt, die nicht eintragungsfähig ist und der Mangel nicht geheilt werden kann.

6. Bestellung einer Schiffshypothek durch den Korrespondentreeder

Ist ein Korrespondentreeder zur Belastung von Schiffen nicht besonders bevollmächtigt, so erfolgt die Bestellung der Schiffshypothek durch alle Mitreeder oder ihre absolute Mehrheit, nach Kapitalanteilen gerechnet. Ist im Gesellschaftsvertrag eine andere Regelung getroffen, so ist diese Regelung maßgebend (§§ 490, 491 HGB).

7. Bestellung einer Schiffshypothek durch einen Prokuristen der Reederei

Ein Prokurist ist zur Veräußerung und Belastung von Grundstücken nur auf Grund besonderer Ermächtigung befugt (§ 49 Abs. 2 HGB). Da Schiffe oder Schiffsbauwerke weder Grundstücke noch grundstücksgleiche Rechte sind, bedarf der Reederei-Prokurist zur Veräußerung und Belastung von Schiffen und Schiffsbauwerken keiner besonderen Ermächtigung.

III. Beispiele für die Bestellung von Schiffshypotheken

1. Bestellung einer Schiffshypothek (Darlehen) mit Unterwerfungsklausel

a) Schuldurkunde

Der Erschienene erklärte folgendes zu meinem notariellen Protokoll:
Ich bin Eigentümer des Schraubenmotorschiffes ....., eingetragen im Seeschiffsregister des Amtsgerichts ..... unter Nummer .....
Ich, nachstehend Darlehensnehmer genannt, bekenne, von dem ..... in ....., nachstehend Darlehensgeber genannt, ein Darlehen in Höhe von

DM .....

— in Worten: Deutsche Mark ..... 00/100 —
empfangen zu haben.

Für dieses Darlehen gelten folgende Bedingungen:

I.

Das Darlehen ist mit ..... vom Hundert vom Tage der Eintragung in das Seeschiffsregister ab zu verzinsen und durch Abtretung von ..... vom Hundert vom Bruttofangergebnis zurückzuzahlen. Die Abtretung ist der ..... Fischer-Genossenschaft e. G. m. b. H. in ..... schriftlich anzuzeigen und darf nur mit Genehmigung des Darlehensgebers aufgehoben oder ausgesetzt werden.

Wird eine Zins- oder Tilgungsrate oder das fällig gewordene Kapital nicht binnen 2 Wochen nach Fälligkeit gezahlt, so erhöht sich der Zinssatz für den gesamten noch nicht zurückgezahlten Darlehensbetrag vom Fälligkeitstage ab bis zur Zahlung um ..... vom Hundert jährlich.

Für den gesamten Darlehensbetrag sind vom Darlehensnehmer Dreimonatsakzepte zu geben. Diese werden bei Fälligkeit bei Einhaltung der vereinbarten Abzahlungsraten durch den Darlehensgeber eingelöst und nach Abzug der Tilgungsbeträge jeweils um drei weitere Monate verlängert. Die Prolongationswechsel sind dem Darlehensgeber auf Anforderung sofort, spätestens jedoch 14 Tage vor Fälligkeit zur Verfügung zu stellen.

Erfüllungsort aus dem Darlehensverhältnis ist .....

II.

Der Darlehensnehmer kann das Darlehen vom Tage der Auszahlung an gerechnet mit dreimonatiger Frist kündigen und ganz oder teilweise in bar zurückzahlen.

III.

Der Darlehensgeber kann das Darlehen sofort kündigen, wenn:

1. über das beliehene Schiff die Zwangsvollstreckung angeordnet wird,
2. der Darlehensnehmer oder der Eigentümer seine Zahlungen einstellt oder in Konkurs gerät, es sei denn, daß die Zahlungseinstellung alsbald zur Eröffnung des Vergleichsverfahrens führt,
3. das beliehene Schiff ohne Genehmigung des Darlehensgebers ganz oder teilweise veräußert wird, seine Zweckbestimmung verändert oder sein Heimathafen in das Ausland verlegt wird,
4. den Regeln einer ordnungsmäßigen Wirtschaft zuwider der Zustand des Schiffes verschlechtert oder Zubehörteile vom Schiff entfernt werden,
5. der Darlehensnehmer das Darlehen nicht zu dem von ihm angegebenen Zweck verwendet oder dieses dem Darlehensgeber auf Verlangen nicht ordnungsmäßig innerhalb einer Woche nachweist oder aber der Darlehensnehmer ohne Genehmigung des Darlehensgebers Umbauten oder Reparaturen an dem Schiff vornimmt,
6. der Darlehensnehmer oder der von ihm bestellte Schiffsführer dem Darlehensgeber nicht von dem nächsten mit Telegrafenverbindung versehenen Ort über jeden Unfall, Beschlagnahme jeder Art in Friedens- und Kriegszeiten, Verbodmung, Havarie, Bergung sowie jedwede Hilfeleistung dritter Personen und über jedes das Schiff betreffende gerichtliche Verfahren binnen 48 Stunden nach Kenntnis telegrafisch Nachricht gibt,
7. der Darlehensnehmer dem Darlehensgeber nicht binnen zwei Wochen nach Aufforderung nachweist, daß die Forderungen sämtlicher gesetzlicher Schiffsgläubiger bezahlt sind,
8. das Schiff die ihm erteilte Klasse verloren hat oder ihm der Verlust der Klasse angedroht wird,
9. das Schiff Totalverlust erleidet oder im Schiffsregister gelöscht wird,
10. es sich herausstellt, daß der Darlehensnehmer entgegen der Eintragung im Schiffsregister nicht Eigentümer des Schiffes ist oder sein Eigentum bestritten wird oder das beliehene Schiff seiner Verfügung entzogen wird,
11. der vereinbarte Rang oder die Rechtsgültigkeit der für den Darlehnsgeber an dem Schiff bestellten Hypothek bestritten wird,

12. es sich herausstellt, daß der Darlehensnehmer oder sein Beauftragter in den Verhandlungen oder bei Hingabe des Darlehns dem Darlehensgeber falsche Angaben gemacht hat,
13. der Darlehensnehmer, sofern er eine Gesellschaft oder Partenreederei ist, in Liquidation tritt,
14. der Darlehensnehmer die ihm nach diesem Vertrag obliegenden Verpflichtungen verletzt.

Außerdem kann der Darlehensgeber das Darlehen mit dreimonatiger Frist kündigen, wenn er dem Darlehensnehmer gleichzeitig ein Umschuldungsangebot macht.

IV.

Der Darlehensnehmer verpflichtet sich, folgende Vorschriften zu erfüllen:

1. Das Schiff, auf das sich die nachstehende Hypothek erstreckt, ist ordnungsmäßig und ausreichend zum vollen Wert gegen alle Gefahren einschließlich sämtlicher üblichen Zusatzklauseln versichert zu halten.
2. Der Darlehensgeber ist berechtigt, die Versicherung des Schiffes auf Kosten des Darlehensnehmers gegen alle durch den Versicherungsschein ggfls. ausgeschlossenen Schäden und Gefahren zu decken.
3. Der Darlehensgeber ist verpflichtet, gem. § 11 des Schiffsbankgesetzes in der Bekanntmachung der Fassung vom 8. 5. 1963 die Beleihung den Versicherungen anzuzeigen. Die Schiffshypothek des Darlehensgebers erstreckt sich auf die Versicherungsforderung. Der Darlehensnehmer muß nachweisen, daß die Versicherer sich verpflichtet haben, dem Darlehensgeber gegenüber Einwendungen auf Grund § 38 Abs. 2 Nr. 2 des Gesetzes über Rechte an eingetragenen Schiffen und Schiffsbauwerken vom 15. 11. 1940 nicht zu erheben. Der Darlehensnehmer muß ferner nachweisen, daß die Versicherung sich darauf erstreckt, daß das beliehene Schiff Freiheit hat, von dem angegebenen oder üblichen Reiseweg abzuweichen gegen Zuschlagprämie nach Billigkeit.
4. Der Darlehensnehmer verpflichtet sich, den mit der Hypothekenklausel versehenen Versicherungsschein beim Darlehensgeber zu hinterlegen, die Prämien rechtzeitig zu zahlen, die Quittungen über die bezahlten Prämien dem Darlehensgeber auf Verlangen vorzulegen, die Versicherung rechtzeitig zu verlängern oder zu erneuern und hierfür dem Darlehensgeber spätestens 14 Tage vor Ablauf der alten Versicherung unaufgefordert einen Nachweis zu erbringen.
5. Während der Laufzeit des Darlehens darf das beliehene Schiff weder Konterbande fahren, noch Blockade brechen, noch Gewässer befahren, für welche die Versicherung des Schiffes keine volle Deckung gewährt.
6. Der Darlehensgeber ist berechtigt, sofern seine Aufforderungen seitens des Darlehensnehmers nicht ausreichend erfüllt werden, auf

seine Kosten sein Risiko oder das Schiff nach seinem Gutdünken zu versichern.

7. Der Darlehensnehmer ist verpflichtet, Teile des beliehenen Schiffes, die zerstört oder beschädigt sind, innerhalb einer angemessenen Frist wiederherzustellen oder zu beschaffen.
8. Der Darlehensnehmer ist verpflichtet, über den Wert und Ertrag des beliehenen Schiffes jederzeit Auskunft zu geben, die Besichtigung des Schiffes durch Beauftragte oder den Darlehensgeber zu gestatten und dem Darlehensgeber oder einer von ihm beauftragten Stelle auf Anforderung die von ihm für notwendig erachtete Einsicht in seine Vermögensverhältnisse zu verschaffen.
   Die hierdurch entstehenden Kosten trägt der Darlehensnehmer.

V.

Der Darlehensnehmer unterwirft sich wegen und in Höhe dieser Schuld von DM ..... — in Worten: Deutsche Mark ..... 00/100 — nebst Zinsen und allen sonstigen Nebenleistungen der sofortigen Zwangsvollstreckung aus dieser Urkunde ist sein gesamtes Vermögen mit der Maßgabe, daß die Zwangsvollstreckung auch gegen den jeweiligen Eigentümer des Schiffes zulässig sein soll.

VI.

Als Sicherheit für das Darlehen in Höhe von DM ..... — in Worten: Deutsche Mark ..... — nebst Zinsen und allen Nebenleistungen bestellt der Darlehensnehmer dem Darlehensgeber eine Hypothek an dem eingangs genannten Schiff und bewilligt und beantragt

die Eintragung dieser Hypothek mit den vorerwähnten Bedingungen einschließlich der Unterwerfung unter die sofortige Zwangsvollstreckung in das Seeschiffsregister und die Erteilung eines beglaubigten Auszugs aus dem Schiffsregister an den Darlehensgeber.

VII.

Der Darlehensnehmer beantragt, diese Urkunde einmal auszufertigen und dem Darlehensgeber eine vollstreckbare Ausfertigung zu erteilen.

VIII.

Sämtliche im Zusammenhang mit der Gewährung und Sicherung des Darlehens entstehende Kosten trägt der Darlehensnehmer.

b) Eintragungsverfügung

1. Eintragen in das Seeschiffsregister Nr. .....
   Abteilung III:
   Sp. 1: ..... (nächste fortlaufende Nummer).
   Sp. 2: ..... DM (Betrag in Ziffern).
   Sp. 3: ..... Deutsche Mark (Betrag in Buchstaben).

Darlehensschiffshypothek nebst vom ..... Hundert, unter Umständen ..... vom Hundert der noch bestehenden Darlehensforderung Jahreszinsen für ..... in ..... Der jeweilige Schiffseigentümer ist der sofortigen Zwangsvollstreckung unterworfen. Im übrigen unter Bezugnahme auf die Bewilligung vom ..... — UrkRNr. ..... des Notars ..... in ..... — eingetragen am .....

2. Eintragung auf dem Schiffszertifikat vermerken. Zertifikat an ..... in ..... senden. — Einschreiben gegen Rückschein.
3. Beglaubigte Registerblattabschrift fertigen und an ..... in ..... senden.
4. Nachricht an:
   a) Schiffseigentümer,
   b) Gläubiger,
   c) Notar.
5. Herrn Kostenbeamten.

2. Bestellung einer Schiffshypothek mit Unterwerfungsklausel und Rangvorbehalte zugunsten eines Privatgläubigers (Darlehensschiffshypothek)

a) Schuldurkunde

Urkundenrolle Nr. ..... für 19.....

Verhandelt

zu ....., wohin sich der Notar auf Verlangen begeben hatte am .....
Vor mir, dem unterzeichneten Notar ..... mit dem Amtssitz in ..... erschien heute der Fischermeister ....., wohnhaft in ....., ...-straße ..... ausgewiesen durch .....

Der Erschienene erklärte folgendes zu meinem notariellen Protokoll:

Ich bin Eigentümer des Schraubenmotorschiffes ....., eingetragen im Seeschiffsregister des Amtsgerichts ..... unter Nr. ..... — Unterscheidungssignal: ..... —.

Ich, nachstehend Darlehensnehmer genannt, bekenne, von dem Fabrikanten ..... in ....., nachstehend Darlehensgeber genannt, ein Darlehen in Höhe von

DM .....

— in Worten: Deutsche Mark ..... — erhalten zu haben.

Für dieses Darlehen gelten folgende Bedingungen:

I.

Das Darlehen ist mit ..... % (..... vom Hundert) vom Tage der Eintragung in das Seeschiffsregister ab zu verzinsen und durch Abtretung von 15 % (fünfzehn vom Hundert) vom Bruttofangerlös zurückzuzahlen. Die Abtretung ist der ..... Fischergenossenschaft eGmbH in ....., schriftlich angezeigt und darf nur mit Genehmigung des Darlehensgebers aufgehoben oder ausgesetzt werden.

Wird eine Zins- oder Tilgungsrate oder das fällig gewordene Kapital nicht binnen 14 Tagen nach Fälligkeit gezahlt, so erhöht sich der Zinssatz für den gesamten noch nicht zurückgezahlten Darlehensbetrag vom Fälligkeitstage ab bis zur Zahlung um ..... % (..... vom Hundert) jährlich.

Für den gesamten Darlehensbetrag sind vom Darlehensnehmer Dreimonatsakzepte zu geben. Diese werden bei Fälligkeit bei Einhaltung der vereinbarten Abzahlungsraten durch den Darlehensgeber eingelöst und nach Abzug der Tilgungsbeträge jeweils um drei weitere Monate verlängert. Die Prolongationswechsel sind dem Darlehensgeber auf Anforderung sofort, spätestens jedoch 14 Tage vor Fälligkeit zur Verfügung zu stellen.

II. bis V.

Absätze II. bis einschließlich V. wie Muster Seite .....

VI.

Als Sicherheit für das Darlehen in Höhe von DM ..... (in Worten: Deutsche Mark .....) nebst sieben vom Hundert, unter Umständen neun vom Hundert Jahreszinsen seit dem Tage der Eintragung in das Seeschiffsregister bewilligt und beantragt der Darlehensnehmer die Eintragung einer Darlehensschiffshypothek an dem im Seeschiffsregister des Amtsgerichts ..... unter Nummer ..... eingetragenen Schraubenmotorschiff ..... — Unterscheidungssignal: ..... — einschließlich der Unterwerfung unter die Zwangsvollstreckung zugunsten des Fabrikanten ..... in ..... Er beantragt ferner die Erteilung eines beglaubigten Registerauszuges an den Gläubiger.

Der Darlehensnehmer behält sich vor, im Range vor dieser einzutragenden Darlehensschiffshypothek folgende Hypotheken eintragen zu lassen und bewilligt und beantragt die Eintragung dieser Rangvorbehalte in das Seeschiffsregister:

a) DM 20 000,— (in Worten: zwanzigtausend Deutsche Mark) nebst bis zu zehn vom Hundert Jahreszinsen und Nebenleistungen für die ..... in .....,

b) DM 2 000,— (in Worten: zweitausend Deutsche Mark) Höchstbetragssicherungshypothek für ..... in .....,

c) DM 35 000,— (in Worten: Deutsche Mark fünfunddreißigtausend) nebst bis zu acht vom Hundert Zinsen und Nebenleistungen für ..... in .....,

d) DM 34 000,— (in Worten vierunddreißigtausend Deutsche Mark) nebst bis zu fünf vom Hundert Zinsen und Nebenleistungen für ..... in .....

VII.

Der Darlehensnehmer beantragt, diese Urkunde einmal für ihn auszufertigen und dem Darlehensgeber eine vollstreckbare Ausfertigung und eine beglaubigte Abschrift zu erteilen.

VIII.

Sämtliche im Zusammenhang mit der Gewährung und Sicherung des Darlehens entstehende Kosten trägt der Darlehensnehmer.
Das vorstehende Protokoll wurde dem Erschienenen vorgelesen, von ihm genehmigt und sodann von ihm und dem Notar, eigenhändig wie folgt unterschrieben.

Unterschriften

b) Eintragungsverfügung

1. Eintragen in das Seeschiffsregister Nr. .....

   Abteilung III:

   Sp. 1: 4

   Sp. 2: ..... DM

   Sp. 3: ..... Deutsche Mark Darlehensschiffshypothek nebst ..... vom Hundert, unter Umständen ..... vom Hundert Jahreszinsen seit dem Tage der Eintragung für ..... in ..... Der jeweilige Schiffseigentümer ist der sofortigen Zwangsvollstreckung unterworfen. Folgenden noch einzutragenden Hypotheken ist der Vorrang vorbehalten: .....

   a) 20 000,— DM — zwanzigtausend Deutsche Mark — nebst bis zu zehn vom Hundert Jahreszinsen und Nebenleistungen für ..... in .....,
   b) 2000,— DM — zweitausend Deutsche Mark — Höchstbetragsschiffshypothek für ..... in .....,
   c) 35 000,— DM — fünfunddreißigtausend Deutsche Mark — nebst bis zu acht vom Hundert Jahreszinsen und Nebenleistungen für ..... in ..... und
   d) 34 000,— DM — vierunddreißigtausend Deutsche Mark — nebst bis zu fünf vom Hundert Zinsen und Nebenleistungen für ..... in ..... Im übrigen unter Bezugnahme auf die Bewilligung vom ..... — UrkRNr. ..... des Notars ..... in ....., eingetragen am .....
2. Die Eintragung ist auf dem Schiffszertifikat zu vermerken. Zertifikat an ..... senden — Einschreiben (Einschreiben gegen Rückschein).
3. Beglaubigte Registerblattabschrift fertigen und an ..... senden.
4. Nachricht an:
   a) Schiffseigentümer,
   b) Gläubiger Abteilung III Nr. 4,
   c) Urkundsnotar (wenn dieser die Urkunden eingereicht hat).
5. Herrn Kostenbeamten.

3. Bestellung einer Schiffshypothek mit dem Range vor einer bereits eingetragenen Hypothek

a) Schuldurkunde

Verhandelt

zu ..... am .....

Vor mir, dem unterzeichneten Notar im Bezirk des .....

.....

in ..... erschienen heute:

1. der ....., in ..... — ausgewiesen durch .....
2. der ....., in ..... — ausgewiesen durch .....

Der Erschienene zu 1. erklärte:

Ich bin Eigentümer des im Seeschiffsregister des Amtsgerichts ..... unter Nr. ..... eingetragenen Frachtmotorschiffes ..... — Unterscheidungssignal ..... —

Ich bekenne von ..... in ..... ein Darlehen in Höhe von

DM .....

(Deutsche Mark .....) erhalten zu haben.

Dieses Darlehen ist vom ..... ab mit ..... vom Hundert in halbjährlichen, am 2. Januar und 1. Juli fälligen Beträgen zu verzinsen und frühestens am ..... rückzahlbar. Das Darlehen ist auf Verlangen der Gläubigerin sofort fällig, wenn ich mit einer Zinsrate länger als zwei Wochen im Rückstand bleibe. Im übrigen ist das Darlehen mit $^1/_4$jährlicher Frist zum Vierteljahresende kündbar.

Ich beantrage, im vorgenannten Seeschiffsregister eine Schiffshypothek in Höhe von

DM .....

(in Worten: Deutsche Mark .....) mit den erwähnten Bedingungen im Range vor der Hypothek Abteilung III Nr. ..... einzutragen.

Wegen der vorgenannten Schuld unterwerfe ich mich der sofortigen Zwangsvollstreckung, und zwar dergestalt, daß sie, soweit sie gegen das obengenannte Schiff gerichtet wird, auch gegen den jeweiligen Eigentümer des Schiffes zulässig sein soll.

Ich beantrage die Eintragung der Unterwerfungsklausel in das Seeschiffsregister.

Der Erschienene zu 2. erklärte:

In dem obengenannten Seeschiffsregister steht für mich in Abteilung III unter Nr. ..... eine Schiffshypothek in Höhe von ..... DM nebst ..... vom Hundert Jahreszinsen eingetragen. Hiermit räume ich der neuen für den ..... in ..... einzutragenden Hypothek in Höhe von DM ..... (Deutsche Mark .....) nebst ..... vom Hundert Zinsen den Vorrang ein und bewillige die Eintragung der Vorrangseinräumung im Seeschiffsregister.

Ich, der Erschienene zu 1., beantrage die Erteilung einer einfachen und einer vollstreckbaren Ausfertigung für die Gläubigerin und die Erteilung von ..... Abschriften.

Die Kosten dieser Urkunde und ihrer Vollziehung trage ich, der Erschienene zu 1.
Diese Niederschrift wurde den Erschienenen vorgelesen, von ihnen genehmigt und eigenhändig, wie folgt, unterschrieben:

Unterschriften

b) Eintragungstext

Sp. 1: .....
Sp. 2: ..... DM
Sp. 3: ..... Deutsche Mark Darlehensschiffshypothek nebst ..... vom Hundert Jahreszinsen für ..... in ..... Der jeweilige Schiffseigentümer ist der sofortigen Zwangsvollstreckung unterworfen. Im übrigen unter Bezugnahme auf die Bewilligung vom ..... — UrkRNr. ..... des Notars ..... in ..... — im Range vor der Hypothek Abteilung III Nr. ..... eingetragen am .....
Sp. 4: .....
Sp. 5: ..... DM
Sp. 6: Nebenstehende Hypothek hat der Hypothek Abteilung III Nr. ..... von ..... DM nebst ..... vom Hundert Jahreszinsen den Vorrang eingeräumt. Eingetragen am .....

4. Bestellung einer Schiffshypothek unter Ausnutzung der eingetragenen Vormerkung (Schutzvermerk) und gleichzeitige Löschung der Vormerkung soweit sie nicht durch die Hypothekenbestellung ausgenutzt wird

a) Schuldurkunde

..... erschienen heute
1. der ..... in ..... — ausgewiesen durch ..... —
2. der ..... in ..... — ausgewiesen durch ..... —
Die Erschienenen erklärten folgende Bestellung einer Schiffshypothek:
Wir, der ..... in ..... und der ..... in ..... sind zu je $^1/_2$ eingetragene Eigentümer des im Seeschiffsregister des Amtsgerichts ..... Band ..... Blatt-Nr. ..... eingetragenen Schiffes ..... — Unterscheidungssignal: ..... —.
Zugunsten der ..... in ..... bestellen wir hiermit unter Ausnutzung der in Abteilung III Nr. 3 eingetragenen Vormerkung (Schutzvermerk) an dem vorbezeichneten Schiff eine Darlehensschiffshypothek in Höhe von

DM .....

(Deutsche Mark: .....).
Wir bekennen, den Gegenwert erhalten zu haben.

Die Schiffshypothek ist vom Tage der Eintragung in das Seeschiffsregister ab mit ..... vom Hundert jährlich, in vierteljährlichen, jeweils zum Quartalsschluß nachträglich zahlbaren Raten zu verzinsen und ohne vorherige Kündigung jederzeit fällig. Wegen der vorbezeichneten Schiffshypothek unterwerfen wir uns hiermit als Gesamtschuldner der sofortigen Zwangsvollstreckung aus dieser Urkunde an dem vorgenannten Schiff in der Weise, daß die Zwangsvollstreckung gegen den jeweiligen Schiffseigentümer zulässig sein soll.
Wir, die Schiffseigentümer bewilligen und beantragen die Eintragung dieser Schiffshypothek sowie die Unterwerfung unter die sofortige Zwangsvollstreckung in das Seeschiffsregister, und zwar unter Ausnutzung der in Abteilung III unter Nr. 3 eingetragenen Vormerkung (Schutzvermerk).
Wir beantragen gleichzeitig, die Vormerkung in Abteilung III Nr. 3, soweit sie durch die vorstehende Hypothekenbestellung nicht ausgenutzt wird, also wegen der Mehrbeträge von ..... DM nebst ..... vom Hundert jährlichen Zinsen und Nebenleistungen im Seeschiffsregister zu löschen.
Wir beantragen ferner, der ..... eine vollstreckbare Ausfertigung dieser Urkunde und uns je eine einfache Ausfertigung dieser Urkunde zu erteilen.
Schließlich bewilligen und beantragen wir bei allen im Range vorgehenden Rechten eine Löschungsvormerkung gemäß § 58 des Gesetzes über Rechte an eingetragenen Schiffen und Schiffsbauwerken zugunsten des jeweiligen Gläubigers der Hypothek Abteilung III Nr. 3 einzutragen.
Sämtliche mit der Bestellung der Schiffshypothek entstehenden Kosten tragen wir, die Schiffseigentümer.
Diese Niederschrift wurde den Erschienenen vorgelesen, von ihnen genehmigt und eigenhändig, wie folgt, unterschrieben:

Unterschriften

b) Eintragungsverfügung

1. Eintragen in das Seeschiffsregister Nr. .....

   Abteilung III:

   Sp. 1: ..... (die Eintragung erfolgt bei lfd. Nr. 3)
   Sp. 2: ..... DM (der bisherige Betrag ist zu röten)
   Sp. 3: (Halbspaltig)

   ..... Deutsche Mark Darlehensschiffshypothek nebst ..... vom Hundert Jahreszinsen seit dem Tage der Eintragung für ..... in ..... Der jeweilige Schiffseigentümer ist der sofortigen Zwangsvollstreckung unterworfen. Im übrigen unter Bezugnahme auf die Bewilligung vom ..... — UrkRNr. ..... des Notars ..... in ..... — eingetragen am .....

   (Die bisherige Eintragung unter lfd. Nr. 3 [Halbspalte] ist zu röten).
   Sp. 7: 3

Sp. 8: Vormerkung zur Sicherung des Anspruchs auf Eintragung einer Hypothek von ..... Deutsche Mark nebst bis zu ..... vom Hundert jährlichen Zinsen und Nebenleistungen gelöscht, soweit sie nicht durch die Hypothek Abteilung III Nr. 3 ausgenutzt worden ist. Eingetragen am .....

Sp. 4: 1 2

Sp. 5: ..... DM ..... DM

Sp. 6: Löschungsvormerkung gemäß § 58 des Schiffsgesetzes zugunsten des jeweiligen Gläubigers des Rechts Abteilung III Nr. 3. Eingetragen am .....

2. Eintragungen und entsprechende Rötungen auf dem Schiffszertifikat vermerken. Zertifikat an ..... senden. — Einschreiben gegen Rückschein.
3. Nachricht an:
   a) beide Schiffseigentümer,
   b) Gläubiger Abt. III Nr. 3,
   c) Notar.

5. Berichtigung hinsichtl. einer Höchstbetragsschiffshypothek (es sollte keine Höchstbetragsschiffshypothek, sondern ein Pfandrecht an einer Schiffspart eingetragen werden)

a) Erklärung

..... erschienen

1. der ..... in ..... — persönlich bekannt —,
2. der ..... in ..... — ausgewiesen durch ..... —

und erklärten:

Im Seeschiffsregister des Amtsgerichts ..... Band ..... Blatt-Nr. ..... bin ich, der Erschienene zu 1. als Eigentümer einer Halben Schiffspart an dem Schiff ..... — Unterscheidungssignal: ..... — eingetragen. In dem Kaufvertrage vom ..... — UrkRNr. ..... des Notars ..... in ..... — habe ich im § ..... die Eintragung einer Höchstbetragsschiffshypothek von 15 000,— DM (fünfzehntausend Deutsche Mark) zur Sicherung aller Ansprüche aus dem genannten Vertrage beantragt. Diese Höchstbetragsschiffshypothek ist in Abteilung III unter lfd. Nr. 4 im genannten Seeschiffsregister eingetragen worden.

Der Ausdruck Höchstbetragsschiffshypothek war falsch gewählt, es war die Eintragung eines Pfandrechts in Höhe von 15 000,— DM (fünfzehntausend Deutsche Mark) gemeint.

Wir, die Erschienenen berichtigen daher den damaligen Antrag dahingehend, daß nicht eine Höchstbetragsschiffshypothek, sondern ein Pfandrecht, lastend auf der Schiffspart des Erschienenen zu 1. zur Sicherung aller Ansprüche aus dem genannten Kaufvertrage zugunsten des ..... in ..... eingetragen werden soll.

Aus diesem Grunde bewilligen und beantragen wir die Löschung der genannten Höchstbetragsschiffshypothek in Abteilung III Nr. 4 und bewilligen und beantragen die Eintragung des genannten Pfandrechts, lastend auf der Schiffspart des Erschienenen zu 1.
Eine Benachteiligung des Pfandrechtsgläubigers tritt durch diese Maßnahme nicht ein, da nachrangige Gläubiger nicht vorhanden sind und das jetzt einzutragende Pfandrecht sich im Rangverhältnis nicht geändert hat .....

b) Eintragungsverfügung

1. Eintragen in das Seeschiffsregister Nr. .....
   Abteilung III:
   Sp. 7: 4
   Sp. 8: Fünfzehntausend Deutsche Mark gelöscht am .....
   Sp. 1: 5
   Sp. 2: —
   Sp. 3: Pfandrecht an der halben Schiffspart des ..... zur Sicherung aller Ansprüche aus dem Kaufvertrage vom ..... — UrkR-Nr. ..... des Notars ..... in ..... — bis zur Höhe von fünfzehntausend Deutsche Mark für den ..... in ..... Im übrigen unter Bezugnahme auf die Bewilligung vom ..... UrkRnr. ..... des Notars ..... in ..... eingetragen am .....
2. Eintragungen und entsprechende Rötungen auf dem Schiffszertifikat vermerken. Zertifikat an ..... senden. — Einschreiben gegen Rückschein.
3. Nachricht an:
   a) beide Schiffseigner,
   b) Berechtigte Abt. III Nr. 4 und 5,
   c) Notar.

6. Abtretung (Teilabtretung) einer Schiffshypothek

a) Bewilligung und Antrag

..... erscheint der ..... in ..... — ausgewiesen durch ..... — und erklärt:
Im Seeschiffsregister des Amtsgerichts ..... Band ..... Blatt-Nr. ..... ist in Abteilung III unter lfd. Nr. ..... für mich eine Schiffshypothek von ..... DM (..... Deutsche Mark) nebst ..... vom Hundert Jahreszinsen zur Sicherung für ein Darlehen in gleicher Höhe eingetragen.
Ich trete diese Hypothek mit der ihr zugrunde liegenden Forderung und den Zinsen seit dem ..... an den ..... in ..... ab.

(Ich trete von dieser Hypothek einen Teilbetrag von ..... DM — ..... Deutsche Mark — mit dem Range vor dem Rest an den ..... in ..... ab.)
Ich bewillige und beantrage, die Abtretung (Teilabtretung) in das genannte Seeschiffsregister einzutragen .....

b) Eintragungstext

a) für die Abtretung:
Sp. 6: Nebenstehende Hypothek ist mit der ihr zugrunde liegenden Forderung und den Zinsen seit dem ..... an den ..... in ..... abgetreten. Eingetragen am .....

b) für die Teilabtretung:
Sp. 5: ..... DM (Betrag der Teilabtretung)
Sp. 6: Von der Hypothek Abteilung III Nr. ..... ist ein Teilbetrag von ..... Deutsche Mark mit der ihr zugrundeliegenden Forderung und den Zinsen seit dem ..... mit dem Range vor dem Rest abgetreten an den ..... in ..... Unter Bezugnahme auf die Bewilligung vom ..... — UrkR-Nr. ..... des Notars ..... in ..... eingetragen am .....

In diesem Falle ist in Sp. 3 der bisherige Gläubiger nicht zu röten.

7. Abtretung (Vollabtretung) einer Schiffshypothek

a) Abtretungserklärung

Aus noch nicht rechtskräftiger Veranlagung zur Einkommenssteuer schulde ich dem Lande ....., vertreten durch den Vorsteher des Finanzamts ..... in ..... als Teilbetrag die Summe von

DM .....

(Deutsche Mark: .....).
Mir, dem ..... in ..... steht an dem im Seeschiffsregister des Amtsgerichts ..... unter Nr. ..... eingetragenen Motorschiff ..... — Unterscheidungssignal: ..... — eine in Abteilung III unter Nr. ..... eingetragene Schiffshypothek von DM ..... (Deutsche Mark: .....) nebst ..... vom Hundert Jahreszinsen zu. Ich trete hierdurch zur Sicherung der obengenannten Steuerschuld diese Schiffshypothek von DM ..... nebst den Zinsen von ..... vom Hundert jährlich seit dem ..... an das Land ....., vertreten durch den Vorsteher des Finanzamts ..... in ..... ab und bewillige und beantrage die Eintragung der Abtretung in das Seeschiffsregister.
Das Schiffszertifikat werde ich nachreichen. ....., den .....
Die vorstehend vor mir gefertigte Unterschrift des ....., wohnhaft in ....., ...straße ..... — persönlich bekannt — wird hiermit beglaubigt.

....., den .....
Notar

b) Eintragungstext

Abteilung III:

Sp. 4: .....

Sp. 5: ..... DM

Sp. 6: Nebenstehende Hypothek ist mit den Zinsen seit dem ..... an das Land ..... (Vorsteher des Finanzamts ..... in .....) abgetreten. Eingetragen am .....

8. Änderung der ursprünglichen Eintragung bei einer Schiffshypothek

a) Die ursprüngliche Eintragung in Abteilung III unter lfd. Nr. 1 lautet:

Sp. 1: 1

Sp. 2: 28 000,— DM

Sp. 3: Achtundzwanzigtausend Deutsche Mark Darlehen für die Kreissparkasse ....., als Kreditinstitut des Ausgleichsamtes des Kreises ..... Das Darlehen ist mit drei vom Hundert jährlich, unter Umständen bis zu zwei vom Hundert über den jeweiligen Diskontsatz der Deutschen Bundesbank, höchstens jedoch bis zu sechs vom Hundert jährlich, zu verzinsen. Der jeweilige Schiffseigentümer ist der sofortigen Zwangsvollstreckung unterworfen. Im übrigen unter Bezugnahme auf die Bewilligung vom ..... — UrkRNr. ..... des Notars ..... in ..... — eingetragen am .....

b) Urkunde über die Inhaltsänderung

Vor mir ..... erschien ..... und erklärte .....:

Ich habe am ..... zu Protokoll des amtierenden Notars — UrkRNr. ..... — eine Schuldverpflichtung in Höhe von 28 000,— DM erklärt und die Eintragung einer Schiffshypothek in das mir gehörige Motorschiff ....., eingetragen im Seeschiffsregister des Amtsgerichts ..... unter Nr. ..... beantragt. Diese Hypothek ist am ..... in Abteilung III unter Nummer 1 eingetragen worden.

Auf Verlangen der Gläubigerin bewillige und beantrage ich die Eintragung folgender Änderung dieser Hypothek in dem genannten Seeschiffsregister.

1. Gläubigerin der Hypothek und des Darlehens ist die Kreissparkasse ..... in ..... Die Worte „als Kreditinstitut des Ausgleichsamtes des Kreises .....“ fallen fort.
2. Als Zinsfuß für das Darlehen ist an Stelle von drei vom Hundert und für den Verzugsfall zwei vom Hundert über den jeweiligen Diskontsatz der Deutschen Bundesbank einzutragen: acht vom Hundert Jahreszinsen, daneben ist ein jährlicher Verwaltungskostenbeitrag von einhalb vom Hundert jährlich zu entrichten.

3. Unter Fortfall der bisherigen Bedingungen, unter welchen das Darlehen ohne Einhaltung einer Frist gekündigt werden konnte, sollen nunmehr folgende Bedingungen treten: Das Darlehen kann von der Gläubigerin ohne Einhaltung einer Frist gekündigt werden, wenn
   .....
   .....
   .....
4. Ich unterwerfe mich auch wegen der obigen Änderungen des Darlehens der sofortigen Zwangsvollstreckung aus dieser Urkunde in mein gesamtes Vermögen und in das oben bezeichnete Schiff mit der Maßgabe, daß die Zwangsvollstreckung gegen den jeweiligen Eigentümer des Schiffes zulässig ist.

Ich ermächtige den Notar, der Gläubigerin auf einseitigen Antrag ohne Nachweis der Fälligkeit eine vollstreckbare Ausfertigung dieser Urkunde zu erteilen.

Ich beantrage, diese Urkunde einmal auszufertigen und der Gläubigerin eine vollstreckbare Ausfertigung zu erteilen. Die Verhandlung wurde dem Erschienenen vorgelesen, von ihm genehmigt und wie folgt eigenhändig unterschrieben.

Unterschriften

c) Eintragungstext

Sp. 4: 1
Sp. 5: 28 000,— DM
Sp. 6: Gläubigerin nebenstehender Hypothek ist die Kreissparkasse ..... in ..... Der Zinssatz beträgt acht vom Hundert jährlich, daneben ist ein jährlicher Verwaltungskostenbeitrag von einhalb vom Hundert zu entrichten. Die sechs vom Hundert übersteigenden Jahreszinsen und Nebenleistungen gehen den Hypotheken Abteilung III Nr. 2 von ..... DM und Nr. 3 von ..... DM im Range nach. Im übrigen unter Bezugnahme auf die Bewilligung vom ..... — UrkRNr. ..... des Notars ..... — eingetragen am .....
Sp. 4: 2, 3
Sp. 5: ..... DM und ..... DM
Die sechs vom Hundert übersteigenden Zinsen und Nebenleistungen der Hypothek Abteilung III Nr. 1 gehen nebenstehenden Rechten im Range nach. Eingetragen am .....

9. Forderungsauswechslung

a) Vereinbarung

Die von uns vertretene Kommanditgesellschaft ..... in ..... — nachstehend „Erwerber“ genannt — hat das im Seeschiffsregister des Amtsgerichts ..... unter der Nummer ..... eingetragene Frachtmotorschiff ..... — Unterscheidungssignal: ..... — nachstehend „Schiff" genannt — von ..... zu Eigentum käuflich erworben.

Bei dem Schiff sind in Abteilung III folgende Darlehensschiffshypotheken eingetragen:

lfd. Nr. 1: 1 500 000,— DM Darlehensschiffshypothek nebst ..... vom Hundert Zinsen und Kosten zugunsten der ..... A, in .....,

lfd. Nr. 2: 1 800 000,— DM Darlehensschiffshypothek nebst ..... vom Hundert Zinsen und Nebenleistungen für die ..... B in .....

Die diesen Darlehensschiffshypotheken zugrunde liegenden Darlehensschulden des Voreigentümers des Schiffes sowohl gegenüber der Gläubigerin A als auch gegenüber der Gläubigerin B hat der Erwerber von der Übernahme des Schiffes an als eigene Verpflichtung sowohl gegenüber der Gläubigerin A als auch gegenüber der Gläubigerin B übernommen.

Ferner sind in Abteilung III des Seeschiffsregisters folgende Höchstbetragsschiffshypotheken eingetragen:

lfd. Nr. 3: 100 000,— DM Höchstbetragsschiffshypothek zugunsten der ..... A, in .....,

lfd. Nr. 4: 120 000,— DM Höchstbetragsschiffshypothek zugunsten der ..... B, in .....

Die Höchstbetragshypothek zu lfd. Nr. 3 diente bisher zur Sicherung aller Ansprüche, die der ..... A aus ihrer Geschäftsverbindung mit dem Voreigentümer des Schiffes zustehen, soweit diese nicht durch die Darlehensschiffshypothek zu lfd. Nr. 1 dinglich gesichert sind.

Die Höchstbetragsschiffshypothek zu lfd. Nr. 4 diente bisher zur Sicherung aller Ansprüche, die der ..... B in ..... aus ihrer Geschäftsverbindung mit dem Voreigentümer des Schiffes zustehen, soweit diese nicht durch die Darlehensschiffshypothek zu lfd. Nr. 2 dinglich gesichert sind.

Die ..... A und der Erwerber sind sich darüber einig, daß die Höchstbetragsschiffshypothek zu lfd. Nr. 3 über 100 000,— DM, und die ..... B und der Erwerber sind sich darüber einig, daß die Höchstbetragsschiffshypothek zu lfd. Nr. 4 über 120 000,— DM vom Tage der Eintragung der Forderungsauswechslung ab statt dessen sichern sollen, und zwar für jede Gläubigerin gesondert:

a) Alle Forderungen der beiden Gläubiger gegen den Erwerber, die nicht durch die Darlehensschiffshypotheken in Abteilung III unter lfd. Nr. 1 und 2 gesichert sind, insbesondere alle diejenigen Kosten, die von den Gläubigern zur Aufrechterhaltung und Sicherung der Schiffshypotheken verauslagt werden. Dazu gehören etwa entstehende Kosten aus Bewachung und Verwahrung des Pfandobjektes und die Gebühren der von den Gläubigern bevollmächtigten Rechtsanwälte oder sonstigen Auftragnehmern ohne Rücksicht auf deren Erstattungsfähigkeit einschließlich der Geldempfangsgebühren, soweit sie nicht den Rang der Hauptforderung haben. Außerdem dienen die Höchstbetragsschiffshypotheken zur Deckung von bis zu ..... vom Hundert Zinsen für die von den Gläubigern verauslagten Beträge vom Tage der Verauslagung an bis zur Erstattung.

b) Sämtliche, auch künftige und bedingte Forderungen aus jeglicher Geschäftsverbindung zwischen den Gläubigern und dem Erwerber, und zwar in der Weise, daß die Gläubiger berechtigt sind, zu gegebener Zeit nach eigenem Ermessen zu bestimmen, für welche ihrer Forderungen, die nicht bereits durch Darlehensschiffshypotheken gesichert sind, die Höchstbetragsschiffshypotheken haften sollen, im Falle, daß mehrere Höchstbetragsschiffshypotheken bestellt sind, zu bestimmen, für welche dieser Forderungen die eine und für welche die andere Höchstbetragsschiffshypothek haften soll.

Die Gläubigerin ..... A, die Gläubigerin ..... B und der Erwerber bewilligen und beantragen die Eintragung dieser Forderungsauswechslung im Seeschiffsregister einzutragen.
Der Erwerber übernimmt die Kosten dieser Urkunde sowie die damit verbundenen Kosten.
....., den .....

..... Gläubigerin A
..... Gläubigerin B
..... Erwerber

Hiermit beglaubige ich die heute vor mir gefertigten Unterschriften:
1. .....
2. .....
3. .....
— sämtlich von Person bekannt —.

....., den .....
Notar

b) Eintragungstext

Sp. 4	Sp. 5	Sp. 6
3 4	100 000,— DM 120 000,— DM	Nebenstehende Höchstbetragsschiffshypotheken dienen vom Tage der Eintragung dieser Veränderung ab zur Sicherung aller Forderungen der beiden Gläubiger gegen den jetzigen Schiffseigentümer, die nicht durch die Darlehensschiffshypotheken Abteilung III lfd. Nr. 1 und 2 gesichert sind, insbesondere alle diejenigen Kosten, die von den Gläubigern zur Aufrechterhaltung und Sicherung der Schiffshypotheken verauslagt werden. Dazu gehören etwa entstehende Kosten aus Bewachung und

Verwahrung des Pfandobjekts und die Gebühren der von den Gläubigern bevollmächtigten Rechtsanwälte oder sonstigen Auftragnehmern ohne Rücksicht auf deren Erstattungsfähigkeit einschließlich der Geldempfangsgebühren, soweit sie nicht den Rang der Hauptforderung haben. Außerdem dienen nebenstehende Posten zur Deckung von bis zu ..... vom Hundert Zinsen für die von den Gläubigern verauslagten Beträge vom Tage der Verauslagung ab bis zur Erstattung. Sämtliche, auch künftige und bedingte Forderungen aus jeglicher Geschäftsverbindung zwischen dem Schiffseigentümer und den Gläubigern nebenstehender Rechte, und zwar in der Weise, daß die Gläubiger berechtigt sind, zu gegebener Zeit nach eigenem Ermessen zu bestimmen, für welche ihrer Forderungen, die nicht bereits durch Darlehensschiffshypotheken gesichert sind, nebenstehende Rechte haften sollen, im Falle, daß mehrere Höchstbetragsschiffshypotheken bestellt sind, zu bestimmen, für welche dieser Forderungen die eine und für welche die andere Höchstbetragsschiffshypothek haften soll. Eingetragen auf Grund des Antrages vom ..... — UrkRNr. ..... des Notars ..... in ..... am .....

10. Ausnutzung der Eigentümerbefugnis nach § 57 SchiffsG

a) Bewilligung und Antrag

Im Seeschiffsregister des Amtsgerichts ..... Nummer ..... ist in Abteilung III unter Nr. 4 eine Darlehensschiffshypothek von 5000,— DM nebst ..... vom Hundert Jahreszinsen und Nebenleistungen für ..... in ..... eingetragen. Ich überreiche die Löschungsbewilligung in öffentlich beglaubigter Form vom ..... Aus dieser Löschungsbewilligung, die gleichzeitig die löschungsfähige Quittung beinhaltet, ist zu ersehen, daß die genannte Hypothek erloschen ist.

Ich schulde dem ..... in ..... ein Restkaufgeld in Höhe von 5000,— DM, das mit jährlich ..... vom Hundert zu verzinsen ist. Hierfür bestelle ich als Eigentümer des im Seeschiffsregister des Amtsgerichts ..... unter Nummer ..... eingetragenen Schiffes ..... — Unterscheidungssignal: ..... — im Range der erloschenen Hypothek Abteilung III Nr. 4 eine Schiffshypothek und bewillige und beantrage deren Eintragung in das genannte Seeschiffsregister.

b) Eintragungsverfügung

1. Eingetragen in das Seeschiffsregister Nr. .....
   Abteilung III:
   Sp. 4: 4
   Sp. 5: 5000,— DM
   Sp. 6: Die Hypothek ist erloschen. Ihren Rang nimmt die Hypothek Abteilung III Nr. 7 ein. Eingetragen am .....
   Sp. 1: 7
   Sp. 2: 5000,— DM
   Sp. 3: Fünftausend Deutsche Mark Restkaufgeld nebst ..... vom Hundert Jahreszinsen für den ..... in ..... Unter Bezugnahme auf die Eintragungsbewilligung vom ..... im Range der erloschenen Hypothek Abteilung III Nr. 4 eingetragen am .....
2. Eintragung unter lfd. Nr. 4 in den Sp. 1—3 röten.

11. Belastung eines Miteigentumsanteils (Bruchteils) eines Schiffes

a) Antrag und Bewilligung

Im Seeschiffsregister des Amtsgerichts ..... Band ..... Blatt ..... steht das .....schiff (Name) auf den Namen
a) des ..... in .....,
b) des ..... in ..... und
c) auf meinen Namen,
und zwar als Miteigentümer nach Bruchteilen zu je einem Drittel eingetragen.
Ich bekenne, von dem ..... in ..... ein Darlehen in Höhe von

DM .....

(Deutsche Mark: .....) erhalten zu haben.
zu verzinsen.
Das Darlehen ist mit ..... vom Hundert vom Tage der Eintragung ab zu verzinsen.
Unter Überreichung des Schiffszertifikats bewillige und beantrage ich hiermit, auf dem mir gehörigen Bruchteil eine Schiffshypothek in Höhe von

DM .....

(Deutsche Mark: .....) nebst ..... vom Hundert Jahreszinsen seit dem Tage der Eintragung zur Sicherung dieser Darlehensforderung für ..... in ..... einzutragen.

b) Eintragungstext

Abteilung III:
Sp. 1: (nächste fortlaufende Nummer)
Sp. 2: (Betrag in Ziffern)
Lastend auf dem ein Drittel Anteil des .....

Sp. 3: Lastend nur auf dem ein Drittel Anteil des ..... Deutsche Mark Darlehensschiffshypothek nebst vom ..... Hundert Zinsen seit dem Tage der Eintragung für den ..... in ..... Im übrigen unter Bezugnahme auf die Bewilligung vom ..... — UrkRNr. ..... des Notars ..... in ..... — eingetragen am .....

12. Verpfändung einer Hypothek

a) Bewilligung und Antrag

Im Seeschiffsregister des Amtsgerichts ..... Band ..... Blatt-Nr. ..... steht für mich in Abteilung III unter lfd. Nr. ..... eine Darlehensschiffshypothek in Höhe von DM ..... (Deutsche Mark: .....) nebst ..... vom Hundert Jahreszinsen seit dem ..... eingetragen. Von dieser Hypothek verpfände ich einen Teilbetrag von

DM .....

(Deutsche Mark: .....) mit dem Vorrang vor dem Überrest nebst den Zinsen von ..... vom Hundert seit dem ..... für eine Forderung von DM ..... (Deutsche Mark: .....) aus Lieferung von ..... gegen den ..... in .....

Ich bewillige und beantrage die Eintragung des Pfandvermerks in das genannte Seeschiffsregister auf meine Kosten.

Das Schiffszertifikat wird von dem Schiffseigentümer eingereicht werden.

b) Eintragungstext

Abteilung III:

Sp. 4: (die Nr. der Hypothek, die von der Verpfändung betroffen wird)

Sp. 5: ..... DM (in Ziffern)

Sp. 6: ..... (in Buchstaben) Deutsche Mark Teilbetrag der Hypothek lfd. Nr. ..... von ..... Deutsche Mark des ..... sind mit dem Vorrang vor dem Überrest nebst ..... vom Hundert Zinsen seit dem ..... dem ..... in ..... verpfändet für eine Forderung aus Lieferung von ..... Unter Bezugnahme auf die Bewilligung vom ..... — UrkRNr. ..... des Notars ..... in ..... — eingetragen am .....

13. Pfändung einer ganzen Schiffshypothek auf Grund eines Pfändungsbeschlusses

a) Bewilligung und Antrag

Im Seeschiffsregister des Amtsgerichts ..... Band ..... Blatt-Nr. ..... steht in Abteilung III unter Nr. ..... eine Darlehensschiffs-

hypothek nebst ..... vom Hundert Jahreszinsen für ..... in ..... eingetragen. Ich überreiche den Pfändungsbeschluß des Amtsgerichts ..... vom ..... — ..... M ..... — nach der die Schiffshypothek wegen einer Forderung von ..... DM nebst ..... vom Hundert Jahreszinsen seit dem ..... gepfändet ist.
Ich bewillige und beantrage auf Grund des Pfändungsbeschlusses die Pfändung und mich als Pfändungsgläubiger bei der genannten Schiffshypothek in das Seeschiffsregister einzutragen.

b) Eintragungstext

Abteilung III:

Sp. 1: (Nr. der gepfändeten Hypothek)
Sp. 5: Betrag der Hypothek in Ziffern.
Sp. 6: Nebenstehende Schiffshypothek ist nebst ..... vom Hundert Jahreszinsen seit dem ..... für den ..... in ..... wegen einer Forderung von ..... Deutsche Mark nebst ..... vom Hundert Jahreszinsen seit dem ..... gepfändet. Unter Bezugnahme auf den Pfändungsbeschluß des Amtsgerichts ..... vom ..... — ..... M ..... — und den Antrag vom ..... eingetragen am .....

14. Pfandrecht an einer Schiffspart

a) Bewilligung und Antrag

Ich habe bei dem ..... in ....., ...straße ..... ein Darlehen in Höhe von ..... DM aufgenommen. Das Darlehen ist mit ..... vom Hundert jährlich verzinslich und ..... Monate nach Kündigung rückzahlbar. Für diese Forderung verpfände ich die für mich im Seeschiffsregister des Amtsgerichts ..... Nummer ..... eingetragene Schiffspart und bewillige und beantrage die Eintragung des Pfandrechts in das genannte Seeschiffsregister.

b) Eintragungstext

Abteilung III:

Sp. 1: 4
Sp. 2: —
Sp. 3: Pfandrecht an der Schiffspart des ..... in ..... wegen eines Darlehens von ..... Deutsche Mark nebst ..... vom Hundert Jahreszinsen für den ..... in ..... Unter Bezugnahme auf die Eintragungsbewilligung vom ..... eingetragen am .....

15. Höchstbetragssicherungshypothek

a) Bewilligung und Antrag

Ich, der ....., in ..... bin Eigentümer des im Seeschiffsregister des Amtsgerichts ..... unter der Nummer ..... eingetragenen .....-schiffes ..... (Name) — Unterscheidungssignal: ..... —.
Ich stehe mit ..... in ..... in laufender Geschäftsverbindung. Wegen aller Forderungen und Ansprüche, die d. ..... jemals gegen mich erwerben sollte, ohne Rücksicht auf den Ursprung und den Rechtsgrund, bewillige und beantrage ich die Eintragung einer Schiffshypothek zum Höchstbetrage von

DM .....

(Deutsche Mark: .....) zugunsten d. ....., in ..... an dem genannten Schiff.

b) Eintragungstext

Abteilung III:

Sp. 1: (nächste fortlaufende Nummer)
Sp. 2: Betrag in Ziffern.
Sp. 3: ..... Deutsche Mark Höchstbetragsschiffshypothek für d. ..... in ..... Im übrigen unter Bezugnahme auf die Bewilligung vom ..... UrkRNr. ..... des Notars ..... in ..... — eingetragen am .....

16. Verpfändung einer Höchstbetragsschiffshypothek

a) Bewilligung und Antrag

Im Seeschiffsregister Nr. ..... des Amtsgerichts ..... ist auf dem im Eigentum des ..... in ..... stehenden Motorschiff ..... — Unterscheidungssignal: ..... — in Abteilung III unter Nr. ..... zu meinen Gunsten eine Höchstbetragsschiffshypothek in Höhe von

DM .....

(Deutsche Mark: .....) eingetragen.
Ich verpfände hierdurch diese Höchstbetragsschiffshypothek nebst der zugrunde liegenden Forderung gemäß § 75 des Gesetzes über Rechte an eingetragenen Schiffen und Schiffsbauwerken vom 15. 11. 1940 der ..... in ..... zur Sicherung für alle Ansprüche, die dieser aus dem Kreditverhältnis (Az.: .....) gegen mich erwachsen sind und noch erwachsen werden.
Ich bewillige und beantrage die Eintragung des Pfandvermerks in das Seeschiffsregister auf meine Kosten und beantrage, der ..... eine einfache Abschrift des Registerblattes zu übersenden. Das Schiffszertifikat wird dem Registergericht durch den Schiffseigentümer übersandt werden.

b) Eintragungstext

Sp. 4: .....

Sp. 5: ..... DM

Sp. 6: Nebenstehende Höchstbetragshypothek ist mit der zugrunde liegenden Forderung der ..... in ..... verpfändet zur Sicherung der Ansprüche aus dem Kreditverhältnis Az.: ..... Unter Bezugnahme auf die Bewilligung vom ..... eingetragen am .....

17. Bestellung einer Höchstbetragsschiffshypothek unter gleichzeitiger Löschung eines Teilbetrages bei einer vorrangigen Hypothek und unter Ausnutzung der Rangbefugnis nach § 57 Schiffsges.

a) Antrag und Bewilligung

Die Kommanditgesellschaft „.....“ in ..... ist Eigentümerin des .....schiffes (Name), eingetragen im Seeschiffsregister des Amtsgerichts ..... in Band ..... Blatt .....

Wir, die persönlich haftenden Gesellschafter der Kommanditgesellschaft bewilligen und beantragen namens der Kommanditgesellschaft zugunsten der ..... in ..... die Eintragung einer Schiffshypothek zum Höchstbetrage von

DM 400 000,—

(in Worten: Deutsche Mark vierhunderttausend) an dem genannten Schiff, und zwar unter Ausnutzung des erstrangigen Teilbetrages von 400 000,— DM der zur Zeit zugunsten der ..... in ..... an dem Schiff eingetragenen Darlehensschiffshypothek Abteilung III Nr. 4 von DM 1 285 000,—, die erloschen ist. Auf die löschungsfähige Quittung und Löschungsbewilligung der ..... in ..... vom ..... nehmen wir insoweit Bezug.

Die zugunsten der ..... in ..... neu einzutragende Höchstbetragsschiffshypothek von DM 400 000,— dient zur Sicherung aller Ansprüche, die der ..... in ..... gegenwärtig und künftig aus ihrer Geschäftsverbindung mit der Kommanditgesellschaft zustehen, und zwar in der Weise, daß die ..... in ..... berechtigt ist, zu gegebener Zeit nach eigenem Ermessen zu bestimmen, für welche ihrer Forderungen, die nicht bereits durch eine Schiffshypothek gesichert sind, die neue Höchstbetragsschiffshypothek haften soll, im Falle, daß mehrere Höchstbetragsschiffshypotheken bestellt sind, zu bestimmen, für welche dieser Forderungen diese Hypothek und für welche eine andere haften soll.

Gleichzeitig beantragen wir die Löschung des rangletzten Teilbetrages von DM 885 000,— der zugunsten der ..... in ..... am Schiff eingetragenen Darlehensschiffshypothek Abteilung III Nr. 4 von

1 285 000,— DM. Auf die löschungsfähige Quittung und Löschungsbewilligung der ..... in ..... vom ..... nehmen wir auch insoweit Bezug.

b) Eintragungsverfügung

1. Eintragen in das Seeschiffsregister Nr. .....

   Abteilung III:

   Sp. 7: 4

   Sp. 8: Achthundertfünfundachtzigtausend Deutsche Mark rangletzter Teilbetrag gelöscht am .....

   bei lfd. Nr. 4: Sp. 2: $\frac{\text{885 000,— DM}}{\text{400 000,— DM}}$

   Sp. 1: 5

   Sp. 2: 400 000,— DM

   Sp. 3: Vierhunderttausend Deutsche Mark Höchstbetragsschiffshypothek für die ..... in ..... Im Range des erloschenen Rechts Abteilung III Nr. 4 gemäß der Befugnis des Eigentümers aus § 57 Abs. 3 des Gesetzes über die Rechte an eingetragenen Schiffen und Schiffsbauwerken vom 15. November 1940 und im übrigen unter Bezugnahme auf die Bewilligung vom ..... — UrkRNr. ..... des Notars ..... in ..... — eingetragen am .....

   Sp. 4: 4

   Sp. 5: 400 000,— DM

   Sp. 6: Nebenstehendes Recht ist erloschen. Seinen Rang nimmt die Höchstbetragsschiffshypothek Abteilung III lfd. Nr. 5 ein. Eingetragen am .....
2. Eintragungen auf dem Schiffszertifikat vermerken. Schiffszertifikat an ..... in ..... senden. — Einschreiben gegen Rückschein.
3. Nachricht an:
   a) Kommanditgesellschaft (Eigentümerin),
   b) bisherige Gläubigerin Abteilung III Nr. 4,
   c) Gläubigerin Abteilung III Nr. 5,
   d) Notar.
4. Herrn Kostenbeamten.

18. Abtretung einer Höchstbetragsschiffshypothek

a) Bewilligung und Antrag

Im Seeschiffsregister des Amtsgerichts ..... Band ..... Blatt ..... — Eigentümer: ..... — steht in Abteilung III unter lfd. Nr. ..... zu unseren Gunsten eine Sicherungshypothek zum Höchstbetrage von

DM .....

(in Worten: Deutsche Mark: .....) eingetragen. Die Hypothek dient zur Sicherung unserer sämtlicher Ansprüche aus dem mit dem Schiffs-

eigentümer ....., in ..... bestehenden Kreditverhältnis. Unsere Forderung aus dem Kreditverhältnis gegen ....., die wir und der Schiffseigentümer in Höhe von DM ..... (in Worten: Deutsche Mark: .....) festgestellt haben, treten wir hierdurch mit allen Rechten und Pflichten, insbesondere mit der dafür bestellten Höchstbetragsschiffshypothek an ..... in ..... ab, bekennen den Gegenwert erhalten zu haben und bewilligen und beantragen die Umschreibung der Hypothek in gleicher Höhe im Seeschiffsregister auf den neuen Gläubiger.
Ich, der Schiffseigentümer, trete diesen Anträgen im vollen Umfange bei.

b) Eintragungstext

Sp. 4: (lfd. Nr. der betroffenen Hypothek)
Sp. 5: Betrag in Ziffern.
Sp. 6: Nebenstehende Höchstbetragsschiffshypothek ist mit der zugrunde liegenden Forderung und mit allen Rechten und Pflichten an ..... in ..... abgetreten. Im übrigen unter Bezugnahme auf die Bewilligung vom ..... UrkRNr. ..... des Notars in ..... — eingetragen am .....

19. Übertragung der Höchstbetragsschiffshypothek auf eine andere Forderung

a) Antrag und Bewilligung

Im Seeschiffsregister des Amtsgerichts in ..... Band ..... Blatt-Nr. ..... steht in Abteilung III unter lfd. Nr. ..... zugunsten des Kaufmanns ..... in ..... für deren Ansprüche aus der Geschäftsverbindung mit mir, dem unterzeichneten Schiffseigentümer ..... in ..... eine Sicherungshypothek zum Höchstbetrage von

DM .....

(in Worten: Deutsche Mark .....) eingetragen.
Wir, der Kaufmann ..... in ..... und ich der Schiffseigentümer ..... stellen hiermit fest, daß diese Hypothek zur Zeit voll in Anspruch genommen ist.
Alsdann vereinbaren wir, der Schiffseigentümer ..... und die Bank ..... in ....., daß an die Stelle der Forderung des Kaufmanns ..... in ..... die Forderung der Bank ..... in ..... wegen deren sämtlichen Ansprüchen gegen mich, den Schiffseigentümer ..... aus der Geschäftsverbindung zwischen der Bank ..... in ..... und mir, dem Schiffseigentümer ..... treten soll.
Der Kaufmann ..... in ..... stimmt dieser Erklärung zu.
Der Kaufmann ..... in ....., die Bank ..... in ..... und ich, der Schiffseigentümer ....., bewilligen und beantragen die Eintragung dieser Änderung im Seeschiffsregister.
Das Schiffszertifikat fügen wir bei.

b) Eintragungstext

Abteilung III:

Sp. 4: (Nr. der betroffenen Hypothek)

Sp. 5: Betrag in Ziffern.

Sp. 6: Nebenstehende Höchstbetragsschiffshypothek dient nunmehr zur Sicherung sämtlicher Ansprüche der Bank ..... in ..... gegen den Schiffseigentümer. Unter Bezugnahme auf die Bewilligung vom ..... — UrkRNr. ..... des Notars ..... — eingetragen am .....

20. Gesamtschiffshypothek

Die Gesamtschiffshypothek bedarf der Eintragung auf sämtlichen für sie verpfändeten Schiffe. Auf jedem Registerblatt ist nach § 52 SchRO die Mitbelastung der übrigen Registerblätter erkennbar zu machen. Des Wortes „Gesamtschiffshypothek“ bedarf es nicht. Würde die Mithaft versehentlich fortgelassen, so würde der gutgläubige Erwerber einer solchen Hypothek diese nach § 16 Schiffsges. als Einzelhypothek nur auf dem betreffenden Schiff erwerben. Gerade dieser Einzelerwerb soll aber nach dem Wesen der Gesamtschiffshypothek ausgeschlossen sein. Deshalb müssen sowohl die Registergerichte als auch die Notare auf die richtige Eintragung des Mithaftvermerks ihr besonderes Augenmerk richten.

Zur Vermeidung von Fehlern erscheint es zweckmäßig den Mithaftvermerk bei allen Schiffen in gleicher Weise zu fassen.

a) Muster für eine Schuldurkunde
(Bestellung einer Gesamtschiffshypothek
nebst Unterwerfungsklausel)

..... erschienen heute

1. der ..... in ..... — ausgewiesen durch ..... —,
2. der ..... in ..... — ausgewiesen durch ..... —

und erklärten folgendes:

Ich, der Erschienene zu 1. bin Alleineigentümer des im Seeschiffsregister des Amtsgerichts ..... unter Nr. ..... eingetragenen .....-schiffes ..... (Name) — Unterscheidungssignal: ..... — und wir, die Erschienenen zu 1. und 2., sind Miteigentümer je zur Hälfte des im Seeschiffsregister des Amtsgerichts ..... unter Nr. ..... eingetragenen .....schiffes ..... (Name) — Unterscheidungssignal: ..... —. Wir nachstehend „Darlehensnehmer“ genannt, bekennen von der ..... Bank in ....., nachstehend „Bank“ genannt, als Gesamtschuldner ein Darlehen in Höhe von

DM .....

(in Worten: Deutsche Mark: .....) erhalten zu haben.

Für dieses Darlehen gelten nachfolgende Bedingungen:

§ 1

Das Darlehen ist mit ..... vom Hundert vom Tage der Eintragung an zu verzinsen und mit ..... jährlich zu tilgen. Die Zins- und Tilgungsraten sind bis zum ..... eines jeden Jahres zu entrichten. Die erste Tilgungsrate wird am ..... zur Zahlung fällig.
Wird eine Zins- oder Tilgungsrate oder das etwa fällig gewordene Kapital nicht binnen 14 Tagen vollständig geleistet, so erhöht sich der Zinssatz für den gesamten noch nicht zurückgezahlten Darlehensbetrag vom Fälligkeitstage ab bis zur Zahlung um ..... vom Hundert jährlich.

§ 2

Der Darlehensnehmer kann das Darlehen vom Tage der Auszahlung an gerechnet mit dreimonatiger Frist kündigen und ganz oder teilweise in bar zurückzahlen.

§ 3

Die Bank kann das Darlehen mit sofortiger Wirkung kündigen, wenn

1. über das beliehene Schiff die Zwangsvollstreckung angeordnet wird,
2. der Darlehensnehmer oder der Eigentümer seine Zahlungen einstellt, oder in Konkurs gerät, es sei denn, daß die Zahlungseinstellung alsbald zur Eröffnung des Vergleichsverfahrens führt,
3. das beliehene Schiff ohne Genehmigung der Bank ganz oder zum Teil veräußert, seine Zweckbestimmung verändert oder sein Heimathafen in das Ausland verlegt wird,
4. den Regeln einer ordnungsmäßigen Wirtschaft zuwider der Zustand des Schiffes verschlechtert wird oder Zubehörteile vom Schiff entfernt werden,
5. der Darlehensnehmer die Darlehenssumme nicht zu dem von im angegebenen Zweck verwendet oder dies der Bank auf Verlangen nicht ordnungsgemäß innerhalb ..... Wochen nachweist oder aber der Darlehensnehmer ohne Genehmigung der Bank Umbauten oder Reparaturen an dem Schiff vornimmt,
6. der Darlehensnehmer oder der von ihm bestellte Schiffsführer der Bank nicht von dem nächsten mit Telegrafenverbindung versehenen Ort über jeden Unfall, Beschlagnahme jeder Art in Friedens- und Kriegszeiten, Verbodmung, Havarie, Bergung sowie jedwede Hilfeleistung dritter Personen und über jede das Schiff betreffende gerichtliche Verfahren binnen ..... nach Kenntnis telegrafisch Nachricht gibt,
7. der Darlehensnehmer nicht binnen ..... Wochen nach Aufforderung nachweist, daß die Forderungen sämtlicher gesetzlicher Schiffsgläubiger bezahlt sind,
8. das Schiff die ihm erteilte Klasse verloren hat oder ihm der Verlust der Klasse angedroht wird,

9. das Schiff Totalverlust erleidet oder im Seeschiffsregister gelöscht wird,
10. es sich herausstellt, daß der Darlehensnehmer entgegen der Eintragung im Seeschiffsregister nicht Eigentümer des Schiffes ist oder sein Eigentum bestritten wird oder das Schiff seiner Verfügung entzogen wird,
11. der vereinbarte Rang oder die Rechtsgültigkeit der für die Bank an dem Schiff bestellten Hypothek bestritten wird,
12. es sich herausstellt, daß der Darlehensnehmer oder sein Beauftragter in den Verhandlungen oder bei Hingabe des Darlehens der Bank falsche Angaben gemacht hat,
13. der Darlehensnehmer, sofern er eine Gesellschaft oder eine Partenreederei ist, in Liquidation tritt,
14. der Darlehensnehmer die ihm nach diesem Vertrage obliegenden Verpflichtungen verletzt.

Außerdem kann die Bank das Darlehen jederzeit mit ..... monatiger Frist kündigen, wenn sie

1. dem Darlehensnehmer gleichzeitig ein Umschuldungsangebot macht,
2. auf Grund veränderter Kapitalmarktverhältnisse eine Zinsregulierung für erforderlich hält.

§ 4

Der Darlehensnehmer verpflichtet sich folgende Vorschriften zu erfüllen:

1. Das Schiff, auf welches sich die nachstehend bestellte Hypothek erstreckt, ist ordnungsmäßig und ausreichend zum vollen Wert gegen alle Gefahren einschließlich sämtlicher üblichen Zusatzklauseln versichert zu halten.
2. Die Bank ist berechtigt, die Versicherung des Schiffes auf Kosten des Darlehensnehmers gegen alle durch den Versicherungsschein gegebenenfalls ausgeschlossenen Schäden und Gefahren zu decken.
3. Die Bank ist verpflichtet, die Beleihung den Versicherern anzuzeigen. Die Schiffshypothek der Bank erstreckt sich auf die Versicherungsforderung. Der Darlehensnehmer muß nachweisen, daß die Versicherer sich verpflichtet haben, der Bank gegenüber Einwendungen aufgrund des Schiffsgesetzes nicht zu erheben. Der Darlehensnehmer muß ferner nachweisen, daß die Versicherung sich darauf erstreckt, daß das beliehene Schiff Freiheit hat, von dem angegebenen oder üblichen Reiseweg abzuweichen gegen Zuschlagprämie nach Billigkeit bzw. vereinbarte Fahrtgrenzen zu überschreiten.
4. Der Darlehensnehmer verpflichtet sich, den mit der Hypothekenklausel versehenen Versicherungsschein bei der Bank zu hinterlgen, die Prämien rechtzeitig zu zahlen, die Quittungen über dic

bezahlten Prämien der Bank auf Verlangen einzureichen, die Versicherung rechtzeitig zu verlängern oder zu erneuern und hierfür der Bank spätestens ..... Tage vor Ablauf der alten Versicherung unaufgefordert einen Nachweis zu erbringen.

5. Während der Laufzeit des Darlehens darf das beliehene Schiff weder Konterbande fahren, noch Blockade brechen, noch Gewässer befahren, für welche die Versicherung des Schiffes keine volle Deckung gewährt.
6. Die Bank ist berechtigt, sofern ihre Anforderungen seitens des Darlehensnehmers nicht ausreichend erfüllt werden, auf seine Kosten ihr Risiko oder das Schiff nach ihrem Gutdünken zu versichern.
7. Der Darlehensnehmer ist verpflichtet, Teile des beliehenen Schiffes, die zerstört oder beschädigt sind, innerhalb einer angemessenen Frist wieder herzustellen oder zu beschaffen.
8. Der Darlehensnehmer ist verpflichtet, über den Wert und den Ertrag des beliehenen Schiffes jederzeit Auskunft zu geben, die Besichtigung des Schiffes durch Beauftragte der Bank zu gestatten und der Bank oder einer von ihr beauftragten Stelle auf Anfordern die von ihr für notwendig erachtete Einsicht in seine Vermögensverhältnisse zu verschaffen. Die hierdurch entstehenden Kosten trägt der Darlehensnehmer.

§ 5

Der Darlehensnehmer, und zwar jeder von ihnen als Gesamtschuldner, unterwirft sich wegen dieser Schuld der sofortigen Zwangsvollstreckung aus dieser Urkunde in sein gesamtes Vermögen mit der Maßgabe, daß die Zwangsvollstreckung in das beliehene Schiff gegen den jeweiligen Eigentümer des Schiffes zulässig sein soll.

§ 6

Als Sicherheit für das Darlehen von DM ..... (in Worten: Deutsche Mark .....) nebst Zinsen und allen Nebenleistungen bestellen die Darlehensnehmer der Bank eine Gesamtschiffshypothek von ..... DM an den eingangs genannten Schiffen ..... (Name) — Unterscheidungssignal: ..... — und ..... (Name) — Unterscheidungssignal: ..... —, und bewilligen und beantragen unwiderruflich die Eintragung dieser Gesamtschiffshypothek mit den vorerwähnten Bedingungen — mit Ausnahme der §§ ....., die nur schuldrechtliche Bedeutung haben — einschließlich der Unterwerfung unter die sofortige Zwangsvollstreckung in das Seeschiffsregister des Amtsgerichts ..... Blatt-Nr. ..... und Blatt-Nr. ..... und die Erteilung je einer beglaubigten Registerblattabschrift an die Bank.

Als Sicherheit für alle sonstigen Ansprüche, die der Bank gegen die Darlehensnehmer aus der Geschäftsverbindung mit ihnen zustehen oder noch entstehen und die nicht durch die Gesamtschiffshypothek von ..... DM dinglich gesichert sind, bestellen die Darlehensnehmer der

Bank eine Gesamt-Sicherungshypothek zum Höchstbetrage von

DM .....

(in Worten: Deutsche Mark .....) und bewilligen und beantragen die Eintragung dieser Gesamt-Sicherungshypothek in das Seeschiffsregister des Amtsgerichts ..... Band ..... Blatt-Nr. ..... und Band ..... Blatt-Nr. ..... einzutragen.

Die vorstehend bestellten Hypotheken sollen an rangbereitester Stelle eingetragen und untereinander gleichen Rang haben.

§ 7

Die Darlehensnehmer verpflichten sich gegenüber der Bank als Gläubigerin der beiden vorstehend bestellten Sicherheiten jede von ihnen löschen zu lassen, wenn und soweit die dadurch gesicherte Forderung erlischt.

Sie bewilligen und beantragen die entsprechenden Löschungsvormerkungen in das Seeschiffsregister einzutragen.

§ 8

Die Darlehensnehmer beantragen, diese Urkunde .....mal auszufertigen und der Bank eine vollstreckbare Ausfertigung zu erteilen. Die Bank ist berechtigt, sich weitere vollstreckbare Ausfertigungen jederzeit ohne Nachweis der Fälligkeit erteilen zu lassen.

§ 9

Sämtliche im Zusammenhang mit der Gewährung und Sicherung des Darlehens entstehenden Kosten tragen die Darlehensnehmer.

.....

b) Eintragungsverfügung

aa) Die zu belastenden Schiffe werden bei demselben Registergericht geführt

1. Eintragen in das Seeschiffsregister Nr. .....

   Abteilung III:

   Sp. 1: (nächste fortlaufende Nr.)

   Sp. 2: Betrag in Ziffern.

   Sp. 3: ..... Deutsche Mark Darlehensschiffshypothek nebst ..... vom Hundert, unter Umständen ..... vom Hundert Jahreszinsen seit dem Tage der Eintragung für die ..... in ..... Der jeweilige Schiffseigentümre ist der sofortigen Zwangsvollstreckung unterworfen. Im übrigen unter Bezugnahme auf die Eintragungsbewilligung vom ....., mit Ausnahme der §§ ..... (UrkRNr. ..... des Notars ..... in .....) im gleichen Range mit der Post Abteilung III Nr. ..... auf den im Seeschiffsregister des Amtsgerichts ..... unter Nummer ..... und unter Nummer ..... eingetragenen Schiffen, eingetragen am .....

(Statt der letzten Worte kann auch gesagt werden: Das im Seeschiffsregister des Amtsgerichts ..... Blatt-Nr. ..... eingetragene Schiff haftet mit. Eingetragen am .....)

Sp. 1: (nächste fortlaufende Nummer)

Sp. 2: Betrag in Ziffern.

Sp. 3: ..... Deutsche Mark Höchstbetragsschiffshypothek für die ..... in ..... Unter Bezugnahme auf die Bewilligung vom ..... — UrkRNr. ..... des Notars ..... in ..... — im gleichen Range mit der Post Abteilung III Nr. ..... auf dem im Seeschiffsregister des Amtsgerichts ..... unter Nummer ..... und unter Nummer ..... eingetragenen Schiffen eingetragen am .....

(Auch hier kann statt der letzten Worte gesagt werden: Das im Seeschiffsregister des Amtsgerichts ..... Blatt-Nr. ..... eingetragene Schiff haftet mit. Eingetragen am .....)

Sp. 4: (Nr. der Darlehensschiffshypothek)

Sp. 5: Betrag in Ziffern.

Sp. 6: Löschungsvormerkung gemäß § 58 des Schiffsgesetzes zugunsten der ..... in ..... Eingetragen am .....

Sp. 4: (Nr. der Höchstbetragsschiffshypothek)

Sp. 5: Betrag in Ziffern.

Sp. 6: Löschungsvormerkung gemäß § 58 des Schiffsgesetzes zugunsten der ..... in ..... Eingetragen am .....

2. Eintragungen auf dem Schiffszertifikat vermerken. Schiffszertifikat an ..... senden. — Einschreiben gegen Rückschein.
3. Beglaubigte Registerblattabschrift fertigen und an die ..... in ..... senden.
4. Nachricht an:
   a) Schiffseigentümer,
   b) Gläubigerin Abt. III Nr. ..... und Nr. .....,
   c) Amtsgericht ..... zu SSR .....,
   d) Notar .....
5. Beglaubigte Abschrift der Schuldurkunde (Hypothekenbestellungsurkunde fertigen) und der Eintragungsnachricht zu Ziffer 4 c) beifügen.
5. Herrn Kostenbeamten.

Die Eintragungsverfügung bei dem mithaftenden Schiff entspricht dem obigen Muster.

bb) Die zu belastenden Schiffe werden bei verschiedenen Registergerichten geführt

In diesem Falle muß das Registergericht bei dem auswärtigen Registergericht erst anfragen, ob das andere Schiff dort unter der angegebenen Blattnummer noch eingetragen ist.

(1) Muster einer Anfrage bei dem zweiten Registergericht

An das
Amtsgericht — Abt. Seeschiffsregister —
in .....
zu SSR .....

Bei dem im hiesigen Seeschiffsregister unter Nr. ..... eingetragenen .....schiff (Name) soll eine Darlehensschiffshypothek von ..... DM nebst ..... Zinsen und Nebenleistungen und eine Höchstbetragsschiffshypothek von ..... DM eingetragen werden, für die das angeblich im dortigen Seeschiffsregister unter Nr. ..... eingetragene Schiff (Name) — Unterscheidungssignal: ..... — mithaften soll. Es wird um möglichst umgehende Bestätigung gebeten, daß das letztgenannte Schiff im dortigen Seeschiffsregister unter der angegebenen Nummer noch eingetragen ist.

Als Eigentümer des dort verzeichneten Schiffes sollen nach den hier vorliegenden Eintragungsunterlagen der ..... in ..... und der ..... in ..... als Miteigentümer je zur Hälfte eingetragen sein.

Bestätigt das auswärtige Gericht, daß das mithaftende Schiff noch im dortigen Seeschiffsregister unter der angegebenen Nummer und mit den genannten Eigentümern eingetragen ist, dann können die Gesamthypotheken von dem ersten Gericht unter Angabe des anderen mithaftenden Schiffes eingetragen werden.

Es empfiehlt sich jedoch dann den Mithaftvermerk so zu fassen:

(2) Eintragungstext für Mithaftvermerk

Abteilung III:

Sp. 1: nächste fortlaufende Nummer.

Sp. 2: Betrag in Ziffern.

Sp. 3: ..... Deutsche Mark Darlehensschiffshypothek nebst ..... vom Hundert, unter Umständen ..... vom Hundert Jahreszinsen seit dem Tage der Eintragung für die ..... in ..... Der jeweilige Schiffseigentümer ist der sofortigen Zwangsvollstreckung unterworfen. Im übrigen unter Bezugnahme auf die Eintragungsbewilligung vom, mit Ausnahme der §§ ..... (UrkRNr. ..... des Notars ..... in .....) im gleichen Range mit der Post Abteilung III Nr. ..... eingetragen im Seeschiffsregister des Amtsgerichts ..... Blatt-Nr. ..... Hier eingetragen am .....

Stellt sich nachher heraus, daß das zweite Seeschiffsregistergericht die Mitbelastung nicht einträgt oder den Eintragungsantrag zurückweist, dann muß die Mithaft des anderen Schiffes von Amts wegen gemäß § 52 Abs. 2 SchRO insoweit gelöscht werden.

(3) Text der Verfügung bei Löschung des Mithaftvermerks

1. Eintragen in das Seeschiffsregister Nr. .....
   Abteilung III:
   Sp. 4: (Nr. der Darlehensschiffshypothek und Nr. der Höchstbetragsschiffshypothek.)
   Sp. 5: (Beträge der oben genannten Hypotheken in Ziffern.)
   Sp. 6: Die Mithaft des im Seeschiffsregister des Amtsgerichts ..... Blatt-Nr. ..... eingetragenen Schiffes ist erloschen. Eingetragen am .....
2. Bei den genannten Hypotheken ist in Sp. 3 die Eintragung über die Mithaft zu röten.
3. Eintragung auf dem Schiffszertifikat vermerken. Schiffszertifikat an ..... in ..... senden. — Einschreiben gegen Rückschein.
4. Nachricht an:
   a) Eigentümer,
   b) Gläubiger die von der Eintragung betroffen werden,
   c) Amtsgericht in ..... zu SSR .....,
   d) Notar.

c) Nachträglicher Mithaftvermerk

Handelt es sich darum, daß eine Hypothek nachträglich auf ein weiteres Schiff erstreckt werden soll, so muß auf dem ursprünglichen Schiff auf dem die Hypothek eingetragen war und auf dem Schiff der neu einzutragenden Hypothek nach § 52 Abs. 1 SchRO nachträglich der Mithaftvermerk eingetragen werden. Das Registergericht hat hierbei auch zu prüfen, ob die neue Eintragung inhaltlich mit der Eintragung auf dem bisherigen Schiff überein-

aa) Text der Eintragung im Register für das erste Schiff

Abteilung III:

Sp. 4: Nr. der Hypothek.
Sp. 5: Betrag in Ziffern.
Sp. 6: Das im Seeschiffsregister des Amtsgerichts ..... unter Nummer ..... eingetragene Schiff haftet für nebenstehende Hypothek mit. Eingetragen am .....

bb) Text der Eintragung im Register für das mithaftende Schiff

1. Eintragen in das Seeschiffsregister Nr. .....
   Abteilung III:
   Sp. 1: nächste fortlaufende Nummer.
   Sp. 2: Betrag in Ziffern.
   Sp. 3: ..... Deutsche Mark Darlehensschiffshypothek nebst ..... vom Hundert Jahreszinsen seit dem Tage der Eintragung für die ..... in ..... Der jeweilige Schiffseigentümer ist der sofortigen Zwangsvollstreckung unterworfen. Unter Bezug-

nahme auf die Eintragungsbewilligung vom ..... — UrkR-Nr. ..... des Notars ..... in ..... —. Das im Seeschiffsregister des Amtsgerichts ..... unter der Nummer ..... eingetragene Schiff haftet mit. Eingetragen am .....

(Bei diesem Eintragungstext ist nicht das Beispiel aus dem Muster der Schuldurkunde über die Bestellung der Gesamschiffshypothek S. 132 zu Grunde gelegt worden.)

d) Löschung des Mithaftvermerks

Zur Löschung der Gesamtschiffshypothek bedarf es der Zustimmung aller Eigentümer, auf deren Schiffen die Löschung einzutragen ist (§ 35 SchRO). Diese Zustimmung ist in notariell beglaubigter Form zu bewirken (§ 37 SchRO). Außerdem bedarf es eines Antrages des Gläubigers oder der Eigentümer und der Löschungsbewilligung oder der löschungsfähigen Quittung des Gläubigers ebenfalls in Form des § 37 SchRO. Entläßt der Gläubiger nur eines der mithaftenden Schiffe aus der Pfandhaft, dann bedarf es nicht der Zustimmung aller Schiffseigentümer, sondern es genügt die Zustimmung desjenigen Eigentümers, auf dessen Schiff die Hypothek gelöscht werden soll.

e) Löschung der Hypothek bei der Pfandhaftentlassung

aa) Antrag des Schiffseigentümers

..... erscheint der ..... in ..... — ausgewiesen durch ..... —
und erklärt:
Ich bin Eigentümer des im Seeschiffsregister des Amtsgerichts ..... Blatt-Nr. ..... eingetragenen ..... schiffes (Name) — Unterscheidungssignal: ..... —. In Abteilung III steht unter laufender Nr. ..... eine Hypothek von ..... DM nebst ..... vom Hundert Jahreszinsen und Nebenleistungen für die ..... in ..... eingetragen. Für diese Hypothek haftet das im Seeschiffsregister des Amtsgerichts in ..... Blatt-Nr. ..... eingetragene Schiff mit.
Die Gläubigerin hat mein obengenanntes Schiff aus der Pfandhaft entlassen. Ich überreiche die entsprechende Urkunde der Gläubigerin vom ..... und beantrage die Löschung der Hypothek auf meinem Schiff .....

bb) Muster für eine Pfandentlassungserklärung

Für uns, die ..... in ..... steht im Seeschiffsregister des Amtsgerichts ..... Blatt-Nr. ..... in Abteilung III unter lfd. Nr. ..... und im Seeschiffsregister des Amtsgerichts ..... Blatt-Nr. ..... in Abteilung III unter lfd. Nr. ..... eine Gesamtschiffshypothek in Höhe von ..... DM nebst ..... vom Hundert jährlichen Zinsen und Nebenleistungen eingetragen.

Wir haben das im Seeschiffsregister des Amtsgerichts ..... Blatt-Nr. ..... eingetragene Schiff („Name") — Unterscheidungssignal: .....—, Eigentümer ..... in ..... aus der Pfandhaft entlassen.
Wir bewilligen die Löschung der genannten Schiffshypothek im Seeschiffsregister des Amtsgerichts ..... Blatt-Nr. .....

cc) Verfügung bei dem Registergericht, bei dem die Hypothek zur Löschung kommt

1. Eintragen in das Seeschiffsregister Nr. .....
   Abteilung III:
   Sp. 7: Nr. der zu löschenden Hypothek.
   Sp. 8: (Betrag in Buchstaben) Deutsche Mark hier gelöscht am .....
2. Eintragung unter lfd. Nr. ..... in Spalten 1—6 röten.
3. Löschung auf dem Schiffszertifikat vermerken. Schiffszertifikat an ..... in ..... senden. — Einschreiben gegen Rückschein.
4. Nachricht an:
   a) Schiffseigentümer,
   b) Gläubigerin,
   c) Amtsgericht in ..... zu SSR .....,
   d) Notar.

dd) Verfügung bei dem Registergericht, bei dem die Hypothek bestehen bleibt

1. Eintragen in das Seeschiffsregister Nr. .....
   Abteilung III:
   Sp. 4: Nr. der Hypothek, die von der Eintragung betroffen wird.
   Sp. 5: Betrag in Ziffern.
   Sp. 6: Die Mithaft des im Seeschiffsregister des Amtsgerichts ..... Blatt-Nr. ..... eingetragenen Schiffes ist erloschen. Eingetragen am .....
2. Bei der genannten Hypothek ist in Spalte 3 die Eintragung über die Mithaft des Schiffes zu röten.
3. Eintragung auf dem Schiffszertifikat vermerken. Schiffszertifikat an ..... in ..... senden. — Einschreiben gegen Rückschein.
4. Nachricht an:
   a) Schiffseigentümer,
   b) Gläubiger,
   c) Notar.

IV. Löschung von Schiffshypotheken

1. Tilgung

a) Löschungsfähige Quittung und Löschungsbewilligung

An dem ..... schiff (Name), eingetragen im Seeschiffsregister des Amtsgerichts ..... unter Nr. ....., eingetragener Eigentümer ..... in ..... sind zu unseren Gunsten folgende Hypotheken eingetragen:

Abteilung III Nr. . . . . . DM . . . . . (i. W.: Deutsche Mark . . . . .) Darlehensschiffshypothek nebst bis zu . . . . . vom Hundert jährlichen Zinsen und Nebenleistungen,

Abteilung III Nr. . . . . . DM . . . . . (i. W.: Deutsche Mark . . . . .) Höchstbetragsschiffshypothek.

Wir bekennen hiermit, von dem Schiffseigentümer des genannten Schiffes wegen aller dieser Hypotheken zugrunde liegenden Forderungen befriedigt zu sein, und bewilligen daher die Löschung dieser Hypotheken im Seeschiffsregister.

b) Löschungsantrag des Schiffseigentümers

Ich, der . . . . . in . . . . . bin Eigentümer des im Seeschiffsregister des Amtsgerichts . . . . . unter Nr. . . . . . eingetragenen . . . . . schiffes (Name) — Unterscheidungssignal: . . . . . —.

In Abteilung III stehen für die . . . . . in . . . . . unter

lfd. Nr. . . . . . eine Darlehensschiffshypothek in Höhe von DM . . . . . (i. W.: Deutsche Mark . . .) nebst bis zu . . . . . vom Hundert jährlichen Zinsen und Nebenleistungen und unter

lfd. Nr. . . . . . eine Höchstbetragsschiffshypothek in Höhe von DM . . . . . (i. W.: Deutsche Mark . . . . .) eingetragen.

Ich überreiche die Löschungsbewilligung der Gläubigerin und beantrage, die Hypothek zu löschen.

Ist bei der zu löschenden Hypothek eine Verfügungsbeschränkung nach § 34 des Schiffsbankgesetzes eingetragen, so bedarf es zur Löschung der Hypothek nicht der Zustimmung des Treuhänders (s. Abschnitt Verfügungsbeschränkung nach § 34 Schiffsbankgesetz).

2. Verzicht des Gläubigers auf die Hypothek

Nach § 57 Abs. 2 Schiffsges. erlischt die Schiffshypothek, wenn der Gläubiger auf sie verzichtet. Dieser Verzicht ist entweder gegenüber dem Schiffseigentümer oder dem Registergericht zu erklären und bedarf der Eintragung in das Schiffsregister. Der Verzicht erstreckt sich nur auf die sich aus der Hypothek ergebenden Rechte. Er hat nicht zur Folge, daß die persönliche Forderung erlischt. Hierzu bedürfte es erst noch eines Erlaßvertrages. Einer Zustimmung des Schiffseigentümers bedarf es nicht, denn er ist nicht Betroffener im Sinne des § 29 SchRO. Ist die Schiffshypothek mit dem Recht eines Dritten belastet, so ist dessen Zustimmung erforderlich. Die Zustimmungserklärung ist unwiderruflich (§ 57

Abs. 2, § 54 Abs. 2 SchG). Für den Verzicht gelten auch die Bestimmungen des § 56 Abs. 2 und 3 SchG. Der Verzicht führt im Regelfalle nicht zu einem Aufrücken der nachrangigen Hypotheken, sondern führt dazu, daß der Schiffseigentümer nach § 57 Schiffsges. die Befugnis erhält, im Rang und bis zur Höhe der bisherigen Belastung eine neue Schiffshypothek zu bestellen, und zwar für einen Dritten. Der Schiffseigentümer kann aber auch ohne Ausnutzung dieser Befugnis die Schiffshypothek löschen lassen.
Verzichtet der Gläubiger einer Gesamtschiffshypothek nur an einem der Schiffe auf die Schiffshypothek, so steht dem Schiffseigentümer die Befugnis nach § 57 Schiffsges. nicht zu (§ 71 Schiffsges.).

a) Muster für einen Verzicht auf die Schiffshypothek

Im Seeschiffsregister des Amtsgerichts ..... Band ..... Blatt-Nr. ..... steht für mich, den ..... in ..... in Abteilung III unter lfd. Nr. ..... eine Schiffshypothek in Höhe von DM ..... (i. W.: Deutsche Mark .....) nebst ..... vom Hundert jährlichen Zinsen und Nebenleistungen eingetragen.
Ich verzichte hiermit ausdrücklich auf die obengenannte Schiffshypothek.

b) Eintragungsverfügung

1. Eintragen in das Seeschiffsregister Nr. .....
   Abteilung III:
   Sp. 4: Nr. der Hypothek auf die verzichtet ist.
   Sp. 5: Betrag in Ziffern.
   Sp. 6: Der Gläubiger hat auf die nebenstehende Hypothek verzichtet. Eingetragen am .....
2. Eintragung auf dem Schiffszertifikat vermerken. Schiffszertifikat an ..... in ..... senden. — Einschreiben gegen Rückschein.
3. Nachricht an:
   a) Schiffseigentümer,
   b) Gläubiger,
   c) Notar.
4. Herrn Kostenbeamten.

(Die Eintragung des Verzichts erfolgt nicht in der Löschungsspalte, da dem Schiffseigentümer nach § 57 Schiffsges. noch die Befugnis der Rangausnutzung zusteht.)

2. Verfügungsbeschränkung nach § 34 des Schiffsbankgesetzes

vom 8. Mai 1963 — BGBl. I, S. 302

1. Allgemeines

Die Schiffspfandbriefbank kann über eine im Deckungsregister eingetragene Darlehensforderung oder Schiffshypothek durch Veräußerung, Belastung oder Verzicht nur mit schriftlicher Zustimmung des Treuhänders verfügen. Diese Verfügungsbeschränkung ist, soweit sie die Schiffshypothek betrifft, auf Antrag der Bank in das Schiffs- oder Schiffsbauregister einzutragen. Der Treuhänder hat darauf zu achten, daß dies geschieht.
Der Antrag auf Eintragung der Verfügungsbeschränkung bedarf nicht der im § 37 SchRO vorgeschriebenen Form.
Da sich der Grundsatz des öffentlichen Glaubens nicht auf die Eintragungen im Deckungsregister erstreckt, bedarf es der Eintragung im Schiffs- oder Schiffsbauregister, um dieses Ziel zu erreichen. Die Verfügungsbeschränkung besteht zugunsten bestimmter Personen, nämlich der Schiffspfandbriefgläubiger. Es handelt sich nach erfolgter Eintragung also um eine relative Verfügungsbeschränkung im Sinne von § 16 Abs. 1 Satz 2 Schiffsgesetz.
Die Verfügungsbeschränkung des § 34 Schiffsbankgesetz betrifft aber nicht die Löschungsbewilligung der Schiffsbank nach Rückzahlung des Hypothekenkapitals. Die formgerechte Erklärung der Schiffsbank, das Darlehen zurückerhalten zu haben, muß dem Schiffsregistergericht als Beweis für die Rückzahlung ausreichen. Den Nachweis der Zustimmung des Treuhänders gem. § 34 Schiffsbankgesetz kann das Registergericht nur verlangen, wenn etwa die Erklärungen des Schiffseigentümers oder sonstige Umstände des Einzelfalles dagegen sprechen, daß die Rückzahlung tatsächlich erfolgt ist (Beschluß des LG Lübeck vom 5. 10. 1955 — 9 T 750/55).

2. Eintragung einer Verfügungsbeschränkung nach § 34 Schiffsbankgesetz

a) Antrag

Schiffshypothekenbank ..... Aktiengesellschaft

....., den .....

Betr.: Motorschiff ..... (Name), eingetragen im Seeschiffsregister des Amtsgerichts ..... Blatt-Nr. ..... — Unterscheidungssignal: .....—, eingetragener Eigentümer: .....

Für uns, die Schiffshypothekenbank ..... Aktiengesellschaft in ..... stehen an dem vorbezeichneten Schiff folgende Darlehensschiffshypotheken eingetragen

Abteilung III Nr. ..... DM ..... (i. W.: Deutsche Mark .....) nebst bis zu ..... vom Hundert jährlichen Zinsen und Nebenleistungen;

Abteilung III Nr. ..... DM ..... (i. W.: Deutsche Mark .....) nebst bis zu ..... vom Hundert jährlichen Zinsen und Nebenleistungen.

Wir beantragen, bei den genannten Hypotheken je eine Verfügungsbeschränkung nach § 34 des Schiffsbankgesetzes vom 8. 5. 1963 in das Seeschiffsregister einzutragen.

b) Eintragungsverfügung

1. Eintragen in das Seeschiffsregister Nr. .....

   Abteilung III:

   Sp. 4: Nr. der beiden Hypotheken.

   Sp. 5: Beträge in Ziffern.

   Sp. 6: Für nebenstehende Hypotheken besteht je eine Verfügungsbeschränkung gemäß § 34 des Schiffsbankgesetzes vom 8. Mai 1963 — BGBl. I, S. 302 —. Eingetragen am .....
2. Eintragung auf dem Schiffszertifikat vermerken. Schiffszertifikat gegen Quittung der ..... aushändigen.
3. Nachricht an:
   a) Schiffseigentümer,
   b) Gläubigerin Abt. III Nr. .....
4. Herrn Kostenbeamten.

3. Löschungsvormerkung

1. Allgemeines

Die Löschungsvormerkung führt wie jede andere Vormerkung nicht zu einer Sperre des Schiffsregisters.

Verpflichtet sich der Schiffseigentümer einem anderen gegenüber, die Schiffshypothek löschen zu lassen, wenn die Forderung erlischt, so kann zur Sicherung dieses Anspruchs nach § 58 Schiffsges. eine Löschungsvormerkung in das Schiffsregister eingetragen werden. Diese Löschungsvormerkung spielt in der Praxis eine größere Rolle als man das auf dem ersten Blick für möglich hält.

Folgendes Beispiel soll dies verdeutlichen.

In Abteilung III des Seeschiffsregisters stehen eingetragen:

Nr. 1: 20 000,— DM	Darlehensschiffshypothek für A, und zwar im gleichen Range mit der Hypothek Nr. 2 und
Nr. 2: 2 000,— DM	Höchstbetragsschiffshypothek für A, und zwar im gleichen Range mit der Hypothek Nr. 1.

Bei beiden Hypotheken ist je eine Löschungsvormerkung eingetragen. Der Schiffseigentümer zahlt auf die unter lfd. Nr. 1 eingetragene Hypothek einen Teilbetrag von 5000,— DM zurück, der Gläubiger A erteilt Löschungsbewilligung hinsichtlich dieses letztrangigen Teilbetrages.

Zwar ist nach § 64 Schiffsges. die Schiffshypothek hinsichtlich dieses Teilbetrages erloschen. Der Schiffseigentümer könnte aber nach § 57 Schiffsges., solange dieser rangletzte Teilbetrag der Schiffshypothek Nr. 1 nicht gelöscht ist, im Rang und bis zur Höhe der bisherigen Belastung eine neue Schiffshypothek bestellen und in diesem Falle unter lfd. Nr. 3 eine Hypothek für einen neuen Gläubiger eintragen lassen. Da die Hypothek Nr. 1 nur zum Teil erloschen ist, so hat der dem Gläubiger A (lfd. Nr.) verbleibende Teil der Schiffshypothek Nr. 1 (erststelliger Teilbetrag von 15 000,— DM) den Vorrang vor einer von dem Eigentümer auf Grund seiner Befugnis nach § 57 Schiffsges. bestellten Schiffshypothek (lfd. Nr. 3). Es ist aber zu bedenken, daß die nach § 57 Schiffsges. bestellte neue Hypothek lfd. Nr. 3 doch immer noch die bisherige Rangstelle der Hypothek Nr. 1 von 20 000,— DM, wenn auch in deren letztes Viertel, hineinrückt.

Die Löschungsvormerkung soll dies wegen der nachrangigen Gläubiger verhindern.

Auf den eingangs zu diesem Kapitel erwähnten Satz muß aber hingewiesen werden. Der Gläubiger A könnte trotz der Eintragung der Löschungsvormerkung die Eintragung der Ausnutzung der Befugnis nach § 57 Schiffsges. nicht verhindern, weil die Löschungsvormerkung nicht zu einer Sperre des Schiffsregisters führt.

Zur Eintragung einer Löschungsvormerkung bedarf es nicht der Bewilligung des Hypothekengläubigers, es genügt vielmehr die Bewilligung und der Antrag des Schiffseigentümers in der Form des § 37 SchRO.

2. Eintragung einer Löschungsvormerkung

a) Antrag

Ich, der ..... in ..... bin Eigentümer des im Seeschiffsregister des Amtsgerichts ..... Blatt-Nr. ..... eingetragenen Motorschiffes (Name) — Unterscheidungssignal: ..... —.
In Abteilung III steht unter lfd. Nr. ..... eine Darlehensschiffshypothek in Höhe von DM ..... (i. W.: Deutsche Mark .....) nebst ..... vom Hundert Zinsen und Nebenleistungen für die ..... in ..... eingetragen.
Ich bewillige und beantrage hiermit bei dieser Hypothek eine Vormerkung zur Sicherung des Anspruchs auf Löschung der Schiffshypothek, wenn und soweit die durch sie gesicherte Forderung erlischt zugunsten des jeweiligen Gläubigers der Hypothek Abteilung III lfd. Nr. ..... einzutragen.

b) Eintragungsverfügung

1. Eintragen in das Seeschiffsregister Nr. .....
   Abteilung III:
   Sp. 4: Nr. der Hypothek.
   Sp. 5: Betrag in Ziffern.
   Sp. 6: Löschungsvormerkung gemäß § 58 des Schiffsgesetzes zugunsten des jeweiligen Gläubigers der Hypothek Abteilung III lfd. Nr. ..... Eingetragen am .....
2. Eintragung auf dem Schiffszertifikat vermerken. Schiffszertifikat an ..... in ..... senden. — Einschreiben gegen Rückschein.
3. Nachricht an:
   a) Schiffseigentümer,
   b) Gläubiger Abt. III Nr. ..... und Nr. .....,
   c) Notar.
4. .....

DRITTER TEIL

Schiffsbauregister

I. Allgemeines

1. Begriff des Schiffsbauwerks

Für ein Schiffsbauwerk wird häufig die Auffassung vertreten, es sei ein Schiff vom Augenblick des Stapellaufs. Das Bauwerk habe dann in der Regel einen Namen, sei also schiffsmäßig gekennzeichnet und werde auch von der Verkehrsauffassung als Schiff betrachtet.

Demgegenüber ist darauf hinzuweisen, daß der Gesetzgeber jedenfalls für den Bereich des Gesetzes an eingetragenen Schiffen und Schiffsbauwerken und der Schiffsregisterordnung ein Schiffsbauwerk bis zur dessen endgültigen Fertigstellung annimmt. Erst mit dieser ist deshalb die Schiffseigenschaft anzunehmen.

2. Die Anmeldung des Schiffsbauwerkes

Das Schiffsbauregister hat seinen Hauptzweck darin, daß es der Eintragung von Schiffshypotheken dienen soll. Das Schiffsbauwerk kann deshalb nur dann in das Schiffsbauregister eingetragen werden, wenn zugleich eine Schiffshypothek eingetragen wird, oder wenn die Zwangsversteigerung des Schiffsbauwerkes beantragt ist (§ 66 SchRO). Für die Eintragung ist nur das Registergericht des Bauorts zuständig (§ 67 SchRO). Eine Verpflichtung zur Anmeldung des Schiffsbauwerks besteht nicht.

Anmeldeberechtigt sind

a) der Inhaber der Werft,
b) der Eigentümer des Schiffsbauwerks,
c) ein Gläubiger auf Grund eines vollstreckbaren Titels.

Bei der Anmeldung des Schiffsbauwerks sind anzugeben:

1. der Name oder die Nummer oder sonstige Bezeichnung und die Gattung des im Bau befindlichen Schiffes,
2. der Bauort und die Schiffswerft, auf der das Schiff erbaut wird,
3. der Eigentümer.

Der Anmeldung sind folgende Unterlagen beizufügen:

a) die Urkunde mit dem Antrage auf Eintragung des Schiffsbauwerks in der Form des § 37 SchRO,

b) die Urkunde über den Eigentumserwerb, wenn ein anderer als der Inhaber der Bauwerft als Eigentümer eingetragen werden soll,

c) die Bescheinigung der Schiffsvermessungsbehörde oder der zuständigen Eichbehörde (§ 76 Ans. 2 SchG, § 69 SchRO),

d) Hypothekenbestellungsurkunde und

e) vollstreckbarer Titel, wenn ein Gläubiger der Antragsteller ist.
Bei den im Vollstreckungswege zu erzwingenden Eintragungen handelt es sich um die Zwangsbauwerkshypothek nach §§ 870 a, 847 a ZPO und die Arrestvollziehung in das Schiffsbauwerk durch Eintragung eines Arrestpfandrechts nach § 931 ZPO.

Bei der Anmeldung ist außerdem glaubhaft zu machen, daß das Bauwerk nicht bereits in einem anderen Schiffsbauregister eingetragen ist. Die Glaubhaftmachung bezweckt die Verhinderung einer Doppeleintragung eines Schiffsbauwerkes.
Bei der Eintragung eines Schiffsbauwerkes hat das Registergericht flaggenrechtliche Gesichtspunkte nicht zu prüfen.

II. Beispiele für Anmeldungen eines Schiffsbauwerkes

1. Anmeldung eines Bauwerkes durch die Bauwerft, die nicht Eigentümerin des Bauwerkes ist

a) Erklärung der Werft

..... erscheinen heute
1. der Prokurist ..... in ..... — ausgewiesen durch ..... —,
2. der Prokurist ..... in ..... — ausgewiesen durch ..... —,
die alle Erklärungen in dieser Verhandlung nicht im eigenen Namen, sondern als gemeinsam vertretungsberechtigte Prokuristen für die ..... Werft in ..... abgeben.
Ich bescheinige hiermit als Notar aufgrund einer heute von mir vorgenommenen Einsichtnahme in das Handelsregister des Amtsgerichts ..... Abteilung ..... Nr. ....., daß die Herren ..... und ..... gemeinsam zur Vertretung der ..... Werft in ..... berechtigt sind.
Die Erschienenen erklären:
Für die von uns vertretene ..... Werft in ..... melden wir zur Eintragung im Schiffsbauregister des Amtsgerichts ..... das nachstehend beschriebene Schiffsbauwerk an.

Neubau eines ..... schiffes aus Stahl. Das Schiff wird gebaut als .....-Motorschiff vom Typ ..... (Freidecker — Volldecker).
Ausführung in ca. ..... t metr. Tragfähigkeit.
Länge über alles ca. ..... m,
Länge zwischen den Loten auf Volldecker ..... m,
Tiefgang ca. ..... m,
Breite auf Spanten ..... m,
Seitenhöhe bis Hauptdeck ..... m,
Seitenhöhe bis Zwischendeck ..... m,
Tiefgang beladen als Volldecker ca. ..... m, Tragfähigkeit hierbei in Seewasser ca. ..... t metr.,
Tiefgang beladen als Freidecker ca. ..... m, Tragfähigkeit hierbei in Seewasser ca. ..... t metr.,
Vermessung als Volldecker ca. ..... BRT.
Das Schiff wird von der oben bezeichneten Werft erbaut.
Der jetzige Baustand des Schiffes ist: Schiff auf Helling.
Der Neubau ist an einer bis zum Stapellauf deutlich und dauernd sichtbar bleibenden Stelle durch die Bau-Nr. ..... gekennzeichnet. Die Kiellegung ist laut Bescheinigung des Bundesamts für Schiffsvermessung in Hamburg am ..... erfolgt.
Das Schiff wird laut Bauvertrag für die Partenreederei ..... mit dem Sitz in ..... gebaut.
Partenreeder sind
a) ..... in ..... mit ..... Schiffsparten,
b) ..... in ..... mit ..... Schiffsparten.
Korrespondentreeder der Partenreederei ist ..... in .....
Eigentümer des Schiffsbauwerks ist die vorbezeichnete Partenreederei. Diese hat auf Grund des abgeschlossenen Bauvertrages vom ..... Eigentum erlangt durch Einigung der Schiffsbauwerft mit der Partenreederei über den Eigentumsübergang am Schiffsbauwerk, wobei die Übergabe durch die Vereinbarung ersetzt worden ist, daß die Werft das Bauwerk bis zu seiner Fertigstellung für die Partenreederei in Verwahrung behält.
Nach seiner Fertigstellung wird das Schiff ein Seeschiff mit mehr als 50 Kubikmeter Bruttoraumgehalt und eintragungsfähig im Seeschiffsregister sein.
Die Eintragung des Schiffsbauwerks im Schiffsbauregister soll zwecks Bestellung von Schiffshypotheken durch die Eigentümerin erfolgen. Wir überreichen die Hypothekenbestellungsurkunden und die Bescheinigung des Bundesamts für Schiffsvermessung über die Kiellegung. Wir bewilligen und beantragen die Eintragung des Bauwerkes in das Schiffsbauregister mit der oben bezeichneten Partenreederei als Eigentümerin, und zwar mit den angegebenen Schiffsparten.
Die Kosten dieser Urkunde und die Eintragung des Schiffsbauwerks trägt die Eigentümerin.

Der Wert des Schiffes nach seiner Fertigstellung wird mit ca. ..... DM angegeben. Wir versichern, daß das Bauwerk nicht in einem Schiffsbauregister eingetragen ist.
(In dieser Verhandlung sind die Erklärungen über den Eigentumserwerb bereits enthalten, so daß es der Vorlage einer besonderen Urkunde über den Eigentumserwerb nicht mehr bedarf.)

b) Bescheinigung des Bundesamts für Schiffsvermessung (§ 76 Schiffsges., § 69 SchRO)

Bundesamt für Schiffsvermessung

Hamburg, den .....

Az.: .....

Bescheinigung
für die Eintragung in das Schiffsbauregister

Neubau-Nr. ..... (in Buchstaben .....)
Auftraggeber: .....
Erbauer: .....
Zur Eintragung in das Schiffsbauregister wird unter Hinweis auf § 76 Abs. 2 des Gesetzes über Rechte an eingetragenen Schiffen und Schiffsbauwerken vom 15. 11. 1940 und nach § 69 Abs. 3 der Schiffsregisterordnung vom 26. 5. 1951 hiermit bescheinigt, daß sich der oben bezeichnete Neubau im Bau befindet, mit dieser Nummer an sichtbar bleibender Stelle deutlich und dauernd gekennzeichnet ist und mehr als 50 Kubikmeter Bruttoraumgehalt haben wird.

Wegen der Hypothekenbestellung wird auf Teil II, 1 verwiesen.

3. Anmeldung eines Bauwerks durch den Eigentümer

a) Erklärung des Eigentümers

..... erscheint der ..... in ..... — ausgewiesen durch ..... und erklärt:
Auf der Werft ..... in ..... wird für mich ein ca. ..... tdw .....-schiff gebaut.
Der Neubau ist bereits auf Kiel gelegt. Er ist an sichtbar bleibender Stelle mit der Werft — Bau-Nr. ..... — deutlich und dauernd gekennzeichnet.
Das Bauwerk ist noch nicht im Schiffsbauregister eingetragen.
Eigentümer des Bauwerks bin ich, der das Schiff für eigene Rechnung erbauen läßt. Der Preis wird etwa ..... DM (Kontraktpreis) betragen. Ein besonderer Bauvertrag ist abgeschlossen.
Die Übergabe ist durch die Verwahrung ersetzt, daß der im Bau befindliche Schiffskörper zum Zwecke der Vollendung des Baues auf der

..... Werft in Verwahrung verbleibt, und zwar auf Grund des Vertrages vom ....., durch den diese die Herstellung des Schiffes übernommen hat.

Nach Fertigstellung des Schiffes werden die Vermessungsergebnisse etwa folgende sein:

Länge ..... m
Breite ..... m
Tiefe ..... m
Bruttoraumgehalt: Kubikmeter .....
Registertonnen .....
Nettoraumgehalt: Kubikmeter .....
Registertonnen .....

Das Schiff wird nach seiner Fertigstellung eintragungsfähig und eintragungspflichtig sein.

Ich überreiche
a) die Erklärung der Werft, aus der sich der Eigentumserwerb ergibt,
b) die Bescheinigung des Bundesamts für Schiffsvermessung,
c) die Hypothekenbestellungsurkunde vom .....
und beantrage das Schiffsbauwerk und die Hypotheken in das Schiffsbauregister einzutragen.

b) *Erklärung der Bauwerft über den Eigentumserwerb*

..... erschienen
1. der ..... in ..... — ausgewiesen durch ..... —,
2. der ..... in ..... — ausgewiesen durch ..... —,

die alle Erklärungen in dieser Verhandlung nicht im eigenen Namen, sondern als gemeinsam vertretungsberechtigte Prokuristen der ..... Werft in ..... für die ..... Werft abgeben.

Ich bescheinige hiermit als Notar auf Grund einer heute von mir vorgenommenen Einsichtnahme in das Handelsregister des Amtsgerichts ..... Abteilung ..... Nummer ....., daß die Herren ..... und ..... gemeinsam zur Vertretung der ..... Werft ..... in ..... berechtigt sind.

Die Erschienenen erklärten:

Auf der ..... in ..... ist unter der Neubau-Nr. ..... ein .....schiff im Bau befindlich. Der Kiel des Schiffsbauwerkes ist gelegt. Das Schiff ist mit der Werftbaunummer ..... an sichtbar bleibender Stelle deutlich und dauernd gekennzeichnet. Das Schiff wird nach seiner Fertigstellung etwa ..... tdw haben.

Dies wird durch amtliche Bescheinigung nachgewiesen werden.

Das Eigentum des Schiffes ist, wie wir hierdurch versichern, durch Vereinbarung mit dem ..... in ..... auf diesen übergegangen. Die Übergabe ist ersetzt durch die Vereinbarung, daß der im Bau befindliche Schiffskörper zum Zwecke der Vollendung des Baues auf der ..... Werft in ..... in Verwahrung bleibt, und zwar auf Grund des Ver-

trages zwischen dem ..... in ..... und der ..... Werft in ....., wonach die Werft die Herstellung des Schiffes übernommen hat.
Diese unsere Erklärung dient als Unterlage für den Antrag auf Eintragung des Bauwerkes in das Schiffsbauregister des Amtsgerichts ....., der von dem Schiffseigentümer (Eigentümer des Bauwerks) gestellt wird. Das Bauwerk soll gleichzeitig mit Schiffshypotheken belastet werden.

Wegen der Hypothekenbestellung wird auf Teil II, 1 verwiesen.

c) Eintragungsverfügung

1. Eintragen in das Schiffsbauregister Nr. ..... (neu)
   Abteilung I:
   Sp. 1 a: Neubau-Nr. .....
   Sp. 1 b: Motortankschiff
   Sp. 2: ..... (Bauort), ... Werft in .....
   Sp. 3: Bescheinigung des Bundesamts für Schiffsvermessung vom ..... — Az.: ..... —.
   Sp. 4: Datum der Eintragung.
   Abteilung II:
   Sp. 1:
   Sp. 2: Partenreederei ..... in ..... bestehend aus
   a) ..... Kommanditgesellschaft in ....., persönlich haftender Gesellschafter ..... in ..... mit ..... Schiffsparten,
   b) ..... in ..... mit ..... Schiffsparten.
   Korrespondentreeder: ..... in .....
   Sp. 3 a: Urkunde vom ..... — UrkRNr. ..... des Notars ..... in ..... —.
   Sp. 3 b: Auf Grund der Anmeldung der Eigentümerin vom ..... eingetragen am .....
   Abteilung III:
   Sp. 1: 1
   Sp. 2: Betrag in Ziffern.
   Sp. 3: wie im Abschnitt „Schiffshypotheken" im Teil Seeschiffsregister.
   Eintragung in den Spalten 4 und 5 (Veränderungen) — Löschungsvormerkungen, Verfügungsbeschränkungen nach § 34 des Schiffsbankgesetzes wie im Abschnitt „Schiffshypotheken" in Teil Seeschiffsregister —.
2. Nachricht an:
   a) Eigentümer,
   b) Bauwerft,
   c) Gläubiger Abteilung III Nr. .....
   d) Notar.
3. Kartei.

III. Die Löschung des Schiffsbauwerkes

1. Allgemeines

Die Löschung des Schiffsbauwerks erfolgt nach § 73 SchRO, wenn
1. der Inhaber der Schiffswerft anmeldet, daß das Schiff in das Ausland abgeliefert ist, gleichzeitig muß die Löschung der Hypotheken bewilligt und beantragt werden,
2. der Eigentümer des Schiffsbauwerks und der Inhaber der Schiffswerft, auf der das Schiff erbaut wird, die Löschung beantragen; auch in diesem Falle muß die Löschung der Hypotheken bewilligt und beantragt werden; die Beteiligung des Werftinhabers am Löschungsantrag folgt aus der für ihn bestehenden gesetzlichen Sicherungsmöglichkeit durch Bauwerkshypothek nach § 648 BGB,
3. wenn das Schiffsbauwerk untergegangen ist.

Die Löschung der Eintragung ist von der Schließung des Registerblattes zu unterscheiden.
Die Löschung durch besonderen Löschungsvermerk erfolgt nur in den obengenannten drei Fällen.
Wird das Schiff nach Fertigstellung in einem Schiffsregister der Bundesrepublik Deutschland eingetragen, so erfolgt lediglich die Schließung des Registerblattes im Schiffsbauregister nach §§ 47, 48, 46, 15 SchRV, da es sich in Wirklichkeit um die Übertragung von dem einen in das andere Register handelt.

2. Löschung wegen Ablieferung in das Ausland

a) Antrag der Schiffswerft

(Antrag ist in der Form des § 37 SchRO zu stellen.)
Im Schiffsbauregister des Amtsgerichts ..... ist unter Nummer ..... das Bauwerk Neubau-Nr. ..... und als Eigentümer des Bauwerkes die ..... Werft in ..... eingetragen.
Das Schiff ist fertiggestellt.
Heimathafen des Schiffes ist .....
Das Schiff ist an den ..... in ..... am ..... abgeliefert worden.
Wir überreichen die Löschungsbewilligung der ..... vom ..... über die Löschung der in Abteilung III unter lfd. Nr. ..... eingetragenen Hypotheken von ..... DM und beantragen
a) die Löschung der Hypotheken Abt. III lfd. Nr. ..... und
b) die Löschung des Bauwerkes

im Schiffsbauregister.
(Wegen der Löschungsbewilligungen und löschungsfähigen Quittungen hinsichtlich der Hypotheken siehe Teil II, 1.)

b) Eintragungsverfügung

1. Eintragen im Schiffsbauregister Nr. .....
   a) Aufschrift:
      Das Bauwerk ist gelöscht. Das Registerblatt ist daher geschlossen. Eingetragen am .....
   b) Abteilung I:
      Sp. 5: Das Schiffsbauwerk ist auf Antrag des Werftinhabers vom ..... gelöscht. Eingetragen am .....
   c) Abteilung III:
      Sp. 4: Nr. der zu löschenden Hypotheken.
      Sp. 5: (Betrag in Buchstaben) Deutsche Mark gelöscht am .....
2. Eintragungen in Abteilung III unter lfd. Nr. ..... in Sp. 1—3 (und falls Veränderungen — Löschungsvormerkungen pp. in Sp. 4 und 5 eingetragen sind, auch diese) röten.
3. Sämtliche Seiten des Registerblattes — mit Ausnahme der Aufschrift — sind rot zu durchkreuzen.
4. Nachricht an:
   a) Bauwerft,
   b) Gläubiger Abt. III Nr. .....,
   c) Bundesamt für Schiffsvermessung in Hamburg 4, Bernhard-Nacht-Straße 78,
   d) Notar.
5. Kartei.
6. Herrn Kostenbeamten.
7. Nach Zahlung der Kosten Akten weglegen.

IV. Bescheinigungen nach § 15 Schiffsregisterordnung bei einem Schiffsbauwerk

1. Allgemeines

Soll das Schiff in einem ausländischen Seeschiffsregister eingetragen werden, so wird diese Registerstelle eine Bescheinigung darüber verlangen, daß das Schiff nicht im Schiffsregister eingetragen ist.
Die Erteilung einer solchen Bescheinigung muß ausdrücklich beantragt werden.

Muster für eine derartige Bescheinigung
Das auf der ..... Werft in ..... für ..... in ..... im Bau befindliche .....schiff — Neubau-Nr. ..... — ist nicht im Schiffsbauregister des Amtsgerichts ..... eingetragen.

....., den .....
Das Amtsgericht
(Siegel) Rechtspfleger

2. Bescheinigung nach Löschung des Bauwerks

a) Löschungsantrag des Eigentümers des Bauwerkes und des Inhabers der Bauwerft

. . . . . erscheinen

1. der . . . . . in . . . . . — ausgewiesen durch . . . . . —,
2. der . . . . . in . . . . . in seiner Eigenschaft als alleinvertretungsberechtigter Geschäftsführer der . . . . . Werft in . . . . . — ausgewiesen durch . . . . . —.

Der Erschienene zu 2. legte einen beglaubigten Auszug aus dem Handelsregister des Amtsgerichts . . . . . Abteilung B Nummer . . . . . vom . . . . . vor, aus dem sich seine Alleinvertretungsberechtigung ergab.

Die Erschienenen erklären:

Ich, der Erschienene zu 1., der . . . . . bin als Eigentümer des Schiffsbauwerkes Neubau-Nr. . . . . . im Schiffsbauregister des Amtsgerichts . . . . . Nr. . . . . . eingetragen. Ich habe das Schiff nach Fertigstellung an die . . . . . in . . . . . (Ausland) verkauft. Unter Überreichung der Löschungsbewilligung der . . . . . in . . . . . vom . . . . . beantrage ich

a) die Löschung der Hypothek Abteilung III Nr. . . . . . und
b) die Löschung des Schiffsbauwerks im Schiffsbauregister.

Der Erschienene zu 2. erklärte:

In meiner Eigenschaft als alleinvertretungsberechtigter Geschäftsführer der . . . . . Werft in . . . . . beantrage ich die Löschung des genannten Schiffsbauwerkes im Schiffsbauregister des Amtsgerichts . . . . . Nr. . . . . .

Ich, der Erschienene zu 1 beantrage ferner die Erteilung einer Bescheinigung darüber, daß das Schiff weder im Schiffsbauregister noch im Seeschiffsregister eingetragen ist.

a) Verfügung des Registergerichts

1. Eintragen in das Schiffsbauregister Nr. . . . . .
   a) **Aufschrift:**
   Das Bauwerk ist gelöscht. Das Registerblatt ist daher geschlossen. Eingetragen am . . . . .
   b) **Abteilung I:**
   Das Schiffsbauwerk ist auf Antrag des Eigentümers und der Bauwerft vom . . . . . — UrkRNr. . . . . . des Notars . . . . . in . . . . . — gelöscht. Eingetragen am . . . . .
   c) **Abteilung III:**
   Sp. 4: Nr. der zu löschenden Hypotheken.
   Sp. 5: (Betrag in Buchstaben) Deutsche Mark gelöscht am . . . . .
2. Eintragung in Abteilung III unter lfd. Nr. . . . . . in Sp. 1—5 röten.
3. Nachricht an:
   a) Eigentümer,
   b) . . . . . Werft . . . . . in . . . . .

c) Gläubiger Abteilung III Nr. .....
d) Bundesamt für Schiffsvermessung in Hamburg 4, Bernhard-Nacht-Straße 78,
e) Notar.

4. Fertige nachstehende Bescheinigung:

Bescheinigung

Es wird hiermit bescheinigt, daß das .....schiff (Name), Eigentümer: ..... in ..... weder im Schiffsbauregister noch im Seeschiffsregister des Amtsgerichts ..... eingetragen ist.

....., den .....
Das Amtsgericht
Rechtspfleger

5. Bescheinigung mir zur Unterschrift vorlegen.
6. Bescheinigung an ..... in ..... senden.
7. Kartei.
8. Kosten (Akten weglegen).

3. Schließung des Schiffsbauregisters

(1) Heimathafen des Schiffes ist nach Fertigstellung nicht der Ort des Bauorts. Für die Eintragung des Schiffes ist ein anderes Registergericht zuständig.

Bei der Anmeldung des Schiffes ist nach § 15 SchRO eine Bescheinigung des Registergerichts des Bauorts vorzulegen, aus der ersichtlich ist, daß das Schiff im Schiffsbauregister eingetragen ist, außerdem ist eine beglaubigte Registerblattabschrift aus dem Schiffsbauregister einzureichen. Nach Erteilung dieser Bescheinigung dürfen Schiffshypotheken im Schiffsbauregister nicht mehr eingetragen werden (§§ 72, 15 SchRO). Wegen der Anmeldung des Schiffes siehe Teil I.

a)Antrag auf Erteilung einer Bescheinigung nach Fertigstellung des Schiffes

Im Schiffsbauregister des Amtsgerichts ..... bin ich unter Nr. ..... als Eigentümer des Schiffsbauwerks Neubau-Nr. ..... eingetragen. Das Schiff ist fertiggestellt.

Heimathafen des Schiffes ist .....

Das Schiff soll im Seeschiffsregister des Amtsgerichts ..... eingetragen werden.

Ich beantrage
a) die Erteilung einer Bescheinigung gemäß § 15 SchRO und
b) die Erteilung eines beglaubigten Registerauszuges.

b) Verfügung des Registergerichts

1. Beglaubigte Registerblattabschrift fertigen.
2. Fertige nachstehende Bescheinigung:

   Bescheinigung

   gemäß § 15 der Schiffsregisterordnung vom 26. 5. 1951 — BGBl. I, 360 —. Das auf der Werft ..... in ..... für ..... im Bau befindliche ..... Schiff — Neubau-Nr. ..... — ist unter Nummer ..... im hiesigen Schiffsbauregister eingetragen.
   Das Schiffsbauwerk ist mit Schiffshypotheken belastet.

   ....., den .....
   Das Amtsgericht
   Rechtspfleger
3. Bescheinigung mir zur Unterschrift vorlegen.
4. Bescheinigung und beglaubigte Registerblattabschrift an ..... in ..... senden.
5. Auf dem Aktendeckel ist zu vermerken, daß eine Bescheinigung nach § 15 SchRO erteilt ist und das Schiffsbauwerk nicht mehr mit Schiffshypotheken belastet werden darf.
6. Herrn Kostenbeamten.
7. Mir nach ..... Wochen vorlegen (Eintragung im Seeschiffsregister erfolgt?).

Nachdem das Schiff im Seeschiffsregister eingetragen worden ist, ist dem Gericht, dem das Schiffsbauwerk eingetragen ist, eine Eintragungsnachricht zu übersenden.
Im Schiffsbauregister ist nunmehr einzutragen:

c) Eintragungsverfügung nach Eintragung des Schiffes im Schiffsregister

1. Eintragen in das Schiffsbauregister Nr. .....
   a) **Aufschrift:**
   Dieses Blatt ist wegen Eintragung des Schiffes im Seeschiffsregister des Amtsgerichts ..... unter der Nummer ..... geschlossen. Eingetragen am .....
   b) **Abteilung I:**
   Sp. 5: Das Schiff ist unter Nummer ..... mit dem Namen ..... in das Seeschiffsregister des Amtsgerichts ..... eingetragen. Eingetragen am .....
2. Sämtliche Seiten des Registerblattes — mit Ausnahme der Aufschrift — sind rot zu durchkreuzen.
3. Nachricht an:
   a) Eigentümer,
   b) Bauwerft,
   c) Hypothekengläubiger,

d) Bundesverkehrsministerium, Abt. Seeverkehr, Hamburg 4, Bernhard-Nocht-Straße 78.
4. Kartei.
5. Keine Kosten.
6. Handblatt ergänzen und beglaubigen.
7. **Urschriftlich** mit Akten und begl. Handblatt dem Amtsgericht — Abt. Seeschiffsregister — in ..... zum Az.: ..... SSR ..... gem. § 48 SchRV übersandt. Um Bestätigung des Akteneingangs wird gebeten.
8. Retent nach 1 Monat (Bestätigung des Akteneingangs).

....., den .....

Rechtspfleger

(§ 16 SchRO)

(2) Heimathafen des Schiffes ist nach Fertigstellung der Bauort

In diesem Falle muß der Schiffseigentümer das Schiff zur Eintragung in das Seeschiffsregister anmelden.

Wegen der Anmeldung des Schiffes siehe Teil I.

a) Die **Anmeldung** muß außer den dort angegebenen Erklärungen folgendes enthalten:

Das Schiff ist im Schiffsbauregister des Amtsgerichts ..... unter der Nummer ..... eingetragen. Ich beantrage, das Schiffsbauregister zu schließen und die in dem Schiffsbauregister eingetragenen Hypotheken in das Seeschiffsregister zu übertragen.

b) Die **Eintragungsverfügung** entspricht der Eintragung eines Seeschiffes im Teil I. In den Spalten 5 der Abteilung II, den Spalten 3, 6 und 8 der Abteilung III des Seeschiffsregisters ist noch einzutragen:

Eingetragen im Schiffsbauregister des Amtsgerichts ..... Nr. ..... am ..... und hierher übertragen am .....

c) Verfügung für die Eintragung im Schiffsbauregister

1. Eintragen im Schiffsbauregister Nr. .....
   a) **Aufschrift:**
   Dieses Blatt ist wegen Eintragung des Schiffes im Seeschiffsregister des Amtsgerichts ..... unter Nummer ..... geschlossen. Eingetragen am .....
   b) **Abteilung I:**
   Sp. 5: Das Schiff ist unter Nummer ..... mit dem Namen ..... in das Seeschiffsregister des Amtsgerichts ..... eingetragen. Eingetragen am .....

2. Sämtliche Seiten des Registerblattes mit Ausnahme der Aufschrift — sind rot zu durchkreuzen.
3. Nachricht an:
   a) Eigentümer,
   b) Werft,
   c) Gläubiger Abt. III Nr. .....
   d) evtl. Notar.
4. Kartei.
5. Diese Akten sind als Beiakten zu SSR ..... zu nehmen.
6. Herrn Kostenbeamten.

VIERTER TEIL

Binnenschiffregister

I. Allgemeines — Ersteintragung

1. Allgemeines

Jedes Binnenschiff, das eintragungsfähig ist, ist bei dem Registergericht des Heimatortes zur Eintragung in das Binnenschiffsregister anzumelden.

Zu unterscheiden ist zwischen Schiffen, für die ein Eintragungszwang besteht und denjenigen, bei denen eine Eintragung möglich ist.

Eine Eintragungspflicht besteht für diejenigen Binnenschiffe, deren Tragfähigkeit mehr als 20 Tonnen beträgt oder die eine eigene Triebkraft von mehr als 100 effektiven Pferdestärken haben, ferner für jedes Tankschiff, für jeden Schlepper (auch Schleppbarkassen sind Schlepper) und für jedes Stoßboot. Bei den letzten drei Arten von Schiffen kommt es auf den Umfang der Tragfähigkeit und die Zahl der Pferdestärken nicht an (§§ 10, 3 SchRO).

Eintragungsfähig sind Binnenschiffe, deren Tragfähigkeit mehr als 10 Tonnen beträgt oder die eine eigene Triebkraft zwischen 50 und 100 effektiven Pferdestärken haben. Diese Binnenschiffe können auch in das Binnenschiffsregister eingetragen werden, wenn sie nicht einem gewerblichen Betriebe dienen.

Bei der Anmeldung eines Binnenschiffes sind anzugeben:

a) der Name, die Nummer oder das sonstige Merkzeichen des Schiffes,
b) die Gattung und der Hauptbaustoff,
c) der Heimatort,
d) der Bauort und das Jahr des Stapellaufs, es sei denn, daß dies nur mit besonderen Schwierigkeiten zu ermitteln ist,
e) die Tragfähigkeit und bei Schiffen mit eigener Triebkraft die Maschinenleistung,
f) der Eigentümer, bei mehreren Eigentümern die Größe der einzelnen Anteile und

g) der Rechtszustand für den Erwerb des Eigentums.

Die Angaben über den Heimatort, den Bauort und das Jahr des Stapellaufs, über den Eigentümer und den Rechtszustand für den Erwerb des Eigentums sind glaubhaft zu machen.

Die Anmeldung des Schiffes bedarf nicht der Form des § 37 SchRO, weil es sich um die Anmeldung von Tatsachen und nicht um die Anmeldung von Rechtsverhältnissen handelt.

Mit der Anmeldung des Schiffes ist gleichzeitig der Eichschein vorzulegen.

Liegt bei einem im Ausland erbauten Schiff lediglich eine ausländische Vermessungsurkunde vor, so kann nach dem Wortlaut des § 13 SchRO bei Binnenschiffen doch noch ein deutscher Eichschein verlangt werden. Anders bei Seeschiffen, bei denen die Vorlage der Vermessungsurkunde der ausländischen Vermessungsbehörde genügt (§ 13, § 11 Abs. 2 SchRO). Diese Vorschrift ist aber wohl nicht wörtlich auszulegen und braucht nicht immer ein Hindernis für die wirklich oft eilbedürftige Eintragung eines neuen Schiffes zu sein. Wenn die Vermessungsergebnisse für das Registergericht zweifelsfrei erkennbar sind, so braucht das Registergericht die Eintragung nicht von der Einreichung eines oft erst nach Wochen oder Monaten zu erhaltenen deutschen Eichscheins abhängig zu machen. Das Gericht kann dann die ausländische Urkunde zur Grundlage der Eintragung in Abteilung I Spalten 5 und 6 machen, muß aber gleichzeitig dem Schiffseigentümer aufgeben, den deutschen Eichschein binnen einer angemessenen Frist nachzureichen.

Bei der Eintragung eines Binnenschiffes erfolgt eine Prüfung nach flaggenrechtlichen Gesichtspunkten seitens des Registergerichts nicht. Für die Flaggenführung der Binnenschiffe ist § 14 des Flaggenrechtsgesetzes vom 8. Februar 1951 — BGBl. I, S. 79 — maßgebend. Diese Bestimmung ist geändert worden — BGBl. I 1972, S. 976 —. Danach dürfen Binnenschiffe die Bundesflagge führen.

2. Anmeldung und Eintragung eines Binnenschiffes

a) *Antrag*

..... und erklärt:

Ich melde das nachstehend bezeichnete Schiff zur Eintragung in das Binnenschiffsregister an.

Das Schiff hat den Namen ..... und ist ein eiserner Schleppkahn.

Der Heimatort des Schiffes ist ..... Das Schiff ist auf der Werft ..... in ..... gebaut und im Jahre 19... vom Stapel gelaufen.

Die Tragfähigkeit des Schiffes beträgt ..... Tonnen, die Maschinenleistung ..... PS.
Ich bin Alleineigentümer des Schiffes und habe das Eigentum dadurch erworben, daß ich das Schiff für meine Rechnung habe bauen lassen.

Ich überreiche:

a) Eichschein des ..... vom .....
b) Bescheinigung des Registergerichts in ..... vom ..... darüber, daß das Schiff nicht im Schiffsbauregister eingetragen ist.

Die Richtigkeit meiner Angaben versichere ich an Eides Statt.
Der Wert des Schiffes beträgt ..... DM.
Den Schiffsbrief und den Eichschein bitte ich, mir zu übersenden.

b) Eintragungsverfügung

1. Eintragen im Binnenschiffsregister Nr. ..... (neu)
   a) Abteilung I:
      Sp. 1: ..... (Name des Schiffes).
      Sp. 2: Eiserner Schleppkahn.
      Sp. 3: 19....., Ort und Name der Werft.
      Sp. 4: ..... (Heimatort).
      Sp. 5 a: ..... (Zahl der Tonnen).
      Sp. 5 b: ..... (Zahl der Maschinenleistung).
      Sp. 5 c: Eichschein vom ....., ausgestellt vom .....
      Sp. 6: Eingetragen am .....
   b) Abteilung II:
      Sp. 1: 1
      Sp. 2: Schiffer ..... in .....
      Sp. 3: —
      Sp. 4: 1
      Sp. 5: Neubau. Eingetragen am .....
2. Eintragung des Schiffes auf dem Eichschein vermerken.
3. Schiffsbrief fertigen und an ..... in ..... senden. — Einschreiben gegen Rückschein.
4. Eichschein an ..... in ..... senden. — Einschreiben gegen Rückschein.
5. Nachricht an:
   a) Schiffseigner,
   b) Eichamt in .....,
   c) evtl. Notar.
6. Karteien (Eigentümer- und Schiffskartei).
7. Herrn Kostenbeamten.

II. Schiffsname — Merkzeichen

1. Name, Merkzeichen

Wegen des Schiffsnamens wird auf die Ausführungen in Teil I, 2 verwiesen.
Bei Binnenschiffen braucht der Name nicht unbedingt aus einer Wortbildung zu bestehen. Die Kennzeichnung kann auch durch eine Nummer oder ein sonstiges Merkzeichen erfolgen (§ 12 Ziff. 1 SchRO).
Bei der Erstanmeldung eines Binnenschiffes sind u. a. anzugeben, der Name, die Nummer oder das sonstige Merkzeichen des Schiffes.
Der Eigentümer kann einen beliebigen Namen wählen. Eine Glaubhaftmachung für Name, Merkzeichen ist nach § 13 SchRO nicht vorgesehen. Ein besonderes Privatrecht am Schiffsnamen besteht nicht, es entfällt daher der Namenschutz des § 12 BGB gegen Mißbrauch des Namens durch Dritte.

2. Namensänderung

Bei Binnenschiffen steht die Namensänderung im Belieben des Eigentümers. Eine Genehmigung zur Namensänderung durch irgendeine Behörde ist bei Binnenschiffen nicht erforderlich.

a) Anmeldung einer Namensänderung
(Die Anmeldung bedarf nicht der Form des § 37 SchRO).
..... und erklärt:
Als Eigentümer des im Binnenschiffsregister des Amtsgerichts ..... unter Nummer ..... eingetragenen Schleppkahns ..... melde ich zur Eintragung in das genannte Binnenschiffsregister an, daß der Name des Schiffes in „.....“ geändert worden ist.
Ich versichere die Richtigkeit meiner Angaben an Eides Statt und überreiche den Eichschein und den Schiffsbrief mit der Bitte um Rückgabe.

b) Eintragungsverfügung

1. Eintragen in das Binnenschiffsregister Nr. .....
   Abteilung I:
   Sp. 1: ..... (neuer Name)
   Sp. 7: 1
   Sp. 8: Das Schiff führt jetzt den Namen „.....“. Eingetragen am .....

2. Der bisherige Schiffsname ist in Sp. 1 zu röten.
3. Eintragung auf dem Schiffsbrief vermerken. Schiffsbrief und Eichschein an ..... in ..... senden. — Einschreiben gegen Rückschein.
4. Nachricht an:
   a) Schiffseigner,
   b) Berechtigte Abteilung III.
5. Karteien berichtigen.
6. Herrn Kostenbeamten.

III. Gattung — Hauptbaustoff Heimatort — Heimatortverlegung

1. Gattung und Hauptbaustoff

Unter Gattung ist die Art des Schiffes zu verstehen, durch deren Angabe das Schiff seiner Eigenart nach kurz und treffend geschildert wird. Einerseits kann das Schiff nach seiner Triebkraft oder auch nach seiner fehlenden Triebkraft charakterisiert werden, z. B. Tankschiff. Es können aber auch die Merkmale gleich als Fahrzeugtypen angegeben werden, z. B. Elbemeßkahn (400 t).
Die Gattung ergibt sich aus dem Eichschein.
Bei der Anmeldung ist auch der Hauptbaustoff des Schiffes anzugeben, z. B. Motorschiff aus Eisen.
Der Glaubhaftmachung dieser Angaben bedarf es nicht.

2. Heimatort und Verlegung des Heimatortes

Binnenschiffe haben einen Heimatort.
Maßgebend ist der Ort, von dem aus die Schiffahrt tatsächlich betrieben wird und nicht der Wohnsitz des Schiffseigners.
Jedes Schiff kann nur einen Heimatort haben.
Von Notaren wird es häufig übersehen, daß bei Schiffsveräußerungen sich oft der Heimatort des Schiffes verändert. Die Notare sollten daher bei Schiffsveräußerungen besonderes Augenmerk über Veränderungen des Heimatortes richten.
Nach § 13 SchRO bedarf die Angabe des Heimatortes der Glaubhaftmachung, wozu die eidesstattliche Versicherung ausreicht.
Die Heimatortverlegung ist die Anmeldung einer Tatsache und bedarf daher nicht der Form des § 37 SchRO. Anmeldepflichtig ist der Eigentümer des Schiffes. Die Anmeldung ist bei dem Registergericht des bisherigen Heimatortes einzureichen.

(1) Heimatortverlegung innerhalb des Bezirks des bisherigen Registergerichts

a) Anmeldung

Ich, der Schiffer ..... in ..... bin im Binnenschiffsregister des Amtsgerichts ..... unter Nummer ..... als Eigentümer des Tankschiffes ..... (Name) eingetragen. Die Schiffahrt wird jetzt von ..... aus betrieben. Der Heimatort des Schiffes ist demnach .....
Ich versichere die Richtigkeit dieser Angabe an Eides Statt und beantrage die Heimatortverlegung des Schiffes in das genannte Binnenschiffsregister einzutragen.

b) Eintragungstext

(Name des neuen Heimatortes)
Der Heimatort des Schiffes ist nach ..... verlegt. Eingetragen am .....

Der bisherige Heimatort in Sp. 1 ist zu röten.

(2) Heimatortverlegung außerhalb des Bezirks des Registergerichts

a) Anmeldung

..... und erklärt:
Im hiesigen Binnenschiffsregister bin ich unter Nummer ..... als Eigentümer des Schleppkahns ..... eingetragen.
Zur Eintragung in das genannte Binnenschiffsregister melde ich an:

1. Mein Wohnsitz hat sich geändert. Ich wohne jetzt in ....., ...-straße.
2. Den Heimatort des Schiffes habe ich von ..... nach ..... verlegt.

Ich überreiche den Schiffsbrief und den Eichschein.
Die Richtigkeit meiner Angaben versichere ich an Eides Statt.

b) Eintragungsverfügung bei dem Registergericht des bisherigen Heimatortes

1. Eintragen in das Binnenschiffsregister Nr. .....
   a) **Aufschrift:**
      Das Registerblatt ist infolge Verlegung des Heimatortes nach ..... geschlossen. Eingetragen am .....
   b) **Abteilung I:**
      Sp. 7: .....
      Sp. 8: Der Heimatort des Schiffes ist nach ..... verlegt. Eingetragen am .....
   c) **Abteilung II:**
      Sp. 4: .....
      Sp. 5: Der ..... (Name des Schiffseigners) wohnt jetzt in ..... Eingetragen am .....

2. Bisheriger Wohnsitz des Schiffseigners in Abteilung II Sp. 2 röten.
3. Sämtliche Seiten des Registerblattes rot durchkreuzen.
4. Handblatt ergänzen, auf Vollständigkeit überprüfen und beglaubigen.
5. Eintragungen auf dem Schiffsbrief vermerken.
6. Nachricht an:
   a) Schiffseigner,
   b) evtl. Berechtigte in Abt. III,
   c) Statistisches Bundesamt.
7. Karteien berichtigen.
8. **Urschriftlich** mit Akten, beglaubigen Handblatt, Schiffsbrief und Eichschein an das Amtsgericht — Abt. Binnenschiffsregister — in ..... zur weiteren Veranlassung übersandt. Um Mitteilung der Bezeichnung des neuen Registerblattes zu gegebener Zeit wird gebeten.
9. Retent nach 1 Monat.

c) Eintragungsverfügung bei dem Registergericht des neuen Heimatortes

1. Eintragen in das Binnenschiffsregister Nr. ..... (neu)

   a) **Aufschrift:**
   Das Schiff ist von Blatt Nr. ..... des Binnenschiffsregisters des Amtsgerichts in ..... hierher übertragen am .....

   b) **Abteilung I:**

   Sp. 1: ..... (Name des Schiffes) (bisheriger u. neuer Name).
   Sp. 2: Eiserner Schleppkahn.
   Sp. 3: 19....., Ort und Name der Werft.
   Sp. 4: bisheriger Heimatort, der rot zu unterstreichen ist, neuer Heimatort.
   Sp. 5 a: ..... (Zahl der Tonnen).
   Sp. 5 b: ..... (Zahl der Maschinenleistung).
   Sp. 5 c: Eichschein vom ....., ausgestellt vom .....
   Sp. 6: Eingetragen am .....
   Die Übereinstimmung des Inhalts des bisherigen Blattes wird bescheinigt. Eingetragen am .....
   Sp. 7: 1
   Sp. 8: Das Schiff führt jetzt den Namen .....
   Eingetragen am .....
   Sp. 7: 4
   Sp. 8: Der Heimatort des Schiffes ist nach ..... verlegt worden. Eingetragen am .....
   Die Übereinstimmung mit dem Inhalt des bisherigen Blattes wird bescheinigt. Eingetragen am .....

c) **Abteilung II:**
Sp. 1: 1
Sp. 2: Schiffer ..... in .....
Sp. 3: —
Sp. 4: 1
Sp. 5: Neubau. Eingetragen am .....
Sp. 4: 1
Sp. 5: Der ..... wohnt jetzt in ..... Eingetragen am ..... Die Übereinstimmung mit dem Inhalt des bisherigen Blattes wird bescheinigt. Eingetragen am .....

2. Bisherigen Schiffsbrief unbrauchbar machen und zu den Akten nehmen.
3. Es ist ein neuer Schiffsbrief auszustellen.
4. Neuen Schiffsbrief und Eichschein an den Schiffer ..... in ..... senden. — Einschreiben gegen Rückschein.
5. Nachricht an:
   a) Schiffseigner,
   b) evtl. Berechtigte in Abt. III,
   c) Statistisches Bundesamt,
   d) Amtsgericht in ..... zu ..... BSR .....
6. Handblatt anlegen.
7. Karteien (Schiffs- und Eigentümerkartei).

d) Eintragungsverfügung bei dem Registergericht des bisherigen Heimatortes

1. Eintragen in das Binnenschiffsregister Nr. .....
   Aufschrift (unter dem Schließungsvermerk):
   Das Schiff ist im Binnenschiffsregister des Amtsgerichts ..... in Band ..... Blatt-Nr. ..... eingetragen.

(3) Heimatortverlegung in den Bezirk eines anderen Registergerichts unter gleichzeitiger Änderung der Verwendung des Schiffes in ein Seeschiff

a) Anmeldung

Im Binnenschiffsregister des Amtsgerichts ..... bin ich, der ..... in ..... unter Nummer ..... als Eigentümer des .....schiffes (Name) eingetragen.
Die Schiffahrt wird nicht mehr von ....., sondern von ..... betrieben. Gleichzeitig findet das Schiff nicht mehr eine Verwendung als Binnenschiff, sondern als Seeschiff.
Vorstehende Angaben versichere ich an Eides Statt.
Ich überreiche
den Schiffsbrief,

den Eichschein,
den Schiffsmeßbrief des Bundesamtes für Schiffsvermessung vom .....
und beantrage

a) die Heimatortverlegung (Heimathafenverlegung) in das Schiffsregister einzutragen,
b) das Schiff in das Seeschiffsregister des Amtsgerichts in ..... einzutragen,
c) das Binnenschiffsregister zu schließen und
d) die Registerakten an das Amtsgericht in ..... abzugeben.

Wegen der Vermessungsergebnisse als Seeschiff nehme ich auf den überreichten Schiffsmeßbrief des Bundesamtes für Schiffsvermessung in Hamburg vom ..... Bezug.
Die Maschinenleistung ist unverändert.
Zum Nachweis über meine deutsche Staatsangehörigkeit überreiche ich mit der Bitte um Rückgabe .....

b) Eintragungsverfügung bei dem Registergericht des bisherigen Heimatortes

1. Abschrift (Durchschrift) dieser Verfügung als Retent fertigen.
2. Eintragen im Binnenschiffsregister Nr. .....
   a) **Aufschrift:**
   Wegen Verlegung des Heimatortes nach ..... geschlossen. Eingetragen am .....
   Sp. 4: (neuer Heimatort — Heimathafen)
   Sp. 7: 4
   Sp. 8: Der Heimatort des Schiffes ist nach ..... verlegt worden. Eingetragen am .....
3. In Abteilung I Sp. 4 ist der Name des bisherigen Heimatortes zu röten.
4. Handblatt ergänzen, auf Vollständigkeit überprüfen und beglaubigen.
5. Eintragung auf dem Schiffsbrief ergänzen.
6. Nachricht an:
   a) Schiffseigentümer,
   b) sämtliche aus dem Register ersichtliche Berechtigte,
   c) Eichbehörde,
   d) evtl. Notar.
   e) Statistisches Bundesamt.
7. Kartei.
8. **Urschriftlich** mit Akten, begl. Handblatt, Schiffsbrief, Eichschein, Anmeldung vom ..... und Schiffsmeßbrief vom ..... an das Amtsgericht — Abt. Seeschiffsregister — in ..... mit der Bitte um weitere Veranlassung übersandt.
   Um Eintragungsnachricht zu gegebener Zeit wird gebeten.
9. Retent nach .....

c) Eintragungsverfügung des Seeschiffsregistergerichts des neuen Heimathafens

1. Eintragen in das Seeschiffsregister Nr. ..... (neu)

   a) **Aufschrift:**
   Das Schiff ist vom Binnenschiffsregister des Amtsgerichts ..... Band ..... Blatt ..... hierher übertragen am .....

   b) **Abteilung I:**
   Sp. 1: (Name des Schiffes).
   Sp. 2: hier Unterscheidungssignal eintragen.
   Sp. 3: Motorschiff.
   Sp. 4: (Eintragung aus Spalte 3 des Binnenschiffsregisters übernehmen).
   Sp. 5: (Name des neuen Heimathafens), früher .....
   (die Worte „früher ....." sind rot zu unterstreichen).
   Sp. 6 a: (Vermessungsergebnis aus dem Schiffsmeßbrief entnehmen).
   Sp. 6 i: Bundesamt für Schiffsvermessung in Hamburg vom .....
   Sp. 6 k: (Eintragung aus Sp. 5 b des Binnenschiffsregisters übernehmen).
   Sp. 7: Eingetragen im Binnenschiffsregister des Amtsgerichts in ..... am .....
   Die Übereinstimmung mit dem Inhalt des bisherigen Blattes unter gleichzeitiger Berücksichtigung der Ergebnisse der amtlichen Vermessung wird bescheinigt. Eingetragen am .....
   Sp. 8: 5
   Sp. 9: Die Heimatortverlegung (jetzt Heimathafen) eingetragen im Binnenschiffsregister des Amtsgerichts ..... am .....
   Die Übereinstimmung mit dem Inhalt des bisherigen Blattes wird bescheinigt. Eingetragen am .....
   Sp. 10: Recht zur Führung der Bundesflagge gemäß § 1 Abs. 1 Flaggenrechtsgesetz festgestellt und eingetragen am .....

   c) **Abteilung II:**
   Sp. 1:
   Sp. 2: a) ..... Eigentümer mit Namen, Vornamen, Beruf und Wohnort
   Sp. 3: —
   Sp. 4: 1
   Sp. 5: Kauf. Auf Grund der Einigungserklärung vom ..... eingetragen am ..... (Datum aus dem Binnenschiffsregister).

Die Übereinstimmung mit dem Inhalt des bisherigen Blattes wird bescheinigt. Eingetragen am .....

d) **Abteilung III:**
Hier sind sämtliche Eintragungen aus dem Binnenschiffsregister zu übernehmen.
In den Spalten 3, 6 und 8 — wenn die entsprechenden Eintragungen aus den Spalten 1 bis 8 übernommen werden — ist folgender Vermerk einzutragen:
Die Übereinstimmung mit dem Inhalt des bisherigen Blattes wird bescheinigt. Eingetragen am .....

2. Eintragung des Schiffes und Unterscheidungssignal auf dem Schiffsmeßbrief vermerken. Schiffsmeßbrief an ..... in ..... senden. — Einschreiben gegen Rückschein.
3. Es ist ein Schiffszertifikat zu fertigen. Schiffszertifikat an ..... in ..... senden. — Einschreiben gegen Rückschein.
4. Auf dem bisherigen Schiffsbrief ist die Eintragung des Schiffes in das Seeschiffsregister zu vermerken. Schiffsbrief unbrauchbar machen und zu den Akten nehmen.
5. In der Liste der Unterscheidungssignale vermerken.
6. Nachricht an:
   a) Schiffseigentümer,
   b) sämtliche aus dem Register ersichtliche Berechtigte,
   c) Amtsgericht — Abt. Binnenschiffsregister — in ..... zu ..... BSR .....
   d) evtl. Notar.
   e) Behörden wie Seite .....
7. Kartei.
8. Herrn Kostenbeamten.

d) Eintragungsverfügung bei dem Binnenschiffsregistergericht, nachdem dort die Eintragungsnachricht des Seeschiffsregistergerichts vorliegt

1. Eintragen in das Binnenschiffsregister Nr. .....
   Aufschrift:
   Das Schiff ist in das Seeschiffsregister des Amtsgerichts in ..... unter der Nummer ..... eingetragen worden. Eingetragen am .....
3. Sämtliche Seiten des Registerblattes — mit Ausnahme der Aufschrift — sind rot zu durchkreuzen.

IV. Eichung (Vermessung)

1. Allgemeines

Gesetzliche Grundlagen für die Eichung von Binnenschiffen sind

a) die Eichordnung für Binnenschiffe auf deutschen Wasserstraßen nebst Ausführungsbestimmungen vom 23. März 1928 — RVerfBl. 19; RMBl. 169 —,

b) die Zweite Verordnung zur Änderung der Eichordnung für Binnenschiffe auf deutschen Wasserstraßen vom 21. Dezember 1965 — BGBl. II, 1931 —,
c) die Dritte Verordnung zur Änderung der Eichordnung für Binnenschiffe auf deutschen Wasserstraßen vom 19. Juni 1969 — BGBl. II, 1189 — und
d) das Gesetz betreffend das Übereinkommen über die Eichnug der Binnenschiffe vom 21. Mai 1927 — RGBl. II, 355 —.

Die Eichung bezweckt die Feststellung entweder des Gewichtes des Schiffes oder des Gewichtes seiner Ladung nach Maßgabe der Eintauchung.

Die Eichung bzw. Nacheichung eines Schiffes ist bei demjenigen Schiffseichamt, welchem das Schiff bereitgestellt werden soll, schriftlich zu beantragen.

Antragsberechtigt sind:

a) der Eigentümer des Schiffes,
b) der Schiffer,
c) im Falle der Nacheichung auch die Schiffahrtspolizei.

Voraussetzung für die Vornahme der Eichung ist

1. daß das Schiff in seinem gegenwärtigen Zustand noch nicht geeicht ist oder,
2. daß bei einem nach der Eichordnung vom 23. 3. 1928 geeichten Schiffe ein Antrag auf Nacheichung vorliegt oder,
3. daß sich im Verlaufe der Nacheichung eine Neueichung als erforderlich herausstellt oder,
4. daß das Schiff mit der vollen Ausrüstung versehen ist.

Eine Nacheichung, die ebenfalls auf Antrag erfolgt, wird erforderlich

a) spätestens drei Monate nach Vollendung jeder größeren Ausbesserung,
b) spätestens drei Monate nach jeder Änderung der äußeren oder inneren Masse des Schiffes,
c) spätestens drei Monate nach jedem wesentlichen Umbau,
d) spätestens zehn Jahre nach der Ausfertigung des Eichscheins, auch dann, wenn bei dem Schiff keine Veränderungen vorgenommen wurden.

Anstelle der Nacheichung kann auf Antrag eine Neueichung ausgeführt werden.

Unterbleibt die Nach- oder Neueichung mangels eines Antrages in den unter Buchstaben a) bis d) aufgeführten Fällen, so wird der Eichschein ungültig.
Ungültig gewordene Eichscheine sind einzuziehen. Wird der ungültig gewordene Eichschein nicht zurückgegeben, so ist seine Ungültigkeit öffentlich bekanntzugeben. Die dadurch entstehenden Kosten sind bei Erteilung eines neuen Eichscheins von dem Schiffseigentümer einzuziehen.
Dem Antrage auf Eichung oder Nacheichung eines Schiffes sind beizufügen:

1. der etwa früher für das Schiff erteilte Eichschein,
2. eine Erklärung für die für das Fahrzeug erforderliche Mannschaft nach Art und Zahl,
3. ein Verzeichnis der zur vollen Ausrüstung gehörenden Gegenstände mit ungefährer Gewichtsangabe. Zur Ausrüstung gehören auch die Vorräte; das Wasser, das aus dem Schiffsraum mit den gewöhnlichen Schöpfmitteln nicht zu entfernen ist; bei Schiffen mit eigener Antriebskraft auch das Wasser, das normalerweise zum Betrieb der Maschinenanlage benötigt wird.

2. Eichschein, Eichzeichen

Für jedes geeichte Schiff ist ein Eichschein auszufertigen, der stets an Bord mitzuführen ist. Vor der Ausfertigung des Eichscheins sind die Eichzeichen (Eichskalen) an dem Schiff anzubringen.
Eichscheine zerschlagener oder endgültig außer Betrieb gestellter Fahrzeuge sind von ihrem letzten Eigentümer an das Schiffseichamt des Bezirks, in dem die Zerschlagung oder Außerbetriebstellung erfolgte, abzuliefern.

(1) Antrag auf Eichung eines Schiffes

Ich, der ..... in ..... habe den Schleppkahn ..... auf der Werft ..... in ..... auf eigene Rechnung erbauen lassen. Das Schiff ist am ..... fertiggestellt und dient zur Schiffahrt auf den ..... Wasserstraßen. Heimatort des Schiffes ist .....
Eine Eichung des Schiffes ist bisher nicht erfolgt.
Die Schiffsbesatzung besteht aus ..... Personen, nämlich .....
Das Schiff ist wie folgt ausgerüstet: .....
Ich beantrage, die Eichung des Schiffes durchzuführen, die Eichzeichen an dem Schiff anzubringen und mir den Eichschein zu erteilen.

(2) Neueichung eines Schiffes

a) Antrag auf Neueichung

Ich, der ..... in ..... bin als Eigentümer des im Binnenschiffsregister des Amtsgerichts ..... unter Nr. ..... eingetragenen .....schiffes ..... (Name) eingetragen.

Das Schiff ist umgebaut worden, dadurch haben sich die Maße verändert. Der Umbau ist auf der Werft ..... in ..... durchgeführt und am ..... beendet worden.

Die Schiffsbesatzung besteht aus ..... Personen, nämlich .....

Das Schiff ist wie folgt ausgerüstet .....

Das Schiff dient wie früher der Binnenschiffahrt. Heimatort des Schiffes ist unverändert .....

Ich überreiche den Eichschein vom ....., ausgestellt vom Eichamt in ..... und beantrage, die Neueichung des Schiffes durchzuführen, die Eichzeichen an dem Schiff anzubringen und den neuen Eichschein mir auszuhändigen.

b) Anmeldung der Neueichung zur Eintragung in das Binnenschiffsregister

Ich überreiche den Schiffsbrief vom ..... und den Eichschein des Schiffsamtes ..... vom .....

Mein im Binnenschiffsregister des Amtsgerichts ..... unter Nr. ..... eingetragenes .....schiff ..... (Name) habe ich neu vermessen lassen. Nach dem überreichten Eichschein beträgt die Tragfähigkeit des Schiffes jetzt ..... Tonnen.

Ich beantrage, die Neueichung in das Binnenschiffsregister einzutragen und den Schiffsbrief, nachdem die Eintragung der Neueichung auf ihm vermerkt worden ist und den Eichschein mir wieder auszuhändigen.

c) Eintragungsverfügung

1. Eintragen in das Binnenschiffsregister Nr. .....

   Abteilung I:

   Sp. 5 a: (die Tragfähigkeit in Tonnen aus dem neuen Eichschein entnehmen).

   Sp. 5 c: Eichschein Nr. ..... vom ..... des Schiffseichamtes in .....

   Sp. 8: Das Schiff ist neu geeicht. Eingetragen am .....
2. Die frühere Eintragung, soweit sie von der Änderung betroffen wird, ist in Sp. 5 a und 5 c zu röten.
3. Auf dem Schiffsbrief ist die Eintragung zu vermerken und die frühere Eintragung, die von der Änderung betroffen wird, zu röten. Schiffsbrief an ..... senden. — Einschreiben gegen Rückschein.

4. Auf den Eichschein ist folgender Vermerk zu setzen:
Das vorbezeichnete Schiff ist am ..... unter Nr. ..... im Binnenschiffsregister des Amtsgerichts ..... mit dem Heimatort ..... eingetragen worden.

Das Amtsgericht
....., den .....
Rechtspfleger

5. Eichschein an ..... in ..... senden. — Einschreiben gegen Rückschein.
6. Nachricht von der Eintragung an:
   a) den Schiffseigentümer,
   b) das Schiffseichamt in .....,
   c) die eingetragenen Berechtigten.
6. Kosten.

V. Eigentum an einem Binnenschiff

1. Allgemeines

Ist das Schiff neu erbaut, so muß der Eigentümer darlegen und nach § 13 SchRO glaubhaft machen, entweder daß er es selbst erbaut hat oder wer es erbaut hat. Gegebenenfalls kann der Bauschein oder der Bauvertrag von dem Schiffseigner erfordert werden. Zur Übertragung des Eigentums an einem Binnenschiff, das im Binnenschiffsregister eingetragen ist, ist die Einigung des Schiffseigentümers und des Erwerbers hierüber **und** die Eintragung des Eigentumsübergangs in das Binnenschiffsregister erforderlich (§ 3 SchG).

Der Kaufvertrag ist an keine Form gebunden.

Für die Einigung ist die gleichzeitige Anwesenheit der beiden Vertragspartner nicht erforderlich, auch getrennte Erklärungen sind möglich. Für die Einigung ist die notarielle Beglaubigung nach §§ 30, 37 SchRO erforderlich.

Das Institut der Partenreederei ist für Binnenschiffe nicht vorgesehen.

2. Eigentumserwerb auf Grund von Kauf

a) Muster für einen Kaufvertrag

Kaufvertrag
zwischen

dem ..... in ..... (Verkäufer)

und

dem ..... in ..... (Käufer).

§ 1

Der vorgenannte Verkäufer verkauft dem ..... in ..... das im Binnenschiffsregister des Amtsgerichts in ..... unter der Nummer ..... eingetragene .....schiff „..... (Name)".

§ 2

Das Schiff soll auf der Werft ..... in ..... auf Slipp gezogen werden zur Durchführung der Bodenbesichtigung. Die Kosten der Werft trägt der Käufer.

Für den Fall, daß für die Fahrterlaubnis erhebliche Mängel festgestellt werden, kann der Verkäufer von diesem Vertrage zurücktreten. Wenn der Verkäufer nicht zurücktritt, hat er diese Mängel auf seine Kosten zu beseitigen.

Im übrigen wird das Schiff in dem bestehenden und von dem Erwerber besichtigten Zustand verkauft. Jede Gewährleistung ist ausgeschlossen.

§ 3

Der Kaufpreis beträgt DM ..... (in Worten: Deutsche Mark .....). Dieser Betrag ist an die ..... Bank in ..... auf das Konto Nr. ..... zu überweisen. Die Bank kann über den Betrag zugunsten des Verkäufers verfügen, sobald gewährleistet ist, daß das Schiff im Binnenschiffsregister auf den Erwerber schuldenfrei umgeschrieben wird.

§ 4

Die entstehenden Kosten für die Löschung der zur Zeit im Binnenschiffsregister eingetragenen Belastungen trägt der Verkäufer.

§ 5

Die Übergabe des Schiffes soll schnellstens nach dem Slippen in ..... erfolgen.

b) Muster für die Einigungserklärung und Antrag auf Eintragung des Erwerbers

Im Binnenschiffsregister des Amtsgerichts in ..... ist der ..... in ..... unter Nummer ..... als Eigentümer des .....schiffes „..... (Name)" eingetragen.

Der ..... hat das genannte Schiff mit Kaufvertrag vom ..... an den ..... in ..... zum Kaufpreis von ..... DM verkauft.

Ich der eingetragene Eigentümer des Schiffes, ... in ..... und ich, der Erwerber, ... in ..... sind darüber einig, daß das Eigentum an dem genannten Schiff auf den ..... in ..... übergeht.

Ich, der Veräußerer bewillige und ich, der Erwerber, beantrage, daß als Eigentümer des Schiffes der ..... in ..... im Binnenschiffsregister eingetragen wird.

Wir überreichen, den Schiffsbrief und den Eichschein und beantragen, diese Schiffsurkunden an ..... in ..... zu übersenden.
Die Kosten, die durch die Eigentumsumschreibung entstehen, trägt der ..... in .....

c) Eintragungsverfügung

1. Eintragen im Binnenschiffsregister Nr. .....
   Abteilung II:
   Sp. 1: 2
   Sp. 2: ..... neuer Eigentümer mit Namen, Vornamen, Beruf und Wohnort.
   Sp. 3: —
   Sp. 4: 2
   Sp. 5: Auf Grund der Einigungserklärung vom ..... eingetragen am .....
2. Eintragung unter lfd. Nr. 1 in Sp. 1—5 röten.
3. Eintragung auf dem Schiffsbrief vermerken. Schiffsbrief und Eichschein an ..... in ..... senden. — Einschreiben gegen Rückschein.
4. Nachricht an:
   Veräußerer, Erwerber, Berechtigte, Notar, Eichamt.

3. Eigentumsvormerkung bei einem Binnenschiff

(1) Eintragung der Eigentumsvormerkung

a) Anmeldung

..... und erklärt:
Ich bin als Eigentümer des im Binnenschiffsregister des Amtsgerichts ..... unter Nummer ..... verzeichneten Schleppkahns ..... eingetragen.
Ich bewillige und beantrage, für den Schiffer ..... in ..... eine Vormerkung zur Sicherung des Anspruchs auf Übertragung des Eigentums in dem genannten Binnenschiffsregister einzutragen. Ich überreiche den Schiffsbrief mit der Bitte um Rückgabe.
Der Wert des Schiffes beträgt ..... DM.

b) Eintragungsverfügung

1. Eintragen in das Binnenschiffsregister Nr. .....
   Abteilung II:
   Sp. 4: .....
   Sp. 5: Vormerkung zur Sicherung des Anspruchs auf Übertragung des Eigentums. Unter Bezugnahme auf die Bewilligung vom ..... für den Schiffer ..... in ..... eingetragen am .....

2. Eintragung auf dem Schiffsbrief vermerken. Schiffsbrief an den Schiffer ..... in ..... senden. — Einschreiben gegen Rückschein.
3. Nachricht an:
   a) Schiffseigner,
   b) Vormerkungsberechtigten,
   c) Notar.

(2) Löschung der Eigentumsvormerkung

a) Antrag

..... und erklärt:
Im Binnenschiffsregister Nummer ..... des Amtsgerichts ..... steht für mich in Abteilung II eine Vormerkung zur Sicherung des Anspruchs auf Eigentumsübertragung eingetragen. Ich bewillige und beantrage die Löschung dieser Eigentumsvormerkung in dem genannten Binnenschiffsregister.

b) Eintragungsverfügung

1. Eintragen in das Binnenschiffsregister Nr. .....
   Abteilung II:
   Sp. 4: .....
   Sp. 5: Vormerkung zur Sicherung des Anspruchs auf Eigentumsübertragung für den Schiffer ..... gelöscht am .....
2. Eintragung der Vormerkung in Abt. II Sp. 4 und 5 röten.
3. Handblatt ergänzen.
4. Nachricht an:
   a) Schiffseigner,
   b) Vormerkungsberechtigten,
   c) Notar.
5. Schreiben an den Schiffseigner:
   Sehr geehrter Herr .....!
   Sie werden gebeten, umgehend den Schiffsbrief zwecks Berichtigung einzureichen.
   Hochachtungsvoll
6. Nach ..... (Schiffsbrief berichtigen).

Wegen weiterer Eintragungen, die das Eigentum betreffen, z. B.:
ein Eigentümer übersprungen,
Bruchteilseigentum — nicht Partenreederei —,
Erwerb durch Ersitzung,
Verlust des Eigentums,
Aufgabe des Eigentums und
Verfügungsbeschränkungen
siehe Teil I, 7.

VI. Löschung eines Binnenschiffs

1. Löschung wegen Ausbesserungsunfähigkeit

a) Anmeldung

..... und erklärt:
Ich bin im hiesigen Binnenschiffsregister unter Nummer ..... als Eigentümer des Schleppkahns ..... eingetragen.
Das Schiff ist ausbesserungsunfähig. Zum Beweise für die Richtigkeit meiner Angabe überreiche ich eine Bescheinigung des Werftbesitzers ..... in .....
Das Schiff ist nicht mit Rechten Dritter belastet.
Ich beantrage die Löschung des Schiffes in dem genannten Binnenschiffsregister und überreiche den Schiffsbrief und den Eichschein.

b) Eintragungsverfügung

1. Eintragen in das Binnenschiffsregister Nr. .....
   a) **Aufschrift:**
   Das Registerblatt ist wegen Löschung des Schiffes infolge Ausbesserungsunfähigkeit geschlossen. Eingetragen am .....
   b) **Abteilung I:**
   Sp. 9: Das Schiff ist ausbesserungsunfähig und wird daher gelöscht. Eingetragen am .....
2. Sämtliche Seiten des Registerblattes sind rot zu durchkreuzen.
3. Handblatt ergänzen.
4. Löschung des Schiffes auf dem Schiffsbrief vermerken.
   Schiffsbrief unbrauchbar machen und zu den Akten nehmen.
5. Eichschein zu den Akten nehmen.
6. Nachricht an:
   a) Schiffseigner,
   b) Statistisches Bundesamt.
7. Karteien berichtigen.

2. Löschung wegen Ausbesserungsunfähigkeit und gleichzeitige Eintragung eines Binnenschiffsbauwerks im Schiffsbauregister unter Verwendung von noch verwertbaren Rumpfteilen und Materialien des im BSR gelöschten Schiffes

a) Schreiben an Gläubiger betr. Löschungsbewilligung

Betr.: Binnenschiff ....., Eigentümer .....
Herr ..... läßt das o. a. Binnenschiff, einen Schleppkahn, im Binnenschiffsregister löschen, weil aus den noch verwertbaren Rumpfteilen und Materialteilen dieses Schiffes ein völliger Neubau erstellt werden

soll, und zwar auf der Schiffswerft ..... in ..... unter der Neubau-Nr. .....
Zur Löschung des alten Schleppkahns im Binnenschiffsregister, ohne die die Neueintragung des neuen Schiffsbauwerks nicht erfolgen kann, ist Ihre Löschungsbewilligung in doppelter Hinsicht erforderlich, nämlich

1. bezüglich der Hypotheken und
2. bezüglich des alten Schiffes im Binnenschiffsregister.

Genau dieselbe Erklärung wird die ..... in ..... hinsichtlich der für sie eingetragenen Hypotheken abgeben. Ich habe für die ..... zugleich den Entwurf dieser Erklärung gefertigt. Ich lege den Entwurf für Sie bei, mit der Bitte, auf der Urkunde die Unterschriften Ihrer vertretungsberechtigter Herren notariell beglaubigen zu lassen und mir dann möglichst umgehend die Urkunde zurückzusenden.
Wie mir die ..... in ..... heute telefonisch bestätigt hat, und zwar auf Grund einer gleichen Erklärung des Herrn ....., hat die ..... Bank an Sie am ..... einen Betrag von DM ..... gezahlt, so daß die für Sie eingetragene Schiffshypothek gegenstandslos geworden ist.

b) Entwurf der im Schreiben zu a) erwähnten Erklärung

Für uns, die ..... in ..... stehen im Binnenschiffsregister des Amtsgerichts ..... unter Nr. ..... in Abteilung III unter lfd. Nr. ...... DM .....
(Deutsche Mark: .....) Höchstbetragsschiffshypothek eingetragen.
Wir bewilligen hiermit die Löschung dieser Hypothek im Binnenschiffsregister.
Gegen die Löschung des in dem genannten Binnenschiffsregister eingetragenen Schleppkahns ..... wegen Ausbesserungsunfähigkeit (§ 20 Abs. 1 SchRO) erheben wir keinen Widerspruch.

....., den .....

(Notarielle Unterschriftsbeglaubigung und .....)

c) Antrag des Schiffseigentümers auf Löschung der Hypotheken und des Schiffes im Binnenschiffsregister

Ich, der Schiffseigner ..... in ..... überreiche anliegend

1. den Schiffsbrief,
2. die Bescheinigung der Schiffswerft ..... in ..... über die Ausbesserungsunfähigkeit des Schiffes .....,
3. die Löschungsbewilligung
   a) der ..... in ..... über die Löschung der Höchstbetragshypothek Abteilung III lfd. Nr. ..... über DM ..... und
   b) der ..... in ..... über die Löschung der Hypotheken Abteilung III Nr. ..... über DM ..... und lfd. Nr. ..... über DM .....

mit dem Antrage, die in den vorgenannten Löschungsbewilligungen aufgeführten Hypotheken im Binnenschiffsregister zu löschen und sodann den unter Nr. ..... eingetragenen Schleppkahn ..... selbst im Binnenschiffsregister zu löschen.

....., den .....

(Notarielle Unterschriftsbeglaubigung)

d) Abwrackbescheinigung

Wir, die Schiffswerft ..... in ..... bescheinigen hiermit, daß wir aus den verwertbaren Teilen des Rumpfes und der Materialien des im Binnenschiffsregister des Amtsgerichts ..... unter Nummer ..... eingetragenen Schleppkahns ..... ein neues Binnenmotorschiff erbauen. Der Neubau soll im Schiffsbauregister des Amtsgerichts ..... eingetragen und zugleich mit Schiffshypotheken für die ..... in ..... belastet werden.

Die Neubauarbeiten sind bereits in Angriff genommen.

Wir bescheinigen demgemäß hiermit nach §§ 20 Abs. 1, 17 Abs. 5 der Schiffsregisterordnung, daß der im Binnenschiffsregister des Amtsgerichts ..... unter der Nummer ..... eingetragene Schleppkahn ..... ausbesserungsunfähig geworden ist.

....., den .....

e) Eintragungsverfügung des Registergerichts

1. Eintragen in das Binnenschiffsregister Nr. .....
   a) **Aufschrift:**
      Das Schiff ist ausbesserungsunfähig. Das Registerblatt ist daher geschlossen. Eingetragen am .....
   b) **Abteilung I:**
      Sp. 9: Das Schiff ist ausbesserungsunfähig und aus diesem Grunde abgewrackt. Die Eintragung des Schiffes ist daher gelöscht. Eingetragen am .....
   c) **Abteilung III:**
      Sp. 7: (lfd. Nr. der Hypothek).
      Sp. 8: ..... Deutsche Mark gelöscht am .....
2. Folgende Eintragungen sind zu röten .....
3. Sämtliche Seiten des Registerblattes — mit Ausnahme der Aufschrift — sind rot zu durchkreuzen.
4. Löschung auf dem Schiffsbrief vermerken. Schiffsbrief unbrauchbar machen und zu den Akten nehmen.
5. Kartei.
6. Nachricht an:
   a) Eigentümer,
   b) Gläubiger,
   c) Eichamt in .....
7. Kosten.

f) Antrag auf Eintragung des Binnenschiffsbauwerks

Ich, der Schiffseigentümer ..... in ..... melde hiermit das auf der Werft ..... in ..... unter Neubau-Nr. ..... zu erstellende Binnenschiffsbauwerk zur Eintragung in das Schiffsbauregister des Amtsgerichts ..... an.

Das Schiffsbauwerk bzw. das fertiggestellte Schiff soll den Namen

.....

haben.

Das Schiff wird unter Verwendung von noch verwertbaren Rumpfteilen und Materialien des früheren Schleppkahns ....., das im Binnenschiffsregister des Amtsgerichts ..... unter Nummer ..... eingetragen war, aus Stahl gebaut.

Eigentümer des Schiffsbauwerks bin ich selbst.

Die nach § 69 Abs. 2 SchRO erforderliche Erklärung des Inhabers der Werft, sowie die nach § 69 Abs. 3 SchRO erforderliche Bescheinigung der Schiffsvermessungsbehörde bzw. Eichbehörde wird unmittelbar dem Registergericht nachgereicht werden.

Zugleich mit dem vorstehenden Antrage auf Eintragung des Schiffsbauwerks überreiche ich unter Bezugnahme auf § 66 SchRO die Schuldurkunden vom heutigen Tage mit dem Antrage, gleichzeitig mit der Eintragung des Schiffsbauwerks auch die für die ..... in ..... bewilligten Schiffshypotheken in das Schiffsbauregister einzutragen.

....., den .....

(Notarielle Unterschriftsbeglaubigung).

g) Erklärung des Werftinhabers

(Die Erklärung der Schiffswerft ist in Urkundsform gem. § 69 Abs. 2 SchRO einzureichen.)

Betr.: Neubau-Nr. ..... des Schiffseigentümers ..... in .....

Auf unserer Werft ist aus den verwendbaren Teilen des Schiffsrumpfes und der Materialien des früheren Schleppkahns ..... — eingetragen bisher im Binnenschiffsregister des Amtsgerichts ..... unter Nummer ..... — ein neues Binnenschiffs-Bauwerk im Entstehen. Der Kiel des Schiffsbauwerks ist gelegt.

Das Schiffsbauwerk ist mit der Werftbau-Nummer ..... an sichtbar bleibender Stelle deutlich und fortdauernd gekennzeichnet.

Das Schiff wird nach Fertigstellung ca. ..... BRT haben. Dies wird durch amtliche Bescheinigung nachgewiesen.

Das Eigentum an dem Schiffsbauwerk steht, wie wir hierdurch versichern, dem Besteller, dem Schiffseigner ..... in ..... zu. Sollten noch irgendwie Zweifel bestehen, so erklären wir hiermit ausdrücklich, daß wir das Schiffsbauwerk bis zu seiner Fertigstellung zum vollständigen Binnenschiff und dieses selbst dem Besteller übereignet haben. Die Übergabe haben wir durch Vereinbarung ersetzt, daß der im Bau befindliche Schiffskörper zum Zwecke der Vollendung des Baues bei unserer Werft auf Grund des Vertrages, durch welchen wir die Herstellung des Schiffes übernommen haben, in Verwahrung bleibt.

h) Muster für eine Hypothekenbestellungsurkunde

(Ist in der Urkunde eine Vollstreckungsklausel enthalten, so ist die notarielle Beurkundung erforderlich. Ist eine solche nicht enthalten, genügt notarielle Unterschriftsbeglaubigung.)

I

Herr ..... in ..... (nachstehend „Schuldner" genannt) bekennt hiermit der ..... in ..... (nachstehend „Bank" genannt) aus Darlehen die Summe von ..... DM (..... Deutsche Mark) zu schulden. Dieses Darlehen ist vom ..... an mit jährlich ..... vom Hundert, zahlbar jeweils vierteljährlich am 1. Januar, 1. April, 1. Juli und 1. Oktober jeden Jahres zu verzinsen und in ..... gleich großen, unmittelbar aufeinanderfolgenden, immer am 1. ....., erstmals am 2. ..... fälligen Jahresraten bar und kostenfrei zurückzubezahlen. Bleibt der Schuldner mit seinen Zins- und Kapitalrückzahlungsverpflichtungen länger als zwei Wochen im Rückstande, so erhöht sich für die Dauer des Verzuges der bedungene Zinssatz um ..... vom Hundert für das Jahr.

II.

Im Schiffsbauregister des Amtsgerichts ..... wird das auf den Namen des ..... bei der Werft ..... in ..... im Bau befindliche Binnenschiff ..... Neubau-Nr. ..... eingetragen.

Der Schuldner bestellt hiermit der Gläubigerin an dem vorbezeichneten Schiffsneubau eine Schiffshypothek für das Darlehen zu ..... DM nebst bedungenen Zinsen zur ausschließend ..... Rangstelle (nach den hier aufgeführten Rechten .....).

Der Schuldner versichert hierbei ausdrücklich, daß der Schiffs-Neubau — von den vorstehend aufgeführten Belastungen abgesehen — weder verpfändet noch gepfändet, sondern sein freies und uneingeschränktes Eigentum ist.

Der Schuldner verpflichtet sich, den verpfändeten Schiffsneubau bzw. das fertig gestellte Schiff stets in ordnungsmäßigen baulichen und fahrtüchtigen Zustand zu erhalten und das Schiff nebst Zubehör zum vollen Wert gegen Brandschaden, gegen Explosionsschäden und gegen andere Gefahren, gegen welche die Bank einen Versicherungsschutz für nötig erachtet, in dem von dieser für erforderlich gehaltenen Umfang zu versichern und diese Versicherungen für die Dauer der Verpfändung ständig aufrechtzuerhalten, zum Schutze der Rechte der Bank einen Hypothekensicherungsschein sofort beizubringen und auf Verlangen der Bank auch die Ansprüche aus dem auf das Schiff genommenen Versicherungen an die Bank abzutreten.

Der Schuldner verpflichtet sich weiter, der Gläubigerin jederzeit auf deren Verlangen Nachweis darüber zu führen, daß sämtliche Schiffsgläubiger im Sinne des § 102 Binnenschiffahrtsgesetz laufend jeweils sofort befriedigt werden.

III.

Das Darlehen nebst Zinsen ist in Haupt- und Nebensache sofort zur Rückzahlung fällig, wenn:

a) der Schuldner mit Zins- oder Kapitalfälligkeiten oder mit der Befriedigung von Schiffsgläubigern länger als zwei Wochen im Rückstande bleibt,
b) der Schuldner in Konkurs oder in ein gerichtliches Vergleichsverfahren geht, ein außergerichtliches Vergleichsverfahren betreibt oder seine Zahlungen einstellt,
c) daß Schiff veräußert oder beschlagnahmt wird oder verlorengeht oder seine Klasse verliert oder im Werte derartig sinkt, daß die der Bank noch geschuldeten Beträge ihrer Meinung nach nicht mehr hinreichend gedeckt sind,
d) der Schuldner das Eigentumsrecht an dem Schiff ganz oder teilweise verliert oder abgibt,
e) Fracht-, Miete- oder Pachtansprüche aus dem verpfändeten Schiff verpfändet oder abgetreten oder gepfändet oder im Wege eines Arrestes beschlagnahmt werden,
f) der Schuldner die von der Bank für nötig erachteten Versicherungen für das Schiff nicht nimmt oder nicht aufrechterhält, das verpfändete Schiff nicht in der von der Bank für erforderlich erachteten Weise instand hält oder wenn Zubehörstücke verkauft, vermietet, verpachtet oder entfernt werden,
g) der Schuldner von Schadens- und Unfallereignissen, die eine mehr als geringfügige Beeinträchtigung des Wertes des Schiffes herbeiführen der Bank nicht spätestens innerhalb einer Frist von ..... Tagen nach eigener Kenntnisnahme Mitteilung macht,
h) sich nachträglich ergibt, daß der Schuldner bei Aufnahme des Darlehens über Umstände, die für die Darlehensgewährung von Bedeutung waren, unrichtige oder falsche Angaben gemacht hat.

IV.

Der Schuldner verpflichtet sich gegenüber der Bank jeder der gegenwärtigen Hypothek vorgehende oder gleichstehende Hypotheken löschen zu lassen, wenn die diesen Hypotheken zugrunde liegenden Forderungen erlöschen. Zur Sicherung dieses Löschungsanspruchs der Bank als Gläubigerin der in dieser Urkunde bestellten Hypothek bewilligt und beantragt er zugunsten der Bank eine Löschungsvormerkung gemäß § 58 des Schiffsgesetzes bei allen dieser Hypothek im Range vorgehenden Hypotheken in das Schiffsbauregister einzutragen.

V.

Der Schuldner unterwirft sich wegen seiner Zins- und Zahlungsverpflichtungen aus dieser Urkunde und wegen der Schiffshypothek der sofortigen Zwangsvollstreckung mit Wirkung gegen den jeweiligen Eigentümer des Schiffsbauwerks bzw. den jeweiligen Eigentümer des fertiggestellten Schiffes.

VI.

Der Schuldner bewilligt und beantragt die Eintragung der Schiffshypothek von DM ..... (in Worten: Deutsche Mark .....) nebst ..... vom Hundert jährlichen Zinsen und Nebenleistungen und der Unterwerfung unter die sofortige Zwangsvollstreckung in das Schiffsbauregister.

VII.

Der Schuldner beantragt, der Gläubigerin eine vollstreckbare Ausfertigung und eine einfache Ausfertigung der Gläubigerin und ihm eine einfache Ausfertigung dieser Verhandlung zu erteilen.

i) Wegen der Eintragungsverfügung siehe Teil II, 1.

k) Wegen der übrigen Löschungsmöglichkeiten siehe Teil I, 12.

l) Wegen der Eintragung in Abteilung III des Binnenschiffsregisters siehe Teil II.

FÜNFTER TEIL

Sonstige Angelegenheiten in Schiffsregistersachen

I. Zwangsversteigerung eines Schiffes (im In- und Ausland)

1. Zwangsversteigerung aus vollstreckbarem Titel

Antrag

Der Schiffseigentümer ....., wohnhaft in ....., ...straße Nr..... schuldet mir nach der in vollstreckbarer Ausfertigung, dem Schuldner am ..... zugestellten Urteil des Amtsgerichts ..... vom .... C ..... — ..... DM nebst ..... % Zinsen seit dem ....., sowie wegen ..... DM bisheriger Kosten. Zur Sicherung dieser Forderung hat der Schuldner gemäß § 8 des Gesetzes über Rechte an eingetragenen Schiffen und Schiffsbauwerken für mich eine erstrangige Schiffshypothek an dem ihm gehörenden im Seeschiffsregister des Amtsgerichts ..... unter Nr. ..... eingetragenen Motorschiffes ..... — Unterscheidungssignal: ..... — bestellt.

Wegen der vorgenannten Forderung beantrage ich die Zwangsversteigerung des genannten Motorschiffes anzuordnen wegen des dinglich und persönlichen Anspruchs aus der Schiffshypothek Abteilung III Nr. 1.

Ich überreiche:

a) den obengenannten Schuldtitel nebst Zustellungsnachweis,

b) das Schiffszertifikat aus dem sich die Eintragung des Schiffes und die Eintragung der Hypothek Abteilung III Nr. 1 im Seeschiffsregister ergibt.

In Kenntnis und der Bedeutung einer eidesstattlichen Versicherung erkläre ich zur Glaubhaftmachung an Eides Statt, daß das Motorschiff ..... im hiesigen Hafen liegt.

Ich beantrage gemäß § 169 Abs. 1 ZVG den Anordnungsbeschluß dem Mieter ..... zuzustellen.

2. Zwangsversteigerung durch eine Behörde

Antrag

Stadt .....
Steueramt
Az.: .....

An das
Amtsgericht, Abteilung
in .....

Der Kaufmann ..... in ....., ...straße ..... schuldet der Stadt .....

a)	Gewerbesteuerrückstand — Az.: ..... bis zur endgültigen Veranlagung 1969	2 309,75 DM
b)	Veranlagung 1969	4 790,— DM
c)	Vorauszahlung 1970	1 680,— DM
d)	Vorauszahlung 1971	1 260,— DM
	Sa.:	10 039,75 DM

sowie laufende Vorauszahlungen in Höhe von 420,— DM vierteljährlich, fällig erstmalig am 15. 11. 1971.

Wegen der vorgenannten Forderung sowie wegen der Kosten der gegenwärtigen Rechtsverfolgung beantragen wir unter Überreichung der neuesten Steuerauszüge die Einleitung des Zwangsversteigerungsverfahrens des im Seeschiffsregister des Amtsgerichts ..... unter Nummer ..... eingetragenen .....schiffes ..... (Name) — Unterscheidungssignal: ..... —.
Das Beitreibungsverfahren hat ergeben, daß durch Pfändung die Beitreibung der Geldbeträge nicht erfolgen kann. Es wird ferner, soweit zulässig, bevorrechtigte Befriedigung gemäß § 10 Abs. 1 Nr. 3 ZVG beantragt.
Anliegend eine Durchschrift des Antrages.

3. Durchführung der Zwangsversteigerung

a) Ersuchen des Versteigerungsgerichts auf Eintragung des Zwangsversteigerungsvermerks im Schiffsregister

Die Zwangsversteigerung des dem ..... in ..... gehörigen, im dortigen Seeschiffsregister unter Nr. ..... eingetragenen Schiffes ..... — Unterscheidungssignal: ..... — ist mit Beschluß vom ..... angeordnet.
Es wird gebeten, diese Anordnung im Seeschiffsregister einzutragen.

b) Anordnungsbeschluß

Auf Antrag der Stadt ..... — Steueramt — vertreten durch den Magistrat —

Gläubigerin,

gegen

den ..... in .....

wird wegen der der Gläubigerin zustehenden Ansprüche, und zwar

1. Gewerbesteuerrückstand — Az.: ..... — bis zur endgültigen Veranlagung 1969	2 309,75 DM
2. Veranlagung 1969	4 790,— DM
3. Vorauszahlung 1970	1 680,— DM
4. Vorauszahlung 1971	1 260,— DM
	10 039,75 DM

sowie wegen der laufenden Vorauszahlungen in Höhe von 420,— DM

vierteljährlich, fällig erstmalig am 15. 11. 1971 sowie wegen der Kosten der gegenwärtigen Rechtsverfolgung die Zwangsversteigerung des im Seeschiffsregister des Amtsgerichts ..... Band ..... Blatt-Nr. ..... auf den Namen des ..... in ..... eingetragenen .....schiffes ..... (Name) — Unterscheidungssignal: ..... — angeordnet.

Dieser Beschluß gilt zugunsten der Gläubigerin als Beschlagnahme des Schiffes.

Gleichzeitig wird die Verwahrung und Bewachung des Schiffes durch den zuständigen Gerichtsvollzieher angeordnet.

....., den .....

Das Amtsgericht
Richter am Amtsgericht

c) Zuschlagsbeschluß

..... K .....

In dem Verfahren zum Zwecke der Zwangsversteigerung des im Seeschiffsregister des Amtsgerichts ..... unter Nr. ..... auf den Namen des ..... in ....., ...straße Nr. ..... eingetragenen Motorschiffes ..... — Unterscheidungssignal: ..... —.

Nachdem der ..... in ....., ...straße Nr. ..... in dem Versteigerungstermin am ..... Meistbietender geblieben ist, wird ihm das im Seeschiffsregister des Amtsgerichts ..... unter Nr. ..... eingetragene Motorschiff ..... — Unterscheidungssignal: ..... — für den durch Zahlung zu berichtigenden Betrag von ..... DM (i. B. .....) und unter folgenden Bedingungen zugeschlagen.

I. Es bleiben keine Rechte bestehen.

II. Im übrigen gelten die gesetzlichen Versteigerungsbedingungen.

....., den .....

d) Ersuchen des Versteigerungsgerichts auf Eintragung des Erstehers

Das Amtsgericht, Abt. ....

....., den .....

..... K .....

An das
Amtsgericht — Abt. Seeschiffsregister —
in .....

Zu: Seeschiffsregister-Nr. .....

Im dem Verfahren zum Zwecke der Zwangsversteigerung des im Seeschiffsregister des Amtsgerichts ..... Blatt-Nr. ..... auf den Namen des ..... in ....., ...straße Nr. ..... eingetragenen Motorschiffes ..... — Unterscheidungssignal: ..... wird ersucht:

a) den Ersteher, den ..... in ..... als Eigentümer des vorstehend genannten Motorschiffes auf Grund des rechtskräftigen Zuschlagsbeschlusses des Amtsgerichts ..... vom ..... einzutragen,

b) den Zwangsversteigerungsvermerk in Abteilung II und die Post in Abteilung III unter lfd. Nr. 1 in Höhe von ..... DM (i. B. .....) zu löschen,

c) folgende Sicherungshypothek für die im Verteilungstermin übertragene Forderung gegen den Ersteher einzutragen:
Abt. III Nr. 2: ..... DM mit ..... % jährlichen Zinsen seit dem ..... von ..... DM und in Höhe von ..... DM unverzinslich für a) den ..... in .....; b) die Seeberufsgenossenschaft, Seekasse in Hamburg 11, Reimerstwiete 2; zu a) und b) als Gläubiger zur Gesamthand.

e) Eintragungsverfügung des Registergerichts

1. Eintragen in das Seeschiffsregister Nr. .....

   a) **Abteilung I:**
   Sp. 10: Recht zur Führung der Bundesflagge gem. § 1 Abs. 1 Flaggenrechtsgesetz erneut festgestellt und eingetragen am .....

   b) **Abteilung II:**
   Sp. 4: 3
   Sp. 5: Der Zwangsversteigerungsvermerk vom ..... ist gelöscht. Eingetragen am .....
   Sp. 1: 4
   Sp. 2 a: ....., ...
   Sp. 3: —
   Sp. 4: 4
   Sp. 5: Auf Grund des rechtskräftigen Zuschlagsbeschlusses des Amtsgerichts in ..... vom ..... — ..... K ..... eingetragen am .....

c) **Abteilung III:**
Sp. 7: 1
Sp. 8: ..... Deutsche Mark gelöscht am .....
Sp. 1: 2
Sp. 2: ..... DM
Sp. 3: ..... Deutsche Mark Sicherungshypothek für die im Verteilungstermin übertragene Forderung gegen den Ersteher
a) für den ..... in .....
b) die Seeberufsgenossenschaft — Seekasse — in Hamburg
Auf Grund des Ersuchens des Amtsgerichts in ..... vom ..... — ..... K ..... — eingetragen am .....

3. Folgende Eintragungen sind zu röten:
   a) Abt. I Sp. 10 alle bisherigen Eintragungen,
   b) Abt. II lfd. Nr. 3 Sp. 1—5,
   c) Abt. III lfd. Nr. 1 Sp. 1—6.
4. Auf dem Schiffsmeßbrief ist der neue Eigentümer zu vermerken. Schiffsmeßbrief mir zur Unterschrift vorlegen.
5. Sämtliche Eintragungen einschließlich der Rötungen auf dem Schiffszertifikat vermerken. Zertifikat mir zur Unterschrift vorlegen.
6. Amtlich beglaubigten Auszug aus dem Schiffszertifikat fertigen.
7. Amtl. begl. Auszug aus dem Schiffszertifikat mir zur Unterschrift vorlegen.
8. Schiffsmeßbrief, Schiffszertifikat und amtl. begl. Auszug aus dem Schiffszertifikat an ..... senden. — Einschreiben gegen Rückschein.
9. Nachricht an:
   a) Ersteher,
   b) ..... Behörden wie im Muster Seite .....
   c) Amtsgericht in ..... zum Az.: ..... K .....
10. Kartei.
11. Herrn Kostenbeamten.

4. Eintragung eines Arrestpfandrechts

a) Antrag

..... erscheint der ....., in ..... — ausgewiesen durch ..... und erklärt:
Ich überreiche eine Ausfertigung des Arrestbefehls des Amtsgerichts ..... vom ..... sowie das Pfändungsprotokoll des Obergerichtsvollziehers ..... in ..... vom .....
Wie aus dem überreichten Pfändungsprotokoll ersichtlich ist, ist das .....schiff — eingetragen im Seeschiffsregister des Amtsgerichts .....

unter Nr. . . . . . — Unterscheidungssignal: . . . . . — auf Grund des Arrestbefehls vom . . . . . Az.: . . . . . — gepfändet worden. Ich beantrage, die Eintragung des Arrestpfandrechts in das genannte Seeschiffsregister.

Abteilung III:

Sp. 3: (halbseitig — rechte Spaltenhälfte bei der Eintragung der Vormerkung zur Sicherung des Arrestpfandrechts).
Arrestpfandrecht zum Höchstbetrage von eintausendfünfhundert Deutsche Mark für den . . . . . in . . . . . Unter Bezugnahme auf die Pfändung des Obergerichtsvollziehers . . . . . in . . . . . vom . . . . . und des Antrages vom . . . . . eingetragen am . . . . .

Die Vormerkung in Sp. 3 (linke Spaltenhälfte) ist zu röten.

Die Eintragung ist auf dem Arrestbefehl zu vermerken. Der Arrestbefehl ist an den Antragsteller zurückzusenden.

5. Versteigerung eines Schiffes im Ausland

a) Versteigerungsnachricht

Die Wasser- und Schiffahrtsdirektion in . . . . . übersendet eine Abschrift des Fernschreibens des Konsulats der Bundesrepublik Deutschland in . . . . . folgenden Inhalts:

fs. nr. . . . . . vom . . . . .
betr.: zwangsversteigerung ms „. . . . .“
bezug: dortige vorgänge . . . . .
das obengenannte schiff ist im wege der zwangsversteigerung von der firma . . . . . in . . . . . zum preise von . . . . . erworben worden. das tribunal von . . . . . hat mit anordnung vom . . . . . die eigentumsübertragung und die tilgung der hypothekenforderungen verfügt. der neue eigentümer verlangt die streichung des schiffes im seeschiffsregister des amtsgerichts . . . . . das generalkonsulat bittet, falls möglich, die hierzu notwendigen maßnahmen dort einzuleiten oder mitzuteilen, was hier veranlaßt werden muß. das schiff soll in den nächsten tagen von . . . . . nach . . . . . geschleppt, dort repariert und unter . . . . . flagge in dienst gestellt werden.

b) Verfügung des Registergerichts

1. Vermerk:
Schaps-Abraham: Das Deutsche Seerecht, 3. Aufl., 3. Teil, 1. Kapitel, Anm. 18 Z 7 d, S. 238 Bd. I:

Befindet sich das Schiff dagegen im Bereich einer fremden Rechtsordnung, so ist in erster Linie nichts als die lex rei sitae maßgebend. Die Anwendung des Heimatrechts ist dann nur insoweit möglich, wie das fremde Recht sie zuläßt.

Gesetz über Rechte an eingetragenen Schiffen und Schiffsbauwerken vom 15. 11. 1940 — RGBl. I, S. 1499 —
§ 1 Abs. 2: Der Erwerb und der Verlust des Eigentums an einem Schiff, das im Schiffsregister eines deutschen Gerichts eingetragen ist, bestimmt sich nach deutschen Gesetzen.
Schaps-Abraham hierzu Anm. 3 Bd. I, S. 362:
§ 1 Abs. 2 bezieht sich ohne Zweifel auf die Fälle des privatrechtsgeschäftlichen Rechtserwerbs, ferner auch auf die Tatbestände der §§ 5—7 SchRG; aber wohl nicht auf die Fälle des öffentlich-rechtlichen Eigentumserwerbs und Verlustes wie insbesondere Enteignung und prisenrechtliche Einziehung.
Es ist m. E. für die Frage, ob das Eigentum durch die Versteigerung im Ausland auf den Ersteigerer übergegangen ist, das jeweilige ausländische Recht anzuwenden.

2. Schreiben an die Wasser- und Schiffahrtsdirektion in ..... zum Az.: ..... Für die Löschung des Schiffes genügt das Fernschreiben des deutschen Konsulats in ..... nicht.
Die Frage, ob das Eigentum an dem Schiff durch die Versteigerung auf die in dem Fernschreiben genannte Firma rechtskräftig übergegangen ist, bestimmt sich nach meiner Meinung nach dem ..... Recht. Es müßte also der Nachweis erbracht werden, daß das Schiff rechtskräftig versteigert worden und das Eigentum an die ..... in ..... übergegangen ist. Außerdem ist die Mitteilung erforderlich, ob die im Seeschiffsregister eingetragenen Belastungen durch die Versteigerung erloschen sind.
Auch die Vorlage des Schiffszertifikats, des Schiffsmeßbriefes und des beglaubigten Auszugs aus dem Schiffszertifikat, die vermutlich bei dem Versteigerungsgericht liegen, ist erforderlich.
Es wird gebeten, den beigefügten Durchschlag dieses Schreibens an das Deutsche Konsulat in ..... weiterzuleiten, das gebeten wird, sich wegen der hier notwendigen Unterlagen an das Tribunal in ..... zu wenden.
2. Durchschlag des Schreibens dem Schreiben zu Ziffer 2 beifügen.
4. Nach ..... Monaten.

Werden die Unterlagen, aus denen sich der rechtskräftige Eigentumserwerb ergibt und die Löschungsunterlagen zur Löschung der Hypotheken übersandt, so kann die Löschung der Hypotheken und die Löschung des Schiffes vorgenommen werden.
Löschungsverfügung des Registergerichts siehe Teil I, 12.

Werden keine Löschungsunterlagen über die Löschung der Hypotheken übersandt, sondern nur die Unterlagen über den rechtskräftigen Eigentumserwerb, so richten sich die weiteren Verfügungen nach Nrn. 9 und 10 des nächsten Beispiels.

6. Versteigerung eines im deutschen Seeschiffsregister eingetragenen Schiffes und Amtslöschung (Das Schiff ist nur noch ein Wrack)

a) Nachricht über Pfändung

..... Vizekonsulat

....., den .....

An das
Amtsgericht — Seeschiffsregisterabteilung —
in .....

Gemäß Schreiben vom zuständigen Gericht in ..... an das ..... Ministerium des Äußeren ist am ..... die Pfändung in dem in ..... liegenden Motorschiff ....., Heimathafen ....., Schiffseigentümer ..... in ..... vorgenommen worden.

Es ist jetzt beantragt worden, daß das Schiff durch den Gerichtsvollzieher in ..... zur Versteigerung gelangen soll und daß die Versteigerung für ....., den ....., ... Uhr auf dem Schiff stattfindet.

Im Auftrag der vorgesetzten Dienststelle wird ersucht, veranlassen zu wollen, daß eventuelle Anrechthaber auf das Schiff über die Versteigerung in Kenntnis gesetzt werden. Es wird gleichzeitig um Zustellung eines beglaubigten Auszugs aus dem deutschen Seeschiffsregister ersucht.

Falls es möglich sein sollte, wird zum Gebrauch für das ..... Gericht um Übersendung von Abschriften der Benachrichtigung an die Anrechthaber über die Versteigerung des Schiffes ersucht. Die Bekanntmachung der Versteigerung wird in ..... erfolgen.

Als Empfangsbestätigung dieses Schreibens wird um Rückgabe des beiliegenden Durchschlags, versehen mit entsprechendem Vermerk, gebeten.

b) Nachricht des ausländischen Gerichtsvollziehers über die Versteigerung

Hiermit wird mitgeteilt, daß das Motorschiff ....., Heimathafen ....., Schiffseigner ..... in ..... am ..... versteigert worden ist und daß die Versteigerung einen Erlös von ..... ergeben hat.

Ein Überschlag über die Verteilung des Versteigerungserlöses ist dem ..... Gericht in ..... vorgelegt. Wenn er nicht binnen vier Wochen, von heute an, angefochten wird, wird der Versteigerungserlös nach dem Überschlag ausgeteilt werden.

Es wird hinzugefügt, daß gemäß § ..... des .....gesetzes der ganze Erlös nicht ausreicht, um die ..... Seepfandrechte zu bezahlen und daß die deutschen Gläubiger hiervon direkt von hier Mitteilung bekommen haben.

c) *Verfügung des deutschen Registergerichts*

1. Schreiben an das ..... Konsulat in .....

   Sie werden gebeten, mitzuteilen, ob das Motorschiff ..... — dortiges Schreiben vom ..... — durch Zwangsversteigerung in das Eigentum einer anderen Person übergegangen ist. Nach einer Mitteilung des Gerichtsvollziehers in ..... soll die Versteigerung schon erfolgt sein. Das hiesige Gericht muß prüfen, ob das Schiff noch weiterhin im deutschen Seeschiffsregister zu führen ist. Das kann nicht geschehen, wenn der Erwerber nicht die deutsche Staatsangehörigkeit besitzt.

   Hochachtungsvoll

2. Nach 1 Monat.

d) *Antwort des Konsulats*

Unter Bezugnahme auf das Schreiben des Amtsgerichts vom ....., Aktenzeichen: ..... SSR ..... —, gestattet man sich, mitzuteilen, daß der Gerichtsvollzieher in ..... die Auskunft erteilt hat, daß der höchstbietende auf der am ..... stattgefundenen Zwangsversteigerung des Motorschiffes ..... der deutsche Konsul in ....., Herr ....., wurde, dem darauf der Zuschlag erteilt worden ist.

e) *Verfügung des Registergerichts*

1. Schreiben an das ..... Vizekonsulat in .....

   Sehr geehrte Herren!

   Das Amtsgericht bestätigt dankend den Eingang Ihres Schreibens vom ..... — Az.: ..... —.

   Nach Ihrer Mitteilung ist Herr ..... durch Zuschlag Eigentümer des Motorschiffes ..... geworden.

   Da, wie Ihnen bekannt ist, das Schiff ..... im hiesigen Seeschiffsregister geführt wird, bittet das Amtsgericht um weitere Auskünfte. Nach den gesetzlichen Bestimmungen kann ein Seeschiff im deutschen Seeschiffsregister nur geführt werden, wenn es das Recht zum Führen der deutschen Bundesflagge hat. Dieses Recht bestimmt sich nach der Staatsangehörigkeit des Eigentümers. Das Gericht hätte daher gerne eine Mitteilung darüber, welche Staatsangehörigkeit Herr ..... hat und ob er — unabhängig von der Staatsangehörigkeit — den Wunsch hat, daß das Schiff weiter im hiesigen Seeschiffsregister geführt wird. Besitzt Herr ..... die deutsche Staatsangehörigkeit nicht und veräußert er das Schiff auch nicht an eine andere Person, welche die deutsche Staatsangehörigkeit hat, müßte das Schiff im hiesigen Seeschiffsregister gelöscht werden. Weiter bittet das Gericht um Unterrichtung über die Rechtslage. Nach der Mitteilung des Gerichtsvollziehers in ..... vom ..... hat die Versteigerung einen Erlös von ..... ergeben. Dieser Betrag dürfte wahrscheinlich durch

Forderungen aufgebraucht sein, welche aus der Versteigerung entstanden sind oder die von sogenannten bevorrechtigten Gläubigern erhoben werden. Werden bei der Verteilung des Erlöses noch irgendwelche deutschen Gläubiger berücksichtigt werden? Sind nach dem ..... Recht die Gläubiger der eingetragenen Forderungen auch soweit sie nicht befriedigt sind, nicht mehr berechtigt, Ansprüche an das Schiff zu stellen?

2. Nach 1 Monat. Hochachtungsvoll

f) Antwort des ..... Vizekonsulats

Unter Bezugnahme auf das Schreiben des Amtsgerichts vom ..... — Aktenzeichen: ..... SSR ..... — gestattet man sich auftragsgemäß darum zu ersuchen, die dargelegten Fragen dem deutschen Konsul in ..... Herrn ....., vorlegen zu wollen, der laut diesseitigem Schreiben von ..... gleichzeitig Eigentümer des Schiffes geworden ist.

g) Verfügung des Registergerichts

1. Abschnitt des Schreibens (Punkt 5) fertigen.
2. Schreiben an Konsul ..... in .....

   Sehr geehrter Herr .....!
   Sie werden gebeten, zu den in der anliegenden Abschrift enthaltenen Fragen Stellung zu nehmen, da das hiesige Vizekonsulat Ihres Landes das Gericht an Sie verwiesen hat.
3. Nach 1 Monat.

h) Antwort des Konsuls

Ihren Brief vom ..... habe ich dankend erhalten und kann hierzu folgendes mitteilen:

Ich habe laut Aufforderung von der Botschaft der Bundesrepublik Deutschland das Motorschiff ..... auf der Zwangsversteigerung für die deutschen Gläubiger erworben. Da die Unkosten beim Abschleppen nach einem deutschen Hafen zu groß sind, im Verhältnis zum Wert des Schiffes, bin ich aufgefordert worden, das Schiff hier in ..... zu verkaufen.

Weil das Schiff nur noch ein Wrack ist, wird es in ..... keine Fahrterlaubnis mehr bekommen.

Von der Gebotssumme von ..... werden nur ..... Forderungen, die größer waren als die Gebotssumme, gedeckt.

Was der Verkauf zur Schrottverwendung einbringen wird, kann ich heute nicht beurteilen, aber ich glaube nicht, daß ich meine Auslagen dabei gedeckt bekomme, das heißt, es wird nichts übrigbleiben für die deutschen Gläubiger, im Gegenteil. Nach der Versteigerung haben nach dem ..... Recht keine weiteren Gläubiger ein Anrecht auf das Schiff oder Ansprüche zu stellen.

i) Verfügung des Registergerichts

1. Schreiben an sämtliche Gläubiger der Abteilung III unter Beifügung einer Abschrift des Schreibens des Herrn ..... vom ..... — zustellen —.

   Betr.: Motorschiff ..... — eingetragen im hiesigen Seeschiffsregister unter Nummer ..... —.

   Die anliegende Abschrift wird Ihnen übersandt mit der Bitte um Kenntnisnahme und zur etwaigen Erklärung gemäß § 20 Abs. 1, 3 der SchiffsregisterVO vom 26. 5. 1951.

   Nach der Anlage dürften die Voraussetzungen für die Löschung des Schiffes gem. § 20 Abs. 3 der SchiffsregVO gegeben sein, weil das Schiff ein Wrack ist. Das Registergericht beabsichtigt daher, das Schiff und die mit ihm verbundenen Eintragungen im Seeschiffsregister zu löschen.

   Zur Geltendmachung eines etwaigen Widerspruchs wird Ihnen eine Frist von 4 Monaten — gerechnet vom Tage der Zustellung dieses Schreibens — gesetzt.

   Vorsichtshalber wird darauf hingewiesen, daß unter Umständen auch eine Löschung in Betracht kommt, wenn das Schiff das Recht zur Führung der deutschen Bundesflagge verloren hat. Die Anlage läßt nicht klar erkennen, ob der Konsul das Schiff im eigenen Namen, aber für Rechnung der deutschen Gläubiger, erworben hat, oder ob er offen als Beauftragter aufgetreten ist.

   Es wird gebeten, auch zu dieser Frage Stellung zu nehmen.

   Hochachtungsvoll

2. Nach 5 Monaten.

k) Löschungsverfügung des Registergerichts, nachdem die Frist abgelaufen und Widerspruch nicht eingelegt ist

1. Eintragen in das Seeschiffsregister Nr. .....

   a) **Aufschrift:**
      Das Schiff hat das Recht zur Führung der deutschen Bundesflagge verloren. Das Registerblatt ist daher geschlossen. Eingetragen am .....

   b) **Abteilung I:**
      Sp. 7: Das Schiff hat das Recht zur Führung der deutschen Bundesflagge verloren. Eingetragen am .....

2. Sämtliche Seiten des Registerblattes — mit Ausnahme der Aufschrift — rot durchkreuzen.

3. Schreiben an .....

   Sehr geehrte Herren .....!

   In der Seeschiffsregistersache ..... wird um Rückgabe des Schiffszertifikats des Motorschiffs ..... gebeten.

   Das Schiff ist nach Mitteilung des deutschen Konsulats in ..... dort zwangsversteigert worden. Der Erlös von ..... hat nur ..... Forderungen gedeckt. Das Schiff ist nach der Nachricht des ..... nur noch ein Wrack und soll verschrottet werden. Es hat das Recht zur Führung der deutschen Bundesflagge verloren und ist daher im Seeschiffsregister gelöscht worden.

Hochachtungsvoll

4. Schiffszertifikat nach Eingang unbrauchbar machen und zu den Akten nehmen.
5. Nachricht an:
   a) eingetragenen Schiffseigentümer,
   b) Gläubiger der Abt. III,
   c) Behörden wie im Muster Seite .....
6. Das Unterscheidungssignal ist frei geworden. In der Liste der Unterscheidungssignale vermerken.
7. Akten weglegen.

II. Konkursverfahren

1. Das Konkursverfahren über das Vermögen des eingetragenen Schiffseigentümers ist eröffnet. Der Konkursvermerk im Seeschiffsregister ist bereits auf Ersuchen des Konkursgerichts gelöscht worden

a) Antrag des Konkursverwalters an das Konkursgericht auf erneute Eintragung des Konkursvermerks im Seeschiffsregister

In dem Anschlußkonkursverfahren betr. die ..... in ..... beantrage ich als Konkursverwalter, das Registergericht beim Amtsgericht ..... zu ersuchen, bei dem nachfolgend bezeichneten Schiff den Konkursvermerk wieder zur Eintragung zu bringen.

Eimerbagger „.....", eingetragen im Seeschiffsregister des Amtsgerichts ..... unter Nummer .....

Ich habe das vorstehend genannte Schiff am ..... an ..... verkauft.

Die Verträge sind noch nicht durchgeführt, da das Schiff abgewrackt werden soll. Nachdem nunmehr die Abwrackerklärung vorliegt und der Vertrag durchgeführt werden soll, hat sich herausgestellt, daß der Konkursvermerk im Seeschiffsregister bereits gelöscht ist.

Zur Durchführung des Vertrages, den ich in meiner Eigenschaft als Konkursverwalter abgeschlossen habe, muß jedoch der Konkursvermerk im Seeschiffsregister eingetragen sein.

b) Ersuchen des Konkursgerichts an das Registergericht

In dem Konkursverfahren über das Vermögen der ..... in ....., vertreten durch den persönlich haftenden Gesellschafter ..... in .....

wird hinsichtlich des Eimerbaggers „.....", eingetragen im Seeschiffsregister des Amtsgerichts ..... unter Nummer ..... um erneute Eintragung des Konkursvermerks ersucht und gebeten, von der erfolgten Eintragung hierher Nachricht zu geben.

c) Eintragungsverfügung des Registergerichts

1. Eintragen in das Seeschiffsregister Nr. .....
   Abteilung II:
   Sp. 4: (lfd. Nr. der Eintragung aus Sp. 1 übernehmen).
   Sp. 5: Durch den Beschluß des Amtsgerichts ..... vom .... K ..... ist über das Vermögen des ..... in ..... das Konkursverfahren eröffnet worden. Eingetragen am .....
2. Nachricht an:
   a) Konkursverwalter,
   b) Konkursgericht,
   c) sämtliche Berechtigte,
   d) Behörden wie Seite .....

d) Kaufangebot an den Konkursverwalter und Kaufannahme

Für den Ankauf des im Seeschiffsregister des Amtsgerichts ..... eingetragenen Eimerbaggers „....." — eingetragen unter Nummer ..... — unterbreiten wir Ihnen hiermit folgendes festes Kaufangebot:

§ 1

In Ihrer Eigenschaft als Verwalter im Konkurse der Kommanditgesellschaft „....." in ..... — in folgendem „Verkäufer" genannt — verkaufen Sie uns, der ..... Gesellschaft mit beschränkter Haftung mit dem Sitz in ..... — in folgendem „Käuferin" genannt — den vorbezeichneten Eimerbagger nebst dem vorhandenen Zubehör.
Der Verkauf erfolgt in dem Zustand, in dem sich der Eimerbagger und das vorhandene Zubehör gegenwärtig befinden, also ohne irgendwelche Mängelhaftung und ohne die Gewähr für offene oder heimliche Mängel und Fehler. Die Käuferin hat den Eimerbagger und das vorhandene Zubehör eingehend besichtigt. Der Wert und der Zustand sind ihr im einzelnen genau bekannt. Auch eine Haftung für die Art und Größe des Eimerbaggers ist ausgeschlossen.

§ 2

Der Kaufpreis beträgt DM ..... (i. W. Deutsche Mark: .....). Er ist in voller Höhe bei Abschluß dieses Vertrages zu getreuen Händen des Notars ..... in ..... zu zahlen.
Der Notar wird unwiderruflich angewiesen den vollen Kaufpreis von DM ..... zur Deckung und in Anrechnung auf die Schiffshypothekenforderungen nebst Zinsen und Nebenleistungen der ..... in ..... an

die ..... in ..... auf deren Konto-Nr. ..... bei der ..... in ..... zu zahlen, sobald der pfandfreie Übergang des Eimerbaggers auf die Käuferin sichergestellt ist.

§ 3

Verkäuferin und Käufer sind sich darüber einig, daß mit der Zahlung des Kaufpreises an den Notar das Eigentum des vorgenannten Eimerbaggers nebst Zubehör auf die Erwerberin übergehen soll.
Die Übergabe des vorbezeichneten Eimerbaggers nebst Zubehör und die Umschreibung des Schiffes im Seeschiffsregister, sowie die Aushändigung der Schiffspapiere, wird alsbald nach Zahlung des Kaufpreises erfolgen.

§ 4

Mit Annahme dieses Angebots gehen alle Gefahren des zufälligen Untergangs und der zufälligen Verschlechterung der Baggerschute nebst Zubehör auf die Käuferin über. Ferner gehen mit diesem Zeitpunkt alle Unkosten wie Hafengebühren und sonstige Kosten für die Sicherheit des Eimerbaggers auf deren Pflege zu Lasten der Käuferin.
Die Käuferin verpflichtet sich, den Eimerbagger vom Zeitpunkt der Annahme dieses Kaufangebots ab gegen alle Gefahren zu versichern, gegen die Geräte dieser Art überlicherweise versichert werden.

§ 5

Die Kosten des Kaufvertrages sowie diejenigen, die mit der Berichtigung und Pfandfreimachung des Seeschiffsregisters verbunden sind, übernimmt die Käuferin.

§ 6

Die Verkäuferin verpflichtet sich, der Käuferin die Geräte frei von allen Lasten zu übergeben. Sie versichert mit Annahme dieses Kaufangebots, daß ihr weitere Rechte, die gegen die Geräte geltend gemacht werden könnten, nicht bekannt sind.

§ 7

An dieses Angebot hält sich die Käuferin bis zum ....., mittags 12 Uhr gebunden.

....., den .....

..... Gesellschaft mit beschränkter
Haftung in .....
....

Das vorstehende Kaufangebot nehme ich hiermit an.

....., den .....
.....
als Konkursverwalter der Kommanditgesellschaft
..... in .....

e) Antrag des Konkursverwalters auf Eintragung der Veränderungen in das Seeschiffsregister

In der Seeschiffsregistersache betr. den Eimerbagger „.....", eingetragen im Seeschiffsregister des Amtsgerichts ..... unter Nummer ..... zeige ich, der Konkursverwalter im Anschlußkonkursverfahren über das Vermögen der Kommanditgesellschaft ..... in ....., an, daß ich den vorbezeichneten Eimerbagger durch Kaufangebot vom ..... und Kaufannahme vom ..... an die ..... Gesellschaft mit beschränkter Haftung in ..... verkauft habe.

Ich bewillige und beantrage die Eintragung der neuen Eigentümerin im Seeschiffsregister.

Gleichzeitig beantrage ich unter Überreichung der Löschungsbewilligungen die Löschung der nachstehend aufgeführten Rechte in Abteilung III des genannten Seeschiffsregisters.

Nr. 1: Darlehensschiffshypothek von ..... SM nebst Zinsen und Nebenleistungen für die ..... in ..... und

Nr. 2: Höchstbetragsschiffshypothek von DM ..... für die ..... in .....

Ferner beantrage ich die Löschung des Konkursvermerks im Seeschiffsregister.

....., den .....

Es folgt notarielle Unterschriftsbeglaubigung.

f) Antrag der Erwerberin auf Eigentumsumschreibung

Die ..... Gesellschaft mit beschränkter Haftung mit dem Sitz in ..... hat durch Kaufangebot vom ..... und Kaufannahme vom ..... von dem Konkursverwalter, Herrn ..... in ..... im Konkursverfahren über das Vermögen der Kommanditgesellschaft ..... in ..... den Eimerbagger „.....", eingetragen im Seeschiffsregister des Amtsgerichts ..... unter Nummer ..... — erworben.

Wir beantragen, die ..... Gesellschaft mit beschränkter Haftung mit dem Sitz in ..... als Eigentümerin im Seeschiffsregister einzutragen.

Wir versichern, daß das Schiff weiterhin von ..... aus in der Schiffahrt eingesetzt wird.

Zum Nachweise über das Recht zur Führung der deutschen Bundesflagge überreichen wir .....

....., den .....

Es folgt notarielle Unterschriftsbeglaubigung und außerdem die Bescheinigung des Notars über die Vertretungsbefugnis.

g) Eintragungsverfügung des Registergerichts

1. **Vermerk:**
   Der Konkursverwalter ist zu allen Verfügungen über Schiffe und über Rechte an Schiffen befugt.

Die gesetzlich erforderliche Genehmigung des Gläubigerausschusses oder des Konkursgerichts braucht dem Registergericht nicht vorgelegt zu werden (Dr. Heinerici, Das Deutsche Schiffsregisterrecht, S. 114).

Wird das betroffene Recht vom Konkursverwalter freigegeben oder veräußert (§ 114 KO), so wird der Konkursvermerk im Seeschiffsregister entweder auf Ersuchen des Konkursgerichts oder auf Antrag des Konkursverwalters gelöscht (Dr. Heinerici, Das Deutsche Schiffsregisterrecht, S. 265).

2. Eintragen in das Seeschiffsregister Nr. .....
   a) **Abteilung I:**
      Sp. 10: Recht zur Führung der deutschen Bundesflagge gem. § 1 Abs. 2 b Flaggenrechtsgesetz erneut geprüft und eingetragen am .....
   b) **Abteilung II:**
      Sp. 1: (nächste fortlaufende Nr.)
      Sp. 2: ..... Gesellschaft mit beschränkter Haftung mit dem Sitz in .....
      Sp. 3: —
      Sp. 4: (die Nr. wie in Sp. 1 einsetzen)
      Sp. 5: Kauf. Auf Grund der Einigung vom ..... eingetragen am .....
      Sp. 4: (Nr. einsetzen, unter der der Konkursvermerk eingetragen war).
      Sp. 5: Der Konkursvermerk vom ..... ist auf Antrag des Konkursverwalters vom ..... gelöscht am .....
   c) **Abteilung III:**
      Sp. 7: 1
      Sp. 8: ..... Deutsche Mark gelöscht am .....
      Sp. 7: 2
      Sp. 8: ..... Deutsche Mark gelöscht am .....
3. Folgende Eintragungen sind zu röten:
   a) Abt. I in Sp. 10 die vorhergehende Eintragung über die Führung Bundesflagge,
   b) Abt. II in Sp. 1—5 die Eintragung des bisherigen Eigentümers und die Eintragung des Konkursvermerks,
   c) Abt. III, lfd. Nr. 1 und 2 in den Spalten 1—6.
4. Der neue Eigentümer ist auf dem Schiffsmeßbrief zu vermerken. Schiffsmeßbrief an ..... in ..... senden. — Einschreiben gegen Rückschein.
5. Die Veränderungen sind auf dem Schiffszertifikat zu vermerken. Schiffszertifikat an ..... in ..... senden. — Einschreiben gegen Rückschein.
6. Der amtlich beglaubigte Auszug aus dem Schiffszertifikat ist unbrauchbar zu machen und zu den Akten zu nehmen.

7. Es ist ein neuer amtlich beglaubigter Auszug aus dem Schiffszertifikat zu fertigen und an ..... in ..... zu senden. — Einschreiben gegen Rückschein.
8. Nachricht an:
   a) ..... GmbH in .....,
   b) Konkursverwalter .....,
   c) Amtsgericht in ..... zu ..... N ..... (Konkursgericht),
   d) Behörden wie Muster Seite 3 f.
9. Kosten.

III. Bescheinigungen und Schiffsurkunden

1. Schiffsurkunden bei Seeschiffen sind

a) der Schiffsmeßbrief,
b) das Schiffszertifikat,
c) der amtlich beglaubigte Auszug aus dem Schiffszertifikat,
d) das Sicherheitszeugnis,
e) das Bau- und Ausrüstungssicherheitszeugnis (Fahrterlaubnisschein der See- und Berufsgenossenschaft),
f) das Schiffstagebuch,
g) die Musterrolle und
h) das Ladungsmanifest.

Zu a): Schiffsmeßbrief

Wegen des Schiffsmeßbriefes siehe Teil I, Abschnitt Vermessung. Das Registergericht hat auf dem Schiffsmeßbrief die Eintragung des Schiffes in das Seeschiffsregister zu vermerken, ferner das Unterscheidungssignal, den Heimathafen und die Nummer des Registerblattes (§ 45 SchRV).

Zu b): Schiffszertifikat

Für das Schiffszertifikat gilt die Anlage A der Schiffsregisterverfügung als Muster. Das Registergericht hat die §§ 37 bis 41 SchRV zu beachten.

Zu c): Amtlich beglaubigter Auszug aus dem Schiffszertifikat

Für den amtlich beglaubigten Auszug aus dem Schiffszertifikat dient Anlage C der Schiffsregisterverfügung.

Veränderungen der Eintragungen im Seeschiffsregister werden in dem amtlich beglaubigten Auszug nicht vermerkt.

Wird allerdings der Inhalt des amtlich beglaubigten Auszuges von den Veränderungen betroffen, so muß das Registergericht diesen

Auszug unbrauchbar machen und einen neuen, den Eintragungen im Seeschiffsregister entsprechenden amtlich beglaubigten Auszug aus dem Schiffszertifikat erteilen (§ 42 SchRV).

Zu d) und e): Sicherheitszeugnis und Bau- und Ausrüstungssicherheitszeugnis

Auf Grund der Verordnung über die Sicherheit der Seeschiffe (Schiffssicherheitsverordnung — SSV) vom 9. Oktober 1972 — BGBl. I, 1933 — in Verbindung mit dem Gesetz vom 6. Mai 1965 zum Internationalen Schiffssicherheitsvertrag vom 17. Juni 1960 — BGBl. 1965, II, 465, 480 — und die Erste Verordnung über die Inkraftsetzung von Änderungen des Internationalen Übereinkommens von 1960 zum Schutze des menschlichen Lebens auf See vom 25. April 1969 — BGBl. II, 875 — darf ein Schiff die Fahrt erst dann antreten, wenn die dort vorgeschriebenen Sicherheitszeugnisse (Sicherheitszeugnis und Bau- und Ausrüstungssicherheitszeugnis erteilt worden und gültig sind). Diese Sicherheitszeugnisse müssen stetYs an Bord mitgeführt werden. Nachstehend eine Übersicht über die nach der Schiffssicherheitsverordnung **ständig an Bord mitzuführenden nautischen Geräte, Instrumente und Drucksachen.**

2. Erteilung einer zweiten Ausfertigung des Schiffszertifikats

a) Antrag des Schiffseigentümers und Eidesstattliche Versicherung

Hiermit versichere ich an Eides Statt, nachdem mir die Bedeutung einer eidesstattlichen Versicherung bekannt ist, daß das Schiffszertifikat über das Schiff „.....", eingetragen im Seeschiffsregister des Amtsgerichts ..... unter Nummer ....., Unterscheidungssignal: ..... sich nicht in meinem Besitz befindet. Ich weiß auch nicht, wo es sich befindet und erkläre hiermit ausdrücklich, daß ich dasselbe weder abgetreten noch verpfändet habe.

Ich beantrage, eine neue Ausfertigung des Schiffszertifikats zu erteilen.

....., den .....
Unterschrift

b) Erklärung und eidesstattliche Versicherung der Gläubigerin, der nachweislich der Registerakten das Schiffszertifikat übersandt worden ist

Das Amtsgericht — Abt. Seeschiffsregister — in ..... hat uns erklärt, daß das Schiffszertifikat an unser Institut am ..... abgesandt worden ist.

Anlage 3
zur Schiffssicherheitsverordnung (§ 18 Abs. 1 und 2)

Nautische Geräte, Instrumente und Drucksachen, die ständig an Bord mitzuführen sind

Lfd. Nr.	Gegenstand	Große Fahrt	Mittlere Fahrt	Kleine Fahrt	Küsten-fahrt	Watt-fahrt	Große Hochsee-fischerei	Kleine Hochsee-fischerei	Küsten-fischerei	Baumuster-prüfung ja/nein	Erst-prüfung ja/nein	Wieder-holungs-prüfung Jahre	Wartungs-dienst (5 Jahre) ja/nein
1	Magnet-Regelkompaß mit Peilvorrichtung [1])	1	1	1 [2])	—	—	1	—	—	ja	ja	2	nein
2	Magnet-Steuerkompaß	1	1	1	1	1	1	1	1	ja	ja	2	nein
3	Magnet-Reserve-kompaß [1]) [3])	1	1	1	1	—	1	1	—	ja	ja	2	nein
4	Kreiselkompaß [1]) [4])	1	1	1	1	—	1	1	—	ja	nein	—	ja
5	Echolot [1])	1	1	1 [5])	—	—	1	1	—	ja	nein	—	ja
6	Radargerät und Plotmöglichkeit [1]) [4])	1	1	1	1	—	1	1	—	ja	ja	2	nein
7	Peilfunkgerät mit Peilfunkbuch [1])	1 [6])	1 [6])	1 [6])	—	—	1	—	—	ja	ja	1	nein
8	Kleinpeiler für Zielfahrt [7])	1	1	1	—	—	—	1	—	ja	ja	—	nein
9	Winkelmeßinstrument (Sextant) [1])	2	1	1	—	—	1	1 [8])	—	ja	ja	2½	nein
10	Schiffs-Chronometer	1	1	—	—	—	1	—	—	ja	ja	3	nein
11	Handlot [9])	2	2	2	1	1 [10])	2	1	—	nein	nein	—	nein
12	Umdrehungsanzeiger auf der Brücke [1])	1	1	1	1	—	1	1	—	nein	nein	—	nein
13	Barometer oder Barograph [1])	1	1	1	1	—	1	1	—	ja	ja	2½	nein
14	Thermometer [1])	2	1	1	—	—	2	1	—	ja	ja	5	nein
15	Prismen-Fernglas [11])	2	2	2	1	1	2	1	1 [12])	nein	nein	—	nein

Lfd. Nr.	Gegenstand	Große Fahrt	Mittlere Fahrt	Kleine Fahrt	Küsten-fahrt	Watt-fahrt	Große Hochsee-fischerei	Kleine Hochsee-fischerei	Küsten-fischerei	Baumuster-prüfung ja/nein	Erst-prüfung ja/nein	Wieder-holungs-prüfung Jahre	Wartungs-dienst (5 Jahre) ja/nein
16	Positionslaternen: Die Laternen, die nach der Seestraßenordnung oder der Seeschiffahrtstraßen-Ordnung mit einer Mindesttragweite vorgeschrieben sind (Hauptbeleuchtung) [13]									ja	ja	5	nein
	Zu der Hauptbeleuchtung Reservelaternen für Positionslaternen, die nach der Seestraßenordnung vorgeschrieben sind [14]	1	1	1	1	1 [15]	1	1 [15]	—	ja	ja	5	nein
17	Tagsignallampe [16]	1	1	1	1	1	—	—	—	ja	nein	—	nein
18	Kursdreieck	2	2	2	2	2	2	2	2 [12]				
19	Kartenzirkel	1	1	1	1	1	1	1	1 [12]				
20	Peilscheibe [17]	2	2	2	2	2	2	2	2 [12]				
21	Ruderlageanzeiger [18]	1	1	1	1	1	1	1	1				
22	Deviationstagebuch	1	1	—	—	—	1	—	—				
23	a) Internationales Signalbuch	1 (2) [19]	1 (2) [19]	1 (2) [19]	—	—	1	1	—				
	b) Amtliche Liste der deutschen Seeschiffe mit Unterscheidungssignalen der Bundesrepublik Deutschland	1	1	1	—	—	1	1	—				
	c) Handbuch „Suche und Rettung"	1 (2) [19]	1 (2) [19]	1 (2) [19]	1	—	1	1	—				
24	Satz Signalflaggen und Unterscheidungssignal zusätzlich	1	1	1	—	—	1	—	—				
25	Die für die jeweilige Reise notwendigen neuesten Ausgaben der amtlichen Seekarten und Seebücher [20] [21]												
26	Der laufende und die letzten zwei Jahrgänge der Nachrichten für Seefahrer [22]	1	1	1	1	1 [23]	1	1 [23]	1 [23]				

Anlage 4
zur Schiffssicherheitsverordnung (§ 18 Abs. 3)

Nautische Geräte und Instrumente, die, wenn sie an Bord mitgeführt werden, geprüft und zugelassen sein müssen

Lfd. Nr.	Gegenstand	Baumusterprüfung ja/nein	Erstprüfung ja/nein	Wiederholungsprüfung Jahre	Wartungsdienst (5 Jahre) ja/nein
1	Magnet-Fernkompaß	ja	nein	—	ja
2	Magnet-Kursmonitor	ja	nein	—	ja
3	Kreiselkompaß	ja	nein	—	ja
4	Echolot	ja	nein	—	ja
5	Selbststeueranlage	ja	ja	—	ja
6	Radargerät und Plotmöglichkeit	ja	ja	2	nein
7	Radargerät mit Ploteinrichtung	ja	ja	2	nein
8	Kleinpeiler für Zielfahrt	ja	ja [1]	—	nein
9	Peilfunkgerät mit Peilfunkbuch	ja	ja [1]	1 [1]	nein
10	Decca-Navigator	ja	ja	2	nein
11	Lorangerät	ja	ja	5	nein
12	Satellitennavigationsanlage	ja	ja	—	nein
13	Omegagerät	ja	ja	—	nein
14	Sonstige Ortungsfunkanlagen	ja	ja	—	nein
15	Radarreflektor	ja	nein	—	nein
16	Morsesignallampe	ja	nein	—	nein

1) Ausgenommen für Fahrzeuge mit Besegelung.

1) Auf Fahrzeugen ohne eigenen Antrieb nicht erforderlich.
2) Nur fur Fahrzeuge über 250 BRT.
3) Nicht erforderlich, wenn Regel- und Steuerkompaß bei gleichem magnetischen Moment (±15 %) gegeneinander ausgewechselt werden können.
4) Nur für Fahrzeuge von 1600 und mehr BRT.
5) Nur für Fahrzeuge, deren Kiel nach Inkrafttreten der Verordnung gelegt wird.
6) Nur für Fahrzeuge von 500 und mehr BRT.
7) Nur für Fahrzeuge von 300 und mehr BRT, sofern kein Peilfunkgerät vorhanden ist.
8) Entfällt, sofern eine Hyperbelnavigationsanlage nach Art des Decca-Navigators vorhanden ist.
9) 3 bis 5 kg, Leine 35 bis 45 m, Markierung: Alle 2 m Tuchstreifen in der Reihenfolge schwarz, weiß, rot und gelb; alle 10 m einen Lederstreifen mit Lochmarkung, bei 10 m 1 Loch, 20 m 2 Löcher usw.
10) Fur Wattfahrt genügt ein Peilstock.
11) Mindestens 7 × 50.
12) Für offene und halbgedeckte Fischerboote nicht erforderlich.
13) Die Positionslaternen müssen elektrisch betrieben sein Auf Fahrzeugen unter 19,80 m Länge genügen Petroleumlaternen, wenn keine ausreichende elektrische Stromquelle vorhanden ist. Die Positionslaternen müssen mindestens Lichtstärken besitzen, die den Tragweiten bei einem Sichtwert von
a) 0,74 fur elektrisch betriebene Positionslaternen,
b) 0,9 fur Petroleumlaternen
entsprechen.
14) Die Reservelaternen müssen mindestens Lichtstärken besitzen, die den Tragweiten bei einem Sichtwert von 0,9 entsprechen. Die Reservelaternen müssen von einer zweiten unabhängigen Stromquelle versorgt werden. Ist diese nicht vorhanden, so genügen Petroleumlaternen. Anker- und Fahrtstörungslaternen müssen in jedem Fall als Petroleumlaternen vorhanden sein. Die Petroleumlaternen müssen auf Tankschiffen mit Sicherheitsbrennern versehen sein.
15) Es genügen Reservelaternen für Anker- und Fahrtstörungslaternen.
16) Nur für Fahrzeuge über 50 BRT in der Auslandfahrt.
17) Nur wenn Kompasse nach den Nummern 1, 2 oder 4 eine Peilung über den ganzen Horizont nicht zulassen; Anbringung der Peilscheibe ist zu prufen.
18) Ausgenommen auf Fahrzeugen, auf denen die Ruderanlage so eingerichtet ist, daß der Rudergänger jederzeit die Ruderlage erkennen kann.
19) Fahrzeuge, die mit einer Telegrafiefunkanlage ausgerüstet sind, müssen je ein Buch auf der Brücke und im Funkraum mitführen.
20) Amtliche Seekarten sind die in Verzeichnissen des DHI aufgeführten Seekarten, fur die in den deutschen Nachrichten für Seefahrer Berichtigungen veroffentlicht werden, sowie sonstige Seekarten hydrographischer Dienste.
21) Amtliche Seebücher sind die in Verzeichnissen des DHI aufgeführten Bücher, für die in den deutschen Nachrichten für Seefahrer Berichtigungen veröffentlicht werden, wie Seehandbücher, Leuchtfeuerverzeichnisse, Nautischer Funkdienst, Sprechfunk für Küstenschiffahrt, Verzeichnis der Minengefährdeten Gebiete und Abgesuchten Wege, Nautisches Jahrbuch und Gezeitentafeln. Amtliche Seebücher sind ferner sonstige vom Bundesminister fur Verkehr als solche bestimmte Bücher.
22) Bei Neubauten nur diejenigen Ausgaben der N.f.S dieser Jahrgänge, die noch gültige P- und T-Nachrichten für die vorgesehenen Fahrtgebiete enthalten.
23) Bei Fahrzeugen in der Wattfahrt, in der Kleinen Hochseefischerei und in der Küstenfischerei brauchen die Nachrichten für Seefahrer nicht an Bord zu sein, sofern diese vor Auslaufen eingesehen werden und die jeweils neueste Ausgabe des Deutschen Küsten-Almanachs an Bord ist.

Wir erklären an Eides Statt, daß alle Nachforschungen in unserem Hause nach dem Schiffszertifikat ergebnislos verlaufen sind, und daß nach unseren Unterlagen, das Schiffszertifikat bei unserem Institut nicht eingegangen ist.

c) Verfügung des Registergerichts

1. Nach Blatt ..... der Akten ist das Schiffszertifikat am ..... der ..... übersandt worden.
2. Es liegen vor:
   a) eidesstattl. Versicherung des Schiffseigentümers vom ..... Blatt ..... der Akten,
   b) eidesstattl. Versicherung der ..... vom ..... Blatt ..... der Akten.
3. Die Nachforschungen bei der Bundespost über den Verbleib der Postsendung ist ergebnislos verlaufen (Blatt ..... der Akten).
4. Anstelle des in Verlust geratenen Schiffszertifikats ist gemäß § 63 SchRO eine zweite Ausfertigung des Schiffszertifikats zu erteilen.
   Auf dem Schiffszertifikat ist folgender Vermerk aufzunehmen:
   Vorstehende zweite Ausfertigung wird anstelle der in Verlust geratenen ersten Ausfertigung erteilt.
5. Ausfertigung des Zertifikats mir zur Unterschrift vorlegen.
6. Ausfertigung des Schiffszertifikats dem Schiffseigentümer übersenden. — Einschreiben gegen Rückschein.
7. Nachricht von der Erteilung der zweiten Ausfertigung des Schiffszertifikats an:
   a) Bundesverkehrsminister, Hamburg 4, Bernhard-Nocht-Straße 78,
   b) Bundesamt für Schiffsvermessung, Hamburg 4, Millerntorplatz 1,
   c) Seeberufsgenossenschaft, Hamburg 11, Reimerstwiete 2,
   d) Germanischer Lloyd, Hamburg 36, Wall 86.
8. Herrn Kostenbeamten.

(§§ 60, 63 SchRO; § 40 SchRV.)

3. Antrag der Bauwerft auf Erteilung einer Negativbescheinigung

Betr.: Bergungsleichter .....
Unsere Neubau-Nr. .....

Der für die Reederei ..... in ..... gebaute Bergungsleichter soll in das schwedische Seeschiffsregister eingetragen werden. Es wird um Erteilung einer Bescheinigung gebeten, daß der Bergungsleichter nicht in das hiesige Schiffsbauregister eingetragen worden ist.

4. Negativbescheinigung auf Grund obigen Antrages

Der für die Reederei ..... in ..... auf der Werft ..... in ..... gebaute Bergungsleichter ..... — Bau-Nr. ..... ist im hiesigen Schiffsbauregister nicht eingetragen.
Diese Bescheinigung wird zum Zwecke der Eintragung des Schiffes im schwedischen Seeschiffsregister erteilt.

5. Bescheinigung gem. § 15 der Schiffsregisterordnung

Das auf der Werft ..... in ..... für die Kommanditgesellschaft ..... in ....., persönlich haftende Gesellschafter ..... in ..... und ..... in ....., im Bau befindliche Frachtschiff — Bau-Nr. ..... — ist unter Nummer ..... im hiesigen Schiffsbauregister eingetragen.
Das Schiffsbauwerk ist mit Hypotheken belastet.
Diese Bescheinigung wird zum Zwecke der Eintragung des Schiffes in das Seeschiffsregister erteilt.

6. Bescheinigung mit Legalisierung der Unterschrift des Rechtspflegers (Löschungsbescheinigung)

Es wird hiermit bescheinigt, daß das unter Nummer ..... im hiesigen Seeschiffsregister eingetragene Kühlfrachtschiff aus Stahl „..... (Name)“ — Unterscheidungssignal: ..... —
Länge: ..... m, Breite: ..... m, Tiefe: ..... m
Bruttoraumgehalt
a) in Kubikmetern .....
b) in Registertonnen .....
Nettoraumgehalt
a) in Kubikmetern .....
b) in Registertonnen .....
eingetragener Eigentümer zur Zeit der Löschung:
Partenreederei .....
bestehend aus
..... mit ..... Schiffsparten,
..... mit ..... Schiffsparten,
Korrespondentreeder: ..... in .....
heute im Seeschiffsregister des Amtsgerichts ..... gelöscht worden ist. Das Schiff ist in das Ausland verkauft worden und hat das Recht zur Führung der deutschen Bundesflagge verloren. Das Schiff ist frei von Pfandrechten, das heißt, Pfandrechte sind im hiesigen Seeschiffsregister nicht eingetragen.

....., den .....

(Siegel)

Das Amtsgericht
Rechtspfleger

Die vorstehende Unterschrift des Rechtspflegers ..... bei dem Amtsgericht in ..... wird beglaubigt.
Gleichzeitig wird bescheinigt, daß der Vorgenannte nach den deutschen Gesetzen zur Vornahme der Amtshandlung und zur Führung des Dienstsiegels berechtigt ist.

....., den .....

(Siegel)

Der Präsident des Amtsgerichts

Die Echtheit vorstehender Unterschrift des Präsidenten des Amtsgerichts in ..... und die Echtheit des beigedrückten Dienstsiegels wird hiermit bestätigt. Zugleich wird bescheinigt, daß der Vorgenannte zur Vornahme der Amtshandlung nach den deutschen Gesetzen befugt ist.

....., den .....

(Siegel)

Der Präsident des Landgerichts in .....

7. Schiffsurkunden bei Binnenschiffen sind

a) der Eichschein

Wegen des Eichscheins siehe Teil IV, 4. Das Registergericht hat auf dem Eichschein die Eintragung des Schiffes in das Binnenschiffsregister, den Heimatort und die Nummer des Registerblattes, unter der das Schiff eingetragen ist, zu vermerken.

b) der Schiffsbrief

Für den Schiffsbrief dient Anlage C der Schiffsregisterverfügung. Das Registergericht hat die §§ 37, 39 bis 41 SchRV zu beachten.

IV. Anmeldung der Hypothek bei der Versicherungsgesellschaft Abtretungserklärung der Zahlungsansprüche aus Versicherungsverträgen

1. Anmeldung der Schiffshypothek bei der Versicherungsgesellschaft

Im See-Binnen-Schiffsregister des Amtsgerichts ..... Band ..... Blatt-Nr. ..... steht bei dem See-Binnen-Schiff ..... (Name), Eigentümer ..... in ....., in Abteilung III unter lfd. Nr. ..... für die unterzeichnete Bank eine Höchstbetragsschiffshypothek von ..... DM (in Worten: ..... Deutsche Mark) eingetragen. Diese Höchstbetragsschiffshypothek melden wir hiermit gemäß § 34 des Gesetzes über Rechte an eingetragenen Schiffen und Schiffsbauwerken an und bitten uns den Empfang dieser Anmeldung zu bestätigen.

2. Muster für eine Abtretungserklärung der Zahlungsansprüche aus den Versicherungsverträgen

Abtretungserklärung

Ich, der ..... in ..... bin Eigentümer des im See-Binnen-Schiffsregister des Amtsgerichts ..... Band ..... Blatt-Nr. ..... eingetragenen .....schiffes ..... (Name).

Ich habe das obengenannte Schiff zur Sicherung von Schiffshypothekendarlehen in Höhe von insgesamt

DM .....

(in Worten: Deutsche Mark .....) zugunsten der ..... Bank in ..... mit folgenden Pfandrechten belastet:

Abteilung III lfd. Nr. ..... DM ..... (in Worten: Deutsche Mark .....),

Abteilung III lfd. Nr. ..... DM ..... (in Worten: Deutsche Mark .....).

Ich trete hiermit meine Zahlungsansprüche aus den Versicherungsverträgen für das belastete Schiff, soweit mir solche auf Grund der zur Zeit laufenden und während der Laufzeit der Darlehen künftig geltenden Versicherungspolicen zustehen, an die obengenannte Bank ab. Die Abtretung bezieht sich auf jeden Versicherungsfall, und zwar jeweils in der Höhe, in der Forderungen der Bank auf Zahlung von Kapital, Zinsen oder Nebenforderungen bestehen. Für die Berechnung dieser Forderungen ist der Zeitpunkt der Schadensregulierung maßgebend.

Alle Zahlungen der Versicherer sind bis zur Höhe der Abtretung an oder nach Weisung der Bank zu leisten. Die Bank wird jedoch mit den Versicherern vereinbaren, daß, soweit der Teilschadensbetrag fünf vom Hundert der Versicherungssumme nicht überschreitet, er ohne Einwilligung der Bank reguliert werden kann.

Die Bank nimmt diese Abtretung durch Entgegennahme dieser Erklärung an.

Zur Zeit bezieht sich diese Abtretungserklärung auf folgende Versicherungspolicen .....

V. Sicherungsübereignungsverträge

1. Muster 1

Vertrag
abgeschlossen zwischen

a) der
nachstehend „.....bank" genannt, und

b) der .... Gesellschaft mit beschränkter Haftung, ..., nachstehend „Schuldner" genannt.

1. Die .....bank steht mit dem Schuldner in laufender Geschäftsverbindung. Zur Sicherung aller Forderungen, die der .....bank dem Schuldner gegenüber aus dieser Geschäftsverbindung oder aus sonstigem Grunde, insbesondere aus Garantiestellung im Zusammenhang mit dem Ankauf des ..... Dampfers
   von der Firma ....., an Hauptsumme, Zinsen und Kosten gegenwärtig zustehen oder noch entstehen werden, übereignet der Schuldner der .....bank den

   angekauften Dampfer.

   Der Schuldner versichert, daß er nach Erfüllung der im Kaufvertrage vom ..... festgelegten Bedingungen, wozu die Garantiestellung der .....bank gehört, Eigentümer des Schiffes geworden ist, und daß das Schiff nicht dem Eigentumsvorbehalt eines Dritten unterliegt.
2. Die Parteien einigen sich dahin, daß das Eigentum an dem Schiff in dem Augenblick an die .....bank übergeht, in dem der Schuldner das Eigentum von dem Verkäufer erwirbt.
   Die Übergabe wird dadurch ersetzt, daß die .....bank dem Schuldner die Weiterbenutzung und die Bereederung des Schiffes gestattet, und zwar vorbehaltlich eines jederzeitigen Widerrufs. Der Schuldner verpflichtet sich, das Schiff ordnungsgemäß zu verwahren und zu unterhalten. Wird das Schiff einer Werft zur Reparatur zugeführt, so gilt der dem Schuldner zustehende Herausgabeanspruch gegen die Werft als an die .....bank abgetreten.
3. Der Schuldner ist verpflichtet, der .....bank umgehend mitzuteilen, wenn das übereignete Schiff etwa von Dritten gepfändet werden soll, und dem Pfändenden mitzuteilen, daß es Eigentum der .....bank ist. Der Schuldner ist weiter verpflichtet, auf Verlangen der .....bank über das übereignete Schiff sowie dessen Unkosten und Erträge gesondert Buch zu führen.
4. Das der .....bank übereignete Schiff ist ordnungsmäßig und ausreichend zum vollen Wert gegen alle Gefahren einschl. sämtlicher üblichen Zusatzklauseln durch den Schuldner versichert zu halten. Der Versicherungsschein ist der .....bank zu übergeben und ihr nachzuweisen, daß die Prämien bezahlt sind.
   Der Schuldner verpflichtet sich, die Versicherer von der Übereignung des Schiffes und vom Übergang sämtlicher Rechte aus dem Versicherungsvertrag an die .....bank in Kenntnis zu setzen, sowie die Versicherer zur Abgabe einer Erklärung zu veranlassen, daß sie im Schadensfalle die Entschädigungssumme lediglich an die .....bank auszahlen werden. Eine entsprechende Hypothekenklausel ist der .....bank einzureichen.
5. Die .....bank ist berechtigt, wenn der Schuldner seinen Verpflichtungen aus diesem Vertrage oder aus der Geschäftsverbindung mit

der .....bank nicht nachkommt, die Herausgabe des übereigneten Schiffes zu verlangen, es in ihren Besitz zu nehmen und es nach billigem Ermessen zu verkaufen oder unter Berechnung eines angemessenen Preises selbst zu übernehmen und sich damit für alle Forderungen zu befriedigen. Den beim Verkauf oder der Selbstübernahme gegenüber der Schuld erzielten Mehrerlös hat die .....bank dem Schuldner zu vergüten.

6. Der Schuldner verpflichtet sich, Teile des übereigneten Schiffes, die abhanden gekommen, zerstört oder beschädigt sind, innerhalb einer angemessenen Frist wieder herzustellen oder zu beschaffen.
7. Sobald der Schuldner seinen Verpflichtungen der .....bank gegenüber nachgekommen ist, ist er berechtigt zu verlangen, daß an dem der .....bank zur Sicherung übereigneten Schiffe ihm wieder das Eigentum bestellt werde.
8. Die Kosten dieses Vertrages hat der Schuldner zu tragen.

....., den .....
Unterschriften

2. Muster 2

Sicherungsübereignungsvertrag

I.

Die Schiffswerft
— im nachfolgenden „Werft“ genannt —
übereignet hiermit
der ..... in ..... — im folgenden „Bank“ genannt —
alle für den Neubau
bisher beschafften und noch zu beschaffenden Materialien, sowie die daraus hergestellten Bauteile. Die Übereignung erfolgt zur Sicherung aller gegenwärtigen und künftigen Ansprüche, die der Bank gegen den Besteller des Neubaues,
wegen des zur Finanzierung des Neubaues gewährten Kredites zustehen.

II.

Bank und Werft sind sich darüber einig, daß das Eigentum an dem Material nach Maßgabe der nachstehenden Vereinbarungen auf die Bank übergeht:
Die Werft hat alle für den Neubau bestimmten Materialien, und zwar diejenigen, die bei Abschluß dieses Vertrages bereits auf der Werft liegen, als auch diejenigen, die später angeliefert werden, von ihren übrigen Materialbeständen abzusondern und mit der Werftbaunummer zu kennzeichnen. Alle so gekennzeichneten Materialien sind in ein Materialverzeichnis aufzunehmen, das in einem Doppel der Bank zu übersenden und entsprechend den späteren Materialanlieferungen lau-

fend nachzutragen ist. Dieses Verzeichnis ist wesentlicher Bestandteil dieses Vertrages. Es ist deshalb ein Original dieses Vertrages dem bei der Werft geführten Verzeichnis vorzuheften.

a) Soweit das Material bereits bei der Werft liegt und voll bezahlt ist, wird das Eigentum mit Abschluß dieses Vertrages auf die Bank übertragen. Die Übergabe wird durch die Vereinbarung ersetzt, daß die Werft diese Gegenstände für die Bank unentgeltlich verwahrt und bestimmungsgemäß zum Bau des Schiffes verwendet.

b) Soweit das Sicherungsgut bereits bei der Werft liegt, aber noch unter Eigentumsvorbehalt steht, tritt die Werft mit Abschluß dieses Vertrages ihr Anwartschaftsrecht gegen die Zulieferer auf Übertragung des Eigentums an die Bank ab. Das Eigentum geht dann im Zeitpunkt der vollständigen Bezahlung des Kaufpreises vom Zulieferer unmittelbar auf die Bank über. Die Übergabe wird ersetzt wie im Falle a).

c) Soweit Material oder Bauteile bestellt, aber noch nicht geliefert sind oder erst bestellt werden, tritt die Werft mit Abschluß dieses Vertrages ihre gegenwärtigen und künftigen Lieferungsansprüche an die Bank ab und zugleich die künftigen Ansprüche auf Eigentumsübertragung. Der Übergang des Eigentums auf die Bank erfolgt wie im Falle b) mit der Maßgabe, daß die Werft das Material vom Zeitpunkt der Unterzeichnung der Empfangsbestätigung, spätestens vom Zeitpunkt der Benachrichtigung der Bank ab, für diese besitzt und verwahrt.

   Ein Verzeichnis der bei Vertragsabschluß bereits bestellten, für den Neubau bestimmten Materialien ist dem Materialverzeichnis als Anlage beizufügen und ebenfalls laufend zu ergänzen. Ein Doppel ist der Bank zu übersenden. Geleistete Anzahlungen sind darin anzugeben.

III.

Die Werft hat in ihrem Materialverzeichnis zu vermerken, welche Positionen noch unter Eigentumsvorbehalt stehen. Sie hat diese Vermerke auszutragen, sobald das Material voll bezahlt ist.

Mindestens einmal im Monat und jederzeit auf Verlangen der Bank hat die Werft der Bank zu berichten, welches Material neu bestellt ist, welche Anzahlungen darauf geleistet wurden, welches Material in der Zwischenzeit angeliefert und in das Materialverzeichnis neu aufgenommen und welches seit der letzten Meldung voll bezahlt ist. Die Unterrichtung der Bank kann auch durch Übersendung von Durchschriften der Bestellschreiben, von Lieferscheinen, Rechnungskopien oder in sonstiger geeigneter Weise erfolgen. Die Bank ist berechtigt, jederzeit Bestand und Lagerung des Sicherungsgutes zu prüfen und Einsicht in die Bücher der Werft insoweit zu nehmen, als es zur Kontrolle der Durchführung dieses Vertrages erforderlich ist.

IV.

Die Bank ist befugt, aus wichtigem Grunde, insbesondere wenn die Werft ihren Verpflichtungen aus diesem Vertrage nicht nachkommt, die Herausgabe des Sicherungsgutes zu verlangen, ohne daß es eines Nachweises über Fälligkeit oder Bestehen des Anspruchs bedarf. In diesem Falle ist die Bank berechtigt, das Sicherungsgut nach den Regeln des Pfandverkaufs zu verwerten oder, soweit es nach den Bestimmungen der §§ 1221, 1235 Abs. 2 BGB zulässig ist, auch freihändig zu verkaufen und sich aus dem Erlös zu befriedigen.

V.

Soweit für das Schiffsbauwerk noch keine besondere Versicherung gemäß § 80 des Gesetzes über Rechte an eingetragenen Schiffen und Schiffsbauwerken vom 15. 11. 1940 abgeschlossen ist, hat die Werft das Sicherungsgut gegen Feuer und Diebstahl zu versichern. Sie ist verpflichtet, die Versicherungsgesellschaft von diesem Sicherungsübereignungsvertrage in Kenntnis zu setzen, sie zur Abgabe einer Erklärung zu veranlassen, daß sie im Schadensfalle die Entschädigungssumme in Ansehung des Sicherungsgutes an die Bank auszahlen wird, und bei der Gesellschaft einen entsprechenden Sicherungsschein zu beantragen. Die Werft ist ferner verpflichtet, der Bank die bevorstehende Probefahrt oder Ablieferung des fertiggestellten Werkes an den Besteller 2 Wochen vorher, mindestens aber so rechtzeitig anzuzeigen, daß die Bank die Möglichkeit besitzt, sich über die Ablösung der Werftneubauversicherung durch eine sich unmittelbar anschließende Fahrtversicherung Gewißheit zu verschaffen.

VI.

Das Recht des Bestellers, das Bauwerk wegen vorhandener Mängel zurückzuweisen, wird durch die Sicherungsübereignung nicht berührt.
Der Werft steht das Pfandrecht nach § 647 BGB bis zur Höhe derjenigen eigenen Aufwendungen zu, die nicht durch geleistete Bauraten gedeckt sind.

VII.

Bank und Werft sind sich darüber einig, daß durch diesen Vertrag das gesamte für den Neubau bestimmte Material erfaßt ist und die Rechte daran auf die Bank zu Sicherungszwecken übergehen. Sollten Materialien, die für diesen Neubau bestimmt sind, versehentlich nicht in die vorgesehenen Listen aufgenommen werden, so stehen die Rechte daran trotzdem gemäß diesem Vertrage der Bank zu. Die Ansprüche der Bank aus diesem Vertrage erlöschen in Ansehung derjenigen Gegenstände, auf die sich nach §§ 31 und 79 des Gesetzes über Rechte an eingetragenen Schiffen und Schiffsbauwerken vom 15. 11. 1940 die Schiffs-

bzw. Schiffsbauwerkshypothek erstreckt, mit dem Zeitpunkt der Eintragung der Schiffshypothek im Register.

Sollten einzelne Bestimmungen dieses Vertrages unwirksam sein, so sollten dennoch die übrigen Vereinbarungen bis zur Ablieferung des Schiffes an den Besteller wirksam bleiben.

....., den .....

Unterschriften

Sachregister

www.ingramcontent.com/pod-product-compliance
Lightning Source LLC
LaVergne TN
LVHW010649300926
849161LV00005B/1070
9783110038194